La Cuestión Social y sus itinerarios de difusión a través de las publicaciones periódicas argentinas

1870-1930

Ricardo González Leandri & Juan Suriano
(editores)

2017

1ª edición

Copyright © 2017 by
Ricardo González Leandri & Juan Suriano

Published in the United States by GlobalSouth Press Inc TM.
All rights reserved. Published in the United States of America

No part of this book may be reproduced or utilized in any form or by any means, electronic or mechanical, including photocopying, recording, or by any information storage and retrieval system, without written permission from the publisher, except in the case of brief quotations embodied in critical articles and reviews. For information, address GlobalSouth Press Inc., 199 E. Montgomery Suite 100, Rockville-MD. 20850. GlobalSouth Press books are available at special discounts for bulk purchases in the U.S. by corporations, institutions, and other organizations.

For more information, please contact
info@globalsouthpress.com or go to
http://www.globalsouthpress.com/

La Cuestión Social y sus itinerarios de difusión a través de las publicaciones periódicas argentinas, 1870-1930
By LEANDRI, Ricardo & SURIANO, Juan

—1st ed. — 2017

Includes bibliographical references and index

ISBN: 978-1-943350-60-5

1. History— Latin America — South America

2. History — Social History

3. International Studies — Latin America

Editorial Board

Bulent Acma, Ph.D.
Anadolu University, Eskişehir, Turkey.

Flavio Saraiva, Ph.D.
Universidade de Brasília, Brasilia, Brazil.

Helmunt Schlenter, Ph.D.
Institute for Global Dialogue, Pretoria, South Africa.

Tullo Vigevani, Ph.D.
Sao Paulo State University, Sao Paulo, Brazil.

Monica Arruda Almeida, Ph. D.
Georgetown University, Washington, D.C., United States of America.

Yong J. Wang, Ph.D.
Ohio University, Columbus, United States of America.

Chih-yu Shih, Ph.D.
National Taiwan University (ROC), Taipei, Taiwan.

Irene Klumbies, Ph.D.
Jacobs University Bremen, Bremen, Germany.

Sai Felicia Krishna-Hensel, Ph.D.
Center Business and Econ. Develop., Auburn University, Montgomery, United States of America.

José Álvaro Moisés, Ph.D.
Universidade de São Paulo (USP), São Paulo, Brazil.

Martina Kaller, Ph.D.
Standford University, California, United States of America

Índice

Introducción
Ricardo González Leandri & Juan Suriano 9

Contribuciones de la prensa médica al diagnóstico de
la Cuestión Social. Buenos Aires (1870-1910)
Ricardo González Leandri 23

Escenas de lo social en publicaciones de circulación
masiva: *Caras y Caretas* (1898-1930)
Mirta Zaida Lobato 53

Representación y ficciones de la "cuestión social" entre
Buenos Aires y Madrid (1904-1919): miserabilismo y
conflicto en las revistas anarquistas de Alberto Ghiraldo
Armando V. Minguzzi 89

El *Boletín* del Departamento Nacional del Trabajo.
Una herramienta de difusión de las políticas laborales,
1907-1921
Juan Suriano 117

La cuestión social desde la perspectiva de la *Revista
Argentina de Ciencias Políticas* (1910-1928)
Viviana Barry 145

El *Boletín del Museo Social Argentino*: examinar y
organizar la sociedad (1910-1930)
Malena Becerra Solá 167

La Unión del Marino: la prensa gremial marítima,
una lectura obrera sobre la cuestión social, la ley y
los derechos, 1911-1928
Laura Caruso 193

La revista *Informaciones Sociales*: la OIT y Argentina en
la latinoamericanización de la cuestión social en
los años veinte
Juan Martín-Sánchez   219

Prensa socialista y cuestión social en la Argentina radical:
El caso de Acción socialista
Carlos M. Herrera   247

Bibliografía   271

Autores   295

Introducción

El volumen colectivo que aquí presentamos tiene como objetivo profundizar en aspectos poco estudiados de las formas en que se han definido históricamente los campos de regulación social, generalmente formulados en términos de "cuestión social" en la Argentina entre 1870 y 1930.[1]

En ese período la sociedad sufrió importantes transformaciones económicas y sociales que alteraron su fisonomía de manera bastante radical. Se destacaron dos vertientes fundamentales: por un lado, se produjo una paulatina ampliación del sistema político y, por otro, la irrupción del moderno conflicto social, connotado por las demandas de sectores populares nacientes, que derivaron en diversas estrategias de regulación pública. Estas emanaron de una compleja red de actores (de la sociedad civil y el estado) que también definió su propia identidad como fruto de ese proceso. Es a partir de este punto que los distintos capítulos del libro se preguntan por las condiciones de emergencia y afianzamiento de nuevas miradas y sensibilidades sobre cuestiones redefinidas como socialmente problemáticas y, en un plazo más largo, como pasibles de ser convertidas en derechos.

Más allá de la acción específica de los actores involucrados, pero al mismo tiempo indisociable de ella, el destino de aquellas cuestiones y problemas se jugó en un espacio, que algunos autores han caracterizado como "social y simbólico" determinado por las formas, en gran medida colectivas, que adquirió la construcción del conocimiento social y su

---

1   Este libro es parte del proyecto "Dinámicas socioculturales en la construcción histórica de la Cuestión Social en Argentina (1870-1930)" en el que participa un grupo de investigadores de distintos centros académicos: Instituto de Historia del Consejo Superior de Investigaciones Científicas (Madrid), Instituto de Altos Estudios Sociales de la Universidad Nacional de San Martín (Buenos Aires), Universidad Paris Diderot- Paris 7, Univeridad de Sevilla, Universidad Complutense de Madrid participantes en el proyecto. Para esta ocasión se ha incorporado un grupo de colegas que, con sus distintas ópticas y trayectorias intelectuales, ha enriquecido nuestra trayectoria de trabajo y ha ampliado el foco de atención del libro.

difusión.[2] Las características específicas de la sociedad argentina de la época –incremento de la urbanización y redefinición del papel político y social de actores de clase media y populares- otorgaron un especial dinamismo a dicho espacio, a la vez que indujeron una permanente oscilación en su seno entre la colaboración y el conflicto entre distintos tipos de saberes, fundamentalmente entre los saberes populares o legos y los especializados o expertos, y entre estos y sus usos. Junto al de la prensa política, destacó el papel que jugó un conjunto heterogéneo (por su distinta conformación y objetivos) de publicaciones periódicas, convertidas en ámbitos de creación y difusión de conocimiento y de sociabilidad. Este es el objetivo central de este libro.

Gracias al proceso de cambio social mencionado, y sobre todo al crecimiento y diversificación del sistema educativo y la emergencia de un heterogéneo público lector, las publicaciones periódicas analizadas, se constituyeron en uno de los ámbitos privilegiados del proceso de producción de sentido en la época y en importantes promotoras de nuevas sensibilidades sobre lo social.[3] Al abordarlas como formaciones sociales de producción cultural, y al atender también a los debates recientes sobre el origen, cronología y actores principales de la Cuestión Social, los distintos capítulos del libro resaltan las heterogéneas maneras a través de las cuales las revistas escenificaron una tensa confluencia entre distintas formas de experiencia de lo social (académica, burocrática, profesional, militante, asociativa) y entre estas y la gestión de intereses sectoriales.[4] Destacan también la inserción de varias de ellas en entramados asociativos y la capacidad de otras para acceder a un público amplio, compuesto por asalariados, sectores medios vinculados a las distintas administraciones, grupos de profesionales organizados y militantes políticos y gremiales.

Con la intención de poner en diálogo todas esas múltiples voces, hemos seleccionado una serie de publicaciones que expresaron una preocupación más o menos intensa, así como distintos puntos de

---

2   Calhoum, LiPuma y Postone, 1993; Bourdieu, 1999.
3   Se trata de un área de estudios que está adquiriendo un mayor impulso en los últimos años. Como antecedentes pueden citarse: Prieto (1988), Primera Parte: "Configuración de los campos de lectura", pp 17-57; Rivera (1985); Sarlo (1985 y 1992); Eujenian, 1999; Romano 2004; Saítta, 1998, Rogers, 2008; Girbal de Blacha y Quatrochi Woisson (dir.) (1999).
4   Williams, 1963 y 1981.

vista sobre la cuestión social. Se trata de una elección de proyectos disímiles en su temática, en su tirada y dirigidos a públicos diferentes a sabiendas de que toda selección es arbitraria y que podríamos haber seleccionado otras publicaciones. A lo largo del libro se entrecruzan los discursos, en cierta forma afines, provenientes de organismos oficiales: *Anales del Departamento Nacional de Higiene* (ADNH), *Boletín del Departamento Nacional del Trabajo* (BDNT); de instituciones privadas: *Boletín del Museo Social Argentino* (BMSA) o de la Organización Internacional del Trabajo en castellano *Informaciones Sociales (IS)*. Con una fuerte preocupación por la cuestión social desde otra perspectiva incorporamos una revista de carácter partidario: *Acción Socialista* (AS), una publicación sindical: *La Unión del Marino* (UM)) y dos periódicos culturales de filiación anarquista: *Martín Fierro* (MF) e *Ideas y Figuras* (IF). A su vez, consideramos importante incluir en el volumen la opinión que sobre el vínculo y los problemas sociales se forjó en ámbitos, fundamentalmente académicos, orientados al estudio y difusión de la reforma política y electoral como la *Revista Argentina de Ciencias Políticas* (RACP). De la misma forma, por su notable aceptación por parte del gran público, al que a su vez contribuyó a construir, hemos sumado el análisis de la visión de los problemas sociales de la revista de mayor circulación durante este período: *Caras y Caretas* (CC).

La diversidad de las revistas seleccionadas, permite observar las distintas manerasque este ámbito se convirtió en una suerte de correa de transmisión de conocimientos y en promotor de "negociaciones" y consensos ideológicos y políticos entre grupos. Su funcionamiento como espacios de mediación y difusión de saberes, permitió a las publicaciones mencionadas difundir lenguajes comunes que permitieron la consolidación de lo social como área de regulación pública. Ayudaron además a legitimar una serie de instrumentos teóricos y técnicos que permitieron definir muchos de sus problemas y encaminar diversas formas de resolución de la cuestión social.[5]

Annick Louis nos habla de la necesidad de superar las aproximaciones tradicionales a la hora de encarar el estudio de las publicaciones

---

5   Sobre la definición de la cuestión social en Argentina, véase Suriano (2000)

periódicas como objeto de estudio.[6] Si bien se refiere al campo específico de las revistas literarias sus recomendaciones son de suma utilidad para este trabajo, no sólo porque enriquecen la caracterización de varias de las revistas incluidas en este volumen, sino, sobre todo porque nos obliga, al tener enfrente a las revistas literarias como espejo, a reflexionar sobre los propios criterios analíticos empleados para la selección de nuestro corpus. Por otra parte, algunas de las revistas cuyo estudio hemos incorporado, dependientes de organismos o agencias estatales, como el *Boletín del Departamento Nacional del Trabajo* o los *Anales del Departamento Nacional de Higiene*, o de organizaciones más difusas, pero con un afán de incidir en las instituciones y en las políticas, como el *Boletín del Museo Social Argentino* plantean cuestiones problemáticas de gran interés a la hora de analizar el alcance de las propuestas renovadoras. Cuestiones problemáticas que apuntan a un doble desafío: 1) primero con respecto al análisis específico del objeto revista. De hecho, uno de los puntos en los que más se incide a la hora de plantear una renovación es en el de considerar a las revistas como objetos autónomos y no como realizaciones o mero reflejo del pensamiento de otros. ¿En qué medida esto es posible en revistas donde cuestiones burocráticas o jerárquicas tienen tanto peso y en las cuales sus propios fines explícitos consisten en difundir orientaciones o actividades institucionales? Podría argumentarse que se trata de dos objetos distintos. ¿es realmente así? Una mirada histórica, atenta a los detalles, que es la que intentamos en este volumen, si bien no sugiere estrictamente lo contrario, permite señalar muchos matices sobre los que sería bueno reflexionar. 2) el segundo gran desafío está planteado por la siguiente pregunta, con muchas relaciones con el enfoque que acabamos de avanzar. ¿Qué nos dicen las revistas mencionadas, o mejor dicho qué podemos intuir como historiadores sociales sobre las instituciones que dicen representar, sus objetivos y formas de funcionamiento, como bien han señalado Roger Chartier y otros autores.[7] Lejos de la rigidez de los organigramas, las revistas institucionales, en general áridas, plenas de transcripciones de legislación extranjera y local, o de indigestos tratados teóricos sobre temas demasiado espe-

---

6   Louis, 2014. Sobre este tema puede consultarse también: Sarlo, 1989; Pluet-Despatin, 1992.
7   Chartier, 1996a y 1996b; Darnton, 2003.

cíficos incluso para unos lectores con intereses bastante focalizados, transparentan proyectos personales, profesionales o políticos, múltiples y contradictorios, que exceden los marcos institucionales que los contienen y, muchas veces, incluso sus propios objetivos de difusión. En ese sentido puede observarse tanto a las revistas en cuanto "artefactos", como a sus resultados, como el fruto de un proceso de negociación permanente. Se trataría de una negociación con múltiples caras: entre los colaboradores y redactores, entre estos y la institución a la que pertenecen y entre ésta y el campo o ámbito en el que pretende influir. Esto a su vez se vincula con otra cuestión fundamental a la hora de hablar del objeto revista y que es la noción de contexto de producción.[8] Sobre esto volveremos más adelante, pero es necesario aquí reflexionar brevemente sobre si es pertinente hablar de contexto como algo externo.[9] ¿No son las propias revistas las que con su actividad generan o redefinen muchas veces realidades y problemas, que una mirada tal vez poco atenta atribuye a ámbitos externos y ajenos a sus redacciones? La trayectoria de varias de las revistas aquí analizadas sirve para esclarecer algunos aspectos importantes de esta compleja y polifacética cuestión. Se plantea aquí otro tema que está en el centro de la actividad de las revistas: la compleja relación entre producción y difusión del conocimiento. ¿No es la difusión también una forma de producción del conocimiento?[10] Si aceptamos estas premisas, propias de corrientes innovadoras en el campo de la historia social de la producción y transferencia del conocimiento, las revistas pasan a ocupar un papel sin duda protagónico antes soslayado y cobran nueva envergadura las relaciones entabladas entre los redactores de las revistas y su público, tanto el real como el deseado. Esto nos obliga a una revisión.

No se trata sin embargo de reemplazar en forma mecánica un paradigma por otro sino de ver que nos ofrece en ese sentido una mirada histórica del problema. Los distintos casos analizados en el libro nos muestran que no existen modelos fijos o únicos que den cuenta de los procesos de producción y difusión del conocimiento social. Por ejemplo, son notorias las diferencias entre el *Boletín del Departamento de Trabajo* y los *Anales del Departamento Nacional de Higiene*, las dos revistas

---

8   Louis, 2014
9   Bourdieu, 1999.
10 Knorr Cetina, 1999; Nowotny, 2006.

institucionales oficiales que hemos tomado como ejemplo. Sus contextos de producción son distintos, como lo son los ámbitos profesionales en los que están inmersos o sobre los que esperan influir. Diferente es también la densidad adjudicada por cada una de ellas a la cuestión social. En este punto el análisis de la acción y trayectoria de ambas nos habla también de los mecanismos que nutren la construcción institucional, en este caso estatal, y las maneras variadas y negociadas a través de los cuales se va constituyendo un discurso oficial sobre temas específicos. Los *Anales del Departamento Nacional de Higiene*, estudiados por Ricardo González Leandri, se asentaron sobre una importante trayectoria de edición previa que se remonta a mediados del siglo XIX, conformada alrededor de publicaciones como la *Revista Médico Quirúrgica* o los *Anales del Círculo Médico Argentino*. Estas alcanzaron a conformar un incipiente circuito de información médica y social que giró en torno a proyectos individuales y grupales de profesionales con vocación de influir en las políticas públicas. Curiosamente, a comienzos del nuevo siglo, en parte debido al peso de la propia tradición en la que se sentían inmersos, los Anales del Departamento Nacional de Higiene, y el propio Departamento, comenzaron a mostrar una cierta perplejidad ante la ampliación, diversificación y segmentación de las áreas estatales de regulación social. En cambio, el *Boletín del Departamento Nacional del Trabajo*, analizado por Juan Suriano, carecía de manera absoluta de esa tradición, que incluía publicaciones o expertos en políticas sociales. Debió formarse bajo el paraguas del Estado y es por ello que, más allá de los proyectos personales de sus funcionarios, o por ello mismo, el *Boletín* se convirtió en el vocero del novel organismo cuya función, paradójicamente, apuntaba sobre todo e a convencer a las otras áreas estatales sobre la importancia de resolver la cuestión social por vías legales. Una tarea ardua a juzgar por las reticencias que mostró durante este período el Parlamento argentino para aprobar leyes sociales. No obstante, el *Boletín* (el propio DNT) pudo exhibir no sólo una enorme perseverancia en su acción sino también notables progresos en lo que respecta a la calidad de su producción que cubría todos los aspectos de las condiciones de vida de los trabajadores, así como los diferentes ámbitos del país. Por otra parte, como se verá más adelante, el caso del *Boletín del Departamento Nacional del Trabajo*, muestra que el discurso emanado de las redacciones de las revistas oficiales no era unívoco, y que su voz podía situarse también en la base de una serie de discursos alternativos a las directrices estatales, debido a reapropiaciones de distinto tipo

La riqueza que brinda el marco de las publicaciones periódicas se hace más patente con el estudio que Malena Becerra realiza del *Boletín del Museo Social*. Su capítulo resalta sobre todo los constantes esfuerzos del Boletín por convencer al conjunto de las elites de la existencia misma de una Cuestión Social en Argentina y por divulgar su conocimiento entre un público más amplio. Se trata sin duda de un caso de notable interés debido a su carácter de órgano de prensa de una institución que se mostró muy apegada al estado, al abordar la necesidad de una regulación estatal de los problemas sociales, pero que a su vez mantuvo a lo largo de los años una clara vocación de autonomía, muy visible en su apoyo a formas de organización colectiva de los productores en cooperativas y sociedades mutuales. Su papel como ámbito de producción y puesta en circulación de saberes y prácticas sociales de regulación es en este punto muy aleccionador, tanto por su alcance como por su calidad.

Las tres revistas señaladas –los *Anales del Departamento Nacional de Higiene*, el *Boletín del Departamento Nacional del Trabajo* y el *Boletín del Museo Social*- tenían en común, en un contexto de fluida circulación internacional de las ideas, un profundo interés tanto por el conocimiento y estudio de las características de la cuestión social en otras naciones, como por los mecanismos específicos empleados para su resolución; por ello mantenían un intenso intercambio, a través de la edición de artículos originales y traducciones y del canje de publicaciones, no sólo con aquellos países avanzados en iniciativas legales (Alemania, Bélgica, Reino Unido, Estados Unidos o España) sino también con otras naciones cuyos avances en esta materia, si bien menores, eran de interés para el ámbito local. En este punto conviene destacar que este afán por conocer y difundir los modelos e iniciativas de otros países, que corrió paralelo con su afán por dar a conocer la producción local e intercambiar ideas, no fue exclusivo de estas revistas y que lo compartieron con varias otras estudiadas en este volumen. Así, por ejemplo, la revista *Acción Socialista* al seguir una larga tradición del Partido Socialista Argentino y de algunos de sus militantes más notorios, como Augusto Bunge, dio gran difusión a los programas de seguros sociales de otros países y, también, a sus planes de vivienda popular, educación, y protección de la niñez.

Una prioridad de estas publicaciones fue dar cuenta de la mayor cantidad de información posible sobre legislación laboral y sanitaria adaptable al medio local. Por su parte, dados sus amplios intereses, el *Boletín del Museo Social* recopiló, además, documentación muy variada entre la que destacó la vinculada con la producción agraria, el régimen de tenencia de la tierra y el asociacionismo. Dieron cuenta también de los resultados de la aplicación de legislación reformista, como la creación de oficinas laborales y departamentos de salud, seguros sociales y de su funcionamiento. De esta forma colaboraron en la construcción de un corpus de conocimientos que, sumado al estudio e investigación de las problemáticas argentinas que se hizo en los distintos organismos a los que estaban adheridas, contribuyeron de una manera destacada a la formación de expertos locales. Dicho proceso no fue mecánico ni simple, por lo que puede inferirse que buena parte de los trabajos de investigación recientes sobre profesionales y expertos, al menos en las áreas a las que se refieren las revistas que estamos tratando, han subvalorado el papel de lo que se tejió en las mesas de redacción de ciertas publicaciones periódicas, en las que muchos intelectuales y profesionales notables forjaron sus carreras.

Los trabajadores fueron un actor fundamental de la Cuestión Social. Desde el mismo momento en que comenzaron a organizarse para la pugna reivindicativa impulsaron medios de expresión propios con el objeto de lograr mayor cohesión, reforzar la identidad militante y exponer su versión de la cuestión obrera.[11] El capítulo redactado por Laura Caruso se vincula de manera estrecha con esta vertiente, al encarar el estudio de *La Unión del Marino*, periódico sindical vocero del poderoso gremio marítimo y leído por miles de trabajadores. A diferencia de las publicaciones escritas por profesionales e intelectuales que buscaban entender el conflicto social y hallar las respuestas adecuadas para su solución, la prensa de los obreros marítimos representaba a uno de los contendientes del conflicto y era un soporte fundamental de las ideas y expectativas de este colectivo obrero en torno al rol de la intervención del Estado y la sanción de leyes en la construcción de derechos. Éste declamaba que esos derechos eran producto de la lucha social, lo que no invalidaba la presencia estatal y a partir de esta creencia estableció un fructífero diálogo con el Departamento Nacional del Trabajo, al

---

11 Lobato, 2009.

reproducir en las páginas de su prensa artículos del *Boletín*. Este singular proceso de ida y vuelta de la información y sus usos, demuestra por un lado la amplitud que fue adquiriendo en determinadas coyunturas el campo de las ideas sobre la cuestión social, que excedía el marco de las publicaciones de intelectuales y profesionales, pero por otro señalaba la interconexión que se comenzaba a gestar entre distintos espacios: estado-sociedad civil; intelectuales-funcionarios-trabajadores. Al acercar ideas de otros ámbitos más específicos (funcionariales o intelectuales) a un público trabajador y popular y situarlas en contextos en los que podían ser redefinidas en virtud de objetivos reivindicativos propios, revistas como *La Unión del Marino* son una prueba de la riqueza de la actividad creativa, en términos sociales y culturales, sobre la que se asentó el proceso de edición de muchas de las publicaciones periódicas de la época.

De alguna manera *Informaciones Sociales,* la revista de la Organización Internacional del Trabajo en castellano, abordada en este libro por Juan Martín Sánchez, cumplía la función de nexo entre distintos mundos, el de los trabajadores y el estado y entre estos y el marco internacional. De hecho, la OIT vinculaba a los gobiernos y organizaciones patronales y sindicales con la construcción e institucionalización de una agenda internacional destinada a resolver los problemas inherentes a la relación entre Estado, empresarios y trabajadores. La revista cumplió un papel fundamental en el impulso dado, a través de su difusión, a los procesos de regulación laboral como modo de solución de los conflictos sociales. Actuó también como plataforma de visibilización y lanzamiento de miembros de las burocracias locales hacia ámbitos internacionales, a la vez que ayudó a que la participación de dichos funcionarios en el exterior sirviera para reforzar su papel en el estado, a nivel nacional. El caso de Alejandro Unsain, funcionario del DNT de activa presencia en la revista, fue emblemático, pero existieron varios otros en distintas áreas.

Desde espacios culturales alternativos como el anarquismo –cosmopolitas por definición- se compartía ese afán de internacionalización, aunque con propósitos distintos. Es lo que nos muestra las revistas *Martín Fierro* e *Ideas y Figuras*, sobre todo esta última, analizadas en este volumen por Armando Minguzzi. Allí la cuestión social es vista desde una perspectiva diferente a la de las publicaciones mencionadas hasta aquí. Más que analizar las causas de los problemas sociales y la búsqueda de una solución, se trata de una mirada denuncialista y miserabilista en donde se resalta los sufrimientos de los pobres y el conflicto social es el resultado casi exclusivo de la injusticia de la sociedad capitalista. La puesta en locución de la cuestión social se realiza a través de una estética naturalista de la pobreza.

Ahora bien, la mencionada analogía con el internacionalismo puede extenderse también a los entretelones de la relación de las publicaciones periódicas con la búsqueda de distintos tipos de legitimidad por parte de sus impulsores. Como advierte su capítulo la trayectoria tanto de *Martín Fierro* como de *Ideas y Figuras* no puede desligarse del interés de su director por posicionarse y adquirir legitimidad como una de las voces autorizadas en el ámbito de la militancia libertaria y, a la vez, por reforzar un prestigio literario que le permitiera afianzarse en el circuito periodístico comercial. El análisis conjunto de estas formaciones (a cada una de ellas les cabe perfectamente la definición de Raymond Williams), nos da la pauta, a través de sus interconexiones y la repetición de personajes y experiencias, de la riqueza de ese espacio, mal entendido como de mera difusión de problemas vinculados a la emergencia de la cuestión social.

La cuestión social moderna y el modelo reformista sobre los que esta se asentó, en pleno auge de una política liberal conservadora, se articuló alrededor de unos mecanismos de redefinición de la función del estado en la sociedad y en la de la propia idea de regulación de todos esos conflictos (trabajo, vivienda salud, inmigración). Sin exagerar su alcance esta nueva idea de regulación se vio apuntalada por variaciones en el clima de ideas de la época y por cambios institucionales en la misma estructura estatal de producción y ordenamiento del pensamiento académico y científico. En ese punto las revistas analizadas en distintos capítulos ofrecen una perspectiva valiosa. Por algunas de sus peculiaridades, y también por ciertas características de la Cuestión Social de la época, que se prestan más a las polémicas derivadas de la reformulación del objeto revista y su especificidad, en este libro hemos puesto un mayor énfasis en el papel de ciertas publicaciones institucionales. Esto no quiere decir sin embargo que dejemos de lado el contexto plural en el que nacieron y en el que desarrollaron su acción, del que son prueba fehaciente los usos, ya mencionados, que la *Unión del Marino* hizo de ciertos materiales del *Boletín del Departamento Nacional del Trabajo*, o el papel híbrido jugado por el *Boletín del Museo Social Argentino*. Las influencias, los préstamos y las referencias cruzadas entre las distintas revistas, e incluso sus polémicas y la circulación simultánea de algunos autores por varias de ellas, dan cuenta de esa producción plural, que se vio apuntalada a su vez por sus innegables diferencias de todo tipo. Es en este sentido que, con cierta cautela, nos permitimos hablar de la existencia de una red de revistas que en si misma se convierte en agente activo, más allá de la implicancia y de la especificidad de cada una de ellas, en la gestación y caracterización de la cuestión social en Argentina.

Si adoptamos una perspectiva más de largo plazo vemos como ya desde la década de 1870, y afianzándose de una manera importante a partir de los 90 existían unas redes de revistas médicas (y también en el ámbito de la educación) que a la vez que generaron tradiciones de edición, luego compartidas por otros espacios e instituciones, tuvieron a lo social, y algunas formas peculiares de la regulación urbana y estatal, como un elemento destacado. La ampliación de esos circuitos y la apertura de nuevos espacios hacia el fin de siglo, nos habla de una parte importante de la producción del conocimiento social, aquella en que participaban distintos sectores, pero también el Estado y una periferia próxima, en general compuesta por profesionales, con la que este mantuvo unos límites borrosos. De tal forma, se fue forjando un ir y venir permanente, tanto de información como de los personajes involucrados. Emilio Coni, Augusto Bunge, José Ingenieros, Alejandro Unsain y José Nicolás Matienzo, fueron casos paradigmáticos. En este espacio incidió el *Boletín del Museo Social Argentino*, con su apertura hacia otros ámbitos.

Estos circuitos plurales cobran fuerza y sentido cuando observamos una revista, como la *Revista Argentina de Ciencias Políticas*, que se publicó entre 1910 y 1928, proveniente de otro campo, y amplio referente de un sector de la elite intelectual y política de inicios de siglo. De manera sintomática, en unos años en el que el debate público presionaba por una urgente reforma electoral, su contenido además de mostrar una clara preferencia por temas vinculados a los debates sobre gobierno representativo, la cuestión electoral y la reforma política, también se orientó hacia la Cuestión Social en temas de legislación laboral y problemas en torno al trabajo, muchos de ellos firmados por destacados actores de las áreas reformadoras del estado como el Departamento Nacional del Trabajo y también activos participantes de las actividades del Museo Social. El hecho de que en este aspecto la revista se centrara casi exclusivamente en temas laborales y no hiciera ninguna mención a otras cuestiones, como la salud, la educación o la vivienda, es para Viviana Barry, autora del capítulo sobre la RACP, muy iluminador de la perspectiva con la que la influyente elite que la impulsaba, se acercó al cruce, propio de la época, entre lo político y lo social.

El contexto plural de producción de sentido sobre la Cuestión Social al que hacemos referencia contó, en otra de sus partes importantes, con la participación de los anarquistas y socialistas y sus formaciones políticas, a través de su práctica multifacética y de sus órganos de difusión y reflexión. Se puede sostener, sin temor a equivocarnos, que fueron los socialistas los primeros en "descubrir" la cuestión obrera en la Argentina y siempre su prensa periódica abordó el tema como es el caso de *Acción Socialista*, aun cuando no siempre lo hicieron en diálogo con otras producciones con las que competía, como era caso del *Boletín del Departamento Nacional del Trabajo*. Para la época en que comenzó su publicación *Acción Socialista*, contaban ya los socialistas con una importante tradición editorial vinculada a temas sociales que se remontaba al menos tres décadas atrás cuando se editó *El Obrero* el primer periódico socialista cuya atención por la cuestión obrera era central. Esta tradición se afianzó por la presencia de varios de sus militantes notables en revistas de otros ámbitos como la *Semana Médica*, los *Anales del Círculo Medico Argentino*, y los ya mencionados *Anales del Departamento Nacional de Higiene*, *Boletín del Departamento Nacional del Trabajo* y *Boletín del Museo Social Argentino*. Desde la primera década del siglo XX, estos entraron en diálogo con las reparticiones estatales encargadas de tratar los problemas sociales y compartieron un espacio común con expertos universitarios de la cuestión social. También contribuyó a afianzar esa tradición socialista la trayectoria de activismo social de una serie de trabajadores, entre los que se destacaron los tipógrafos, gremio al que pertenecía el primer director de *Acción Socialista*, Esteban Jiménez.

Cómo organizaron los socialistas la difusión de su ideario y cómo este se vinculó con los problemas sociales de la época, es la pregunta que se hace uno de los capítulos del libro, redactado por Carlos Herrera, al estudiar la posición adoptada por la revista *Acción Socialista*, publicación hasta ahora sólo abordada para el análisis de cuestiones de índole ideológico partidarias en el marco de la fragmentación del socialismo de la época. Sitúa el tema en un momento histórico de gran peculiaridad caracterizado por ciertas especificidades del problema socio político derivadas de la democratización y ampliación del sistema político tras la ley Sáenz Peña, que produjo mutaciones importantes. Con la llegada al poder del radicalismo, que contaba también en su programa la redención de las clases populares se produjo un replanteo de las relaciones del Estado con el movimiento obrero, del que se hizo eco su prensa. Cambiaron las preguntas y la visión socialista sobre las bondades de la regulación social tuvo que ser matizada en algunos aspectos, en tanto consideraba que las iniciativas gubernamentales tenían un interés meramente electoral, como quedó bien claro en la posición asumida por *Acción Socialista* en las coyunturas de 1923, marcada por el debate sobre la ley de jubilaciones, en la que su negativa, en coherencia con la actitud adoptada por el Partido Socialista Argentino, obligó a sus redactores a hacer equilibrios dialécticos con su tradicional posición histórica favorable y la de 1928, en la que se debatió sobre el proyecto de ley de conciliación y arbitraje en los conflictos laborales.

Este panorama del contexto plural de producción del conocimiento sobre la Cuestión social sería muy incompleto si no hiciéramos referencia a las apelaciones al gran público y sus respuestas, sobre todo a partir de la profunda renovación de la prensa que tuvo lugar hacia fines de siglo. En consecuencia, uno de los capítulos, redactado por Mirta Lobato, se orienta a analizar *Caras y Caretas* la revista de mayor tirada de la época, que alcanzó incluso cierta proyección internacional y que se convirtió en una referencia insoslayable de la cultura rioplatense de comienzos del siglo XX.[12] Su estudio en relación con la cuestión social abre una ventana para la indagación de la relación bidireccional entre unas empresas periodísticas dinámicas y de nuevo cuño, hábiles a la hora de adaptarse a los lenguajes y demandas heterogéneos de públicos amplios, que, necesariamente, debían avanzar sobre espacios antes poco transitados. En este punto hay varias cuestiones dignas de ser destacadas. Por una parte, el medio de expresión elegido que situaba a las imágenes en un nivel de igualdad con las palabras y, por otra, la elección temática, en la que ítems vinculados a la cuestión social adquirieron bastante protagonismo. En su búsqueda de públicos amplios y múltiples, y en

---

12   Romano, 2004; Rogers, 2008.

su misma relación con ellos, *Caras y Caretas* difiere de las otras revistas institucionales, militantes e incluso culturales abordadas en el libro, aunque es interesante observar algunos de sus cruces e influencias, evidentes en su común estetización de la pobreza, con publicaciones con afán marcadamente alternativo, como es el caso *Martín Fierro* e *Ideas y Figuras*.

Salta a la vista en el caso de *Caras y Caretas* una pregunta obvia ¿Cuál era el interés por publicar temas sobre la cuestión social? La respuesta no es sencilla dado que debe situarse en el marco de la disyuntiva que parece haber perseguido en forma permanente a este tipo de revistas "de actualidad". ¿Debía la revista dejarse llevar por un público popular naciente e intentar ampliarlo? ¿O debía más bien inducirlo o condicionarlo? La solución se buscó en un punto medio en el que jugaron un papel clave las imágenes, un lenguaje directo y sencillo y cierta espectacularidad a la hora de describir problemas sociales y conflictos. En todo caso, más allá de la intencionalidad de sus editores, esta revista se convirtió en una herramienta importante de visibilización de la cuestión social.

A partir de su papel como difusoras y a la vez creadoras de conocimientos, iniciativas e imágenes, las distintas revistas estudiadas en este libro ofrecen una visión amplia y abierta, y a la vez compleja, de los procesos de producción de sentido sobre la Cuestión Social, en un período clave de la historia argentina.

Ricardo González Leandri
Juan Suriano

Contribuciones de la prensa médica al diagnóstico de la Cuestión Social. Buenos Aires (1870-1910)

Ricardo González Leandri

Introducción

El objetivo de este capítulo es analizar el papel que jugaron las publicaciones periódicas médicas en la irrupción y desarrollo de la llamada Cuestión Social, en su fases temprana y moderna, a lo largo de la segunda mitad del siglo XIX y las primeras décadas del XX.[13] El hilo conductor de ese proceso fue la emergencia en Buenos Aires de nuevas miradas y sensibilidades sobre cuestiones que en forma progresiva pasaron a ser consideradas como socialmente problemáticas.[14] En un marco connotado por la consolidación de instituciones públicas, el fin de siglo fue testigo de la irrupción del moderno conflicto social, en el que un mayor énfasis en lo laboral se articuló, dentro de un marco de ideas y regulaciones públicas reformistas, con otros problemas sociales que venían siendo definidos como tales desde tiempo atrás, como el pauperismo, la falta de salud, la niñez, la educación, la vivienda o el descontrol urbano.[15]

Las revistas estudiadas contribuyeron a afianzar un marco socio cultural, pleno de conflictos y préstamos entre prácticas y saberes "oficiales" y

---

13   Este capítulo es uno de los resultados del proyecto de investigación Dinámicas socioculturales en la construcción histórica de la cuestión social: espacios, actores, disputas y mediaciones. Argentina 1870-1930. HAR2012-38549, financiado por el Plan Nacional de I+D, del Ministerio de Economía y Competitividad, España.
14   González Leandri, González Bernaldo de Quirós y Suriano, 2010;
15   Suriano, 2000; Zimmermann, 1995.

populares. Este se caracterizó, sobre todo, por el esfuerzo puesto en generar un clima de confianza en la capacidad mediadora "técnica" de los diplomados en esferas personales y colectivas especialmente sensibles. También por producir una definición social del concepto "Higiene" como herramienta de regulación urbana, asociado a la pugna por el control de su sentido entre grupos e instituciones.[16]

Como señalan investigadores actuales, el estudio de este tipo de revistas ha sido poco abordado hasta tiempos recientes. Atribuyen dicha carencia al hecho de que, en general, los historiadores han tendido a preocuparse más por ciertos contenidos de las publicaciones que por su forma, características y trayectoria. Por otra parte, resaltan también, su función en cuanto órganos de difusión de asociaciones y grupos ha llevado a que, de forma un tanto mecánica, muchos análisis encasillaran a las revistas en el papel de simples voceros de intenciones y proyectos originados en otros ámbitos.[17]

Debido a su carácter institucional varias de las publicaciones analizadas en este capítulo plantean dificultades para atender a aquellas indicaciones y para eliminar los problemas apuntados. Esto último no debe sin embargo ser visto como un problema sino más bien como un interesante desafío para el estudio de la construcción del conocimiento social y su difusión. En este caso las tensiones entre los fines explícitos e implícitos de las revistas seleccionadas y entre la ambivalencia entre la obediencia a unos mandatos oficiales taxativos y los proyectos, por momentos autónomos, de sus redactores abren una ventana para el análisis fructífero de su implicación social.

Las primeras iniciativas: La Revista Farmacéutica y la Revista Médico Quirúrgica (1850-1870)

En 1858 se publicó la Revista Farmacéutica (en adelante RF), la primera publicación porteña que abordó de una manera sistemática y con regularidad aspectos vinculados al desarrollo de la cuestión social, entendida en los términos propios de la época. Operó desde entonces como órgano de difusión de la Sociedad Nacional de Farmacia,

---

16   González Leandri, 2015; González Leandri, 1999.
17   Bynum, Lock y Porter, 1992.

fundada ese mismo año, una asociación promotora de los intereses de un grupo importante y heterogéneo de químico-farmacéuticos. Se trataba de un colectivo que dentro del propio campo del arte de curar de la época gozaba, al igual que los médicos, de vagos privilegios legales e institucionales.[18]

Enmarcada en el incremento de la sociabilidad y en la "explosión" asociativa y de medios de prensa, característicos de la Buenos Aires post rosista, la instalación de la Sociedad Nacional de Farmacia representó la maduración de un proceso previo originado por el arribo por goteo al Rio de la Plata de una serie de expertos (médicos, químicos, ingenieros, farmacéuticos) europeos que fueron desplegando su actividad profesional en distintos ámbitos e interactuando entre sí.[19] Muchos de ellos advirtieron de forma temprana las ventajas que se abrían a acciones colectivas orientadas a difundir conocimientos y propuestas de reforma y defender sus intereses corporativos. A diferencia del cuerpo médico, más desorganizado, la Sociedad mostró un enraizamiento social sólido y una estructura eficaz para los cánones de la época.

El primer elenco de redactores y colaboradores de la RF se caracterizó por su muy diversa procedencia y trayectoria personal y académica, y por el hecho de que pronto casi todos ellos se convertirían en figuras locales notables. Al emitir opiniones propias y transcribir en forma periódica debates, recomendaciones y jurisprudencia internacional sobre cuestiones de Higiene y salubridad, los participantes de la RF, entre los que destacaron los químicos Puiggari, Murray, Kyle, Spuch, Demarchi y Cramwell, entre otros, lograron que desde muy temprano esta se consolidara como un ámbito de discusión sobre Higiene Pública.[20]

Seis años después, en 1864, se fundó La Revista Médico-Quirúrgica (en adelante RMQ) por un grupo de médicos jóvenes capitaneados por Pedro Mallo y Ángel Gallardo.[21] A pesar de su declarada vocación de independencia,

---

18 González Leandri, 1999; Cignoli, 1942, pp. 315-336; Cignoli, 1953.
19 González Bernaldo de Quirós, 2007, pp. 214; González Leandri, 2015, pp. 381-398; Kohn Loncarica, 1981
20 González Leandri, 1999; Cignoli, 1953. Puigari, Miguel, "Discurso Preliminar al estudio de la Química Orgánica" Revista Farmacéutica (RF)1, T.1, 1 de octubre 1858, p. 19.
21 Revista Médico Quirúrgica (RMQ) 1, nº 10, 23 de agosto1864, p. 156; RMQ 1, nº 5, 8 de junio 1864, p. 156.

el marco institucional en que se produjo su lanzamiento público estuvo connotado por una serie de tensiones. Estas estuvieron englobadas en cambios institucionales a través de los cuales las elites médicas habían comenzado a delinear un proyecto profesional que promovía relaciones de colaboración con la administración local y el estado. Sus autoridades se arrogaban, además, la capacidad de intervenir en forma legítima en una vasta serie de cuestiones que, según los parámetros de la época, podían definirse como sociales.[22]

Los primeros años de vida de la RMQ fueron inestables, lo que se hizo evidente en los frecuentes cambios en la composición de su elenco redactor. Se trató de una época agitada para la profesión médica en la que los redactores de la revista se vieron tironeados por la elite de la profesión, compuesta por los catedráticos de la Facultad de Medicina, que reclamaba deferencia, y el heterogéneo elenco dirigente de la recientemente creada Asociación Médica Bonaerense, que planteaba alternativas poco claras.[23]

A partir de abril de 1868 la RMQ se convirtió en vocero de la Asociación Médica Bonaerense con lo que su situación varió de manera significativa gracias a la incorporación de médicos reconocidos como Guillermo Rawson, Santiago Larrosa y Manuel Arauz. A partir de entonces, e incluso un poco antes, el devenir de la Asociación afectó de una manera muy intensa su trayectoria y línea editorial.[24] Entre ese año y 1871 la revista asistió a un periodo de florecimiento, en el que se diversificaron e intensificaron sus actividades, gracias a la incorporación de una nueva camada de jóvenes practicantes activos y talentosos como Angel Golfarini y Eduardo Wilde.[25] Sus posiciones políticas muy caracterizadas y sus ideas médicas un tanto heterodoxas para la época en el plano institucional, ayudó a intensificar su independencia de criterios con respecto a la elite de catedráticos e incluso frente a la misma Asociación Médica Bonaerense.[26]

---

22 González Leandri, 2012, pp. 125-152; Cantón, 1928, T.3, pp. 33-34.
23 Mallo, Pedro, "Al Dr. D. Juan Ángel Golfarini", RMQ, 6, 1870, pp. 426-429.
24 RMQ 5, nº 3, 8 de mayo 1868, "Asociación Médica Bonaerense ", pp. 38-40; RMQ 7, nº 16, 23 de noviembre 1870, "Asociación Médica Bonaerense", pp. 249-250.
25 RMQ 6, nº 1, 8 de abril 1869, "Nuestros propósitos", p.4.
26 RMQ 7, 1870, "Los médicos", p. 40; RMQ 7, "Asuntos médico legales", 77; Coni, 1918, pp. 36-37

En sus comienzos, junto a miembros de la RF, la RMQ se hizo eco de las actividades de otra asociación de vida efímera, La Sociedad de Estudios Químicos, de la que era miembro uno de sus redactores. Esto ayudó a forjar una primera y estrecha colaboración que cambiaría en forma drástica en décadas posteriores debido a la desigual institucionalización de ambas disciplinas.[27] Se trató del armado en el ámbito local de una incipiente red de intercambio de información en la que distintos temas e iniciativas vinculados a la Higiene Pública comenzaron a ser definidas e impulsadas de manera más sistemática. Esto induce a no ver a la RF y la RMQ como artefactos aislados, o excesivamente especializados, sino más bien como parte de una red informativa con distintos niveles y límites difusos, en la que también participaba en forma activa un sector de la prensa periódica.[28]

Ambas revistas dieron voz a una serie de iniciativas, connotadas al comienzo por el ritmo de las epidemias, que facilitaron el afianzamiento de concepciones específicas sobre lo público y la acción social, vinculadas a la consolidación de un optimista ideario sanitarista, lo que permitió que los miasmas, en cuánta interpretación cultural, estuvieran ya presentes en Buenos Aires antes de que se hicieran sentir como una cuestión crítica[29]. Sin embargo, no todos compartían de manera absoluta ese optimismo. Algunos partícipes de la RMQ se mostraron más escépticos y apuntaban a las deficiencias de la ciencia del momento en diagnosticar adecuadamente las causas de los problemas sanitarios y epidémicos y los usos superficiales con que se adaptaban al medio local experiencias de otras regiones.[30]

---

27   RMQ 1, n° 23, 8 de marzo 1865, "Nueva asociación de estudios químicos", p. 414.

28   RMQ ,1 n° 2, 23 de abril 1864, "Consejo de Higiene Pública", p. 21; RMQ 1, n° 3, 8 de mayo 1864, "Artículos comunicados. El Consejo de higiene Pública", p. 38-47; Puiggari, Miguel "¿Debe la realización de las medidas higiénicas y sanitarias fiarse exclusivamente a las iniciativas de las municipalidades?" RMQ 2, n° 1, 8 de abril, 1865, p. 2; La Tribuna, 22 de enero 1868, pp. 2-3

29   González Leandri, 2015, pp. 381-398; RMQ 5, n° 15, noviembre 8, 1868, "La Higiene Pública", pp. 233-239.

30   Golfarini, Juan Ángel, "El eclecticismo en Medicina", RMQ, 4, n° 3, 8 de mayo de 1867, pp. 39-47; n° 4, 21 de mayo, pp. 57-61; n° 5, 8 de junio, pp. 91-98; n° 6, 23 de junio, pp. 130-37; n° 11, 8 de septiembre,

Con posterioridad a la crisis epidémica de 1871 la actividad de la Asociación Médica Bonaerense se desaceleró en forma notoria y la RMQ comenzó un periodo de declive en el que su redacción estuvo a cargo de distintos miembros que rotaban mensualmente. Las diferencias de criterios y las desinteligencias cada vez más evidentes en el seno de la Asociación alcanzaron a la revista. Un punto de inflexión se produjo en agosto de 1872 cuando aquella decidió nombrar una comisión redactora permanente compuesta por Pedro Mattos, redactor jefe, Santiago Larrosa y Leopoldo Montes de Oca. Al tratarse de médicos recientemente incorporados a puestos protagónicos en la élite de la profesión médica, tal modificación revirtió negativamente, como era de esperar, en el papel autónomo en el que las redacciones anteriores habían pretendido situar a la publicación. Sin embargo, para atajar las críticas que dichos cambios ocasionaron, la comisión redactora decidió incorporar como colaboradores a varios estudiantes de la Facultad. El objetivo explícito era que informaran sobre sus respectivos cursos y otras cuestiones de interés general.[31]

Hacia mediados de la década el conflictivo proceso de creación de la Academia de Medicina hirió de muerte a la Asociación Médica Bonaerense, que sin embargo continuaría con una actividad más bien nominal durante algunos años más.[32] Como consecuencia la RMQ cesó como su órgano oficial y su comisión redactora renunció pocos meses después, en septiembre de 1875. A partir de esa fecha y durante un año y medio continuó editándose como "Publicación quincenal: órgano de los intereses médicos argentinos" y a cargo de una redacción "anónima", compuesta por algunos de los alumnos colaboradores nombrados poco tiempo antes. Finalmente, en 1877 uno de ellos, Emilio Coni, asumió formalmente de la dirección. Se trataba del hijo del empresario encargado de su edición y discípulo de Guillermo Rawson, titular de la materia de Higiene recientemente creada en la Facultad de Medicina.[33]

---

     pp. 163-169; nº 12, 23 de septiembre, pp. 178-185; nº 13, 8 de octubre, pp. 195-202.

31   Coni, 1918, pp. 37 y 74-77.

32   RMQ, 8, nº 9, 8 de enero 1872, "Revista de la Quincena", pp. 294-95; RMQ. 3 nº 11, 8 de septiembre 1876," Asociación Médica Bonaerense", pp. 266-267.

33   En sus memorias Emilio Coni asegura que al hacerse cargo, de hecho, de la redacción impuso el requisito del anonimato por una cuestión de modestia, dado

Junto a Emilio Coni se ocupó de la revista un nuevo grupo en el que destacaban estudiantes y médicos recién egresados como Julián Aguilar, Pedro Roberts, Ignacio Pirovano, y Ayerza, al que se sumarían más tarde, en 1880, otros colaboradores como Roberto Meléndez y Telémaco Susini (entre 1881 y 1884). La intensa actividad desplegada por el grupo, gracias sobre todo al empuje de su redactor principal, dio a la revista una nueva orientación que fortaleció su independencia.[34]

Lo más característico de la RMQ casi desde sus comienzos fue su tentativa de liderar el circuito local de promoción de los conocimientos, prácticas y políticas higiénicas, sobre todo en su faceta de Higiene Pública. Ayudó mucho a su posicionamiento primero el empuje inicial de Pedro Mallo y después el de Emilio Coni y su grupo. Ambos intentaron sistematizar los debates de la época y dirigieron su actividad hacia una mayor interrelación con los poderes públicos. Se destacaron sobre todo las insistentes llamadas de atención de Coni, Gache y Susini sobre las deficiencias de los hospitales. Estas se atribuían al hecho de que buena parte de su control estaba en manos ajenas a la corporación médica. Para paliar la situación tanto ellos como otros participantes externos propusieron reformas como la construcción de centros mixtos. Más adelante Emilio Coni planteó la necesidad de centralizar la administración hospitalaria en una comisión de expertos, antecedente inmediato de la creación de la Asistencia Pública, que tanto él como Susini promovieron.[35] A la crítica hospitalaria se sumó una importante cantidad de proyectos de ordenamiento de la vida social: reglamentación de la prostitución, creación de dispensarios de salubridad, establecimiento de radios de los mercados, control de la calidad de los alimentos y la vivienda, mejora de la sanidad escolar, entre otros. Entre la gran variedad de temas abordados se percibe una tendencia a favorecer el establecimiento de regulaciones urbanas más sistemáticas y la firme creencia en las bondades de la estadística como base de la actividad previsora del estado y la Municipalidad,

---

    que todavía era un estudiante. No quedan claros, sin embargo, los motivos de la renuncia precipitada de la comisión de notables. Coni, 1918, pp. 76-77.

34 Coni, 1918, pp. 35-39.

35 Coni, RMQ, 1875, 12, nº 13, 8 de octubre: 215-221; Penna y Madero, 1910, II, pp. 134-147.

de las que Coni fue un notorio promotor.[36] Con la incorporación de Roberto Meléndez al equipo redactor en los 80 la revista incursionó también en temas vinculados a la "Medicina moral", con lo que se acercaba al proyecto socialmente abarcador que para la profesión había esbozado la elite médica de mediados de siglo, que en boca de los miembros de la RMQ se resumía en la frase "la sociedad como paciente".[37] Sin embargo, el ideario higienista del que hizo gala la RMQ no alcanzó a persuadir de manera absoluta a las autoridades que descartaban o demoraban la aplicación de una parte importante de los proyectos presentados en sus páginas.

La preocupación por la higiene y el control urbano se complementó con su afán de internacionalizar su actividad a través de varias vertientes: una, orientada a la búsqueda de ejemplos para validar las iniciativas propuestas y, varias otras, encaminadas hacia el logro de legitimidad para las acciones tanto del propio grupo redactor como para la profesión en su conjunto. Estas últimas se vieron afianzadas por la intensa política de canje de la RMQ con instituciones extranjeras y por el establecimiento de contactos institucionales, académicos y personales.

La Revista Médico Quirúrgica y Los Anales del Círculo Médico Argentino (1870 - 1890)

En 1877 la RMQ vio surgir a su lado a los Anales del Círculo Médico Argentino (en adelante ACMA). El Círculo Médico Argentino (en adelante CMA) nació en los primeros años de la década en el entorno de la Facultad de Medicina de la Universidad de Buenos Aires como continuación de un primer agrupamiento estudiantil de vida efímera, la Sociedad Estímulo Médico Argentino. Se planteó en forma simultánea como una asociación defensora de los intereses gremiales de estudiantes y graduados jóvenes y como canal de difusión de prácticas y saberes médicos en boga. Desde sus inicios no ocultó su afán de protagonismo tanto en el seno de la política académica de la Facultad de Medicina y la Universidad de Buenos Aires

---

[36] RMQ 12, nº 14, 23 de octubre 1875, "El Hospital General de Hombres"; RMQ 16, nº 4, mayo 23 1879, "Informes de los Señores médicos del Hospital de Mujeres", pp. 69-71; RMQ 19, nº 9, 8 de agosto 1882, p. 156.

[37] Vezzetti, 1981. 81

como en la vida sociocultural de la ciudad. Con el paso del tiempo se convirtió en un importante ámbito de sociabilidad.[38]

En su fundación intervinieron varios grupos: algunos jóvenes con actuación previa en la Asociación Médica Bonaerense, estudiantes con una marcada orientación multidisciplinar, e incluso política, que con posterioridad alcanzarían a convertirse en importantes funcionarios, diputados e incluso en referentes del mundo de las letras y de las ciencias, como José Penna, Pedro Arata, Samuel Gaché, Telémaco Susini, José María Ramos Mejía y Ladislao Holmberg, entre otros. A ellos se sumaron varios médicos graduados en universidades europeas, en especial alemanas, como Roberto y Otto Wernicke y Enrique Sudnick.[39]

Los ACMA fueron un proyecto emblemático del CMA, que se mantuvo firme en sus tradiciones y prácticas incluso en las coyunturas más conflictivas. Ambos conformaron a lo largo de su dilatada existencia una férrea amalgama, gracias en gran parte a que socios fundadores como Samuel Gaché o Roberto Wernicke tiñeron la trayectoria de la revista con su fuerte impronta personal.[40]

Los primeros consejos de redacción de los Anales estuvieron integrados por graduados y estudiantes. Desde un comienzo adoptaron modelos de organización y gestión novedosos, como por ejemplo la práctica de convocar en forma anual un cuerpo de redactores, a semejanza de algunas sociedades científicas europeas. Su funcionamiento osciló entre la convocatoria a redactores encargados de secciones específicas bajo la supervisión de un redactor en jefe y un modelo más centralizado a cargo de este último.[41] Tales variaciones, expresión de tensiones más profundas en el seno del Círculo, fueron consecuencia sobre todo de la cambiante conformación de sus direcciones y derivaron en reformas que dieron mayor protagonismo a la figura del editor principal".[42]

---

38   Luqui Lagleyze, 1988, pp. 35-38; González Leandri, 1997, pp. 31-54; Barguero, 2002, pp. 91-112; Souza 2007, pp. 141-159; Souza, 2010, pp. 55-185.
39   *RMQ*, 1877: 242. González Leandri, 1999, pp. 185-222; Souza, 2010, pp. 55-185 y 372.
40   Gaché, Samuel, "Discurso del DR. Samuel Gaché sobre la marcha de la asociación en el periodo 1883 a 1885", Anales del Círculo Médico Argentino, 1885, 8, julio, pp. 331-332.
41   Souza, 2010, pp. 378-382.
42   Novaro, Bartolomé, "Discurso leído en la inauguración de los Cursos Libres de Medicina, por el presidente de la asociación Dr. Bartolomé Novaro", ACMA 6,

El peso simbólico que pronto adquirió la revista, apuntalado precisamente por la experiencia adquirida por sus primeros redactores y editores principales colaboró para que desarrollara una trayectoria que excedió el marco de la institución. Tras su primera década de vida el proyecto editorial se amplió hasta el punto de consolidar una oficina administrativa y comercial dentro de la sociedad, lo que evidenció el afianzamiento de una experiencia colectiva alrededor del proceso de edición. Pero esta no se produjo de forma lineal, sino que atravesó por continuos avances y retrocesos, que en más de un momento afloraron a la luz a través de las palabras críticas de algunos de sus redactores, que reflejaban el permanente debate entre graduados y estudiantes.[43]

El público de la revista, se conformó a partir de dos circuitos complementarios. Uno compuesto por sus propios socios y otro, más externo, inscripto en las redes de intercambio bibliográfico (locales y transoceánicas) en las que los ACMA lograron insertarse. Esta última forma de consumo de la revista adquirió un peso simbólico de consideración, dado que le permitió difundir el ideario específico del CMA y obtener legitimidad para sus múltiples objetivos. [44]

La RMQ y los ACMA continuaron en las décadas de 1870 y 1880 dando vida al circuito de informaciones sanitarias y sociales de décadas previas. Lo hicieron desde distintas posiciones y estrategias. La RMQ, más abierta y orientada hacia un sector muy heterogéneo de practicantes y hacia el incentivo explícito de la acción de los poderes públicos, fue más bien un cúmulo de proyectos personales que se negociaban en la mesa de redacción. Los ACMA, en cambio, dirigieron su interés hacia el establecimiento de relaciones más estrictamente académicas y corporativas. A pesar de sus notables diferencias sus puntos de mira sin embargo se complementaban en una buena cantidad de cuestiones y llegaron a interesarse por algunos proyectos comunes.[45]

En relación con el vínculo que se consolidó en años posteriores entre revistas médicas y la definición de ciertos problemas como "sociales", hay

---

nº 11, julio 1, 1883, pp. 446-447; Ledesma, Justiniano, "Noveno año. Anales del CMA", ACMA 9, nº 1, 1886, pp. 3-4.

43   Souza, 2010, pp. 382-390.
44   Idem, pp. 389-396
45   González Leandri, 1999, pp. 185-222; RMQ 16, nº 11,8 de septiembre, 1879, p. 218.

que señalar varios aspectos de la trayectoria de la RMQ y de los ACMA durante estos años. Por un lado, fue evidente el papel más relevante de la RMQ en la promoción de cuestiones vinculadas a la Higiene en sus distintas variantes. Por otro, fue importante la consagración del CMA como organización corporativa y productora de simbología con peso creciente entre los médicos. Si bien los ACMA mantuvieron una relación un tanto difusa con los problemas que definían la cuestión social propia de la época, les cupo una fundamental participación indirecta sobre sus desarrollos posteriores, al generar una tradición colectiva de edición y circulación de ideas, que ayudó a afianzar un elenco estable de funcionarios especializados en el tratamiento de aspectos sociales clave. Varios de los estudiantes o médicos jóvenes participantes en la edición de los ACMA, como José María Ramos Mejía, Telémaco Susini, Pedro Arata, Roberto Wernicke y José Penna, se convirtieron con el tiempo en funcionarios con importante capacidad de decisión y, en algunos casos, en responsables de las publicaciones institucionales surgidas a partir de la década de 1890.

Los Anales del Departamento Nacional de Higiene y los cambios intelectuales y sociales de fin de siglo

La desaparición de la RMQ en 1888 significó un hito importante, dado que marcó el cierre de una etapa y el fin de una manera de trabajar dentro del periodismo médico. Si bien hubo que pasar por un periodo de transición de varios años, en el nuevo periodo que se abrió las publicaciones médicas alcanzaron un mayor grado de institucionalización. Este proceso se vinculó con los cruciales cambios que afectaron a la sociedad argentina de la época. Lo más destacado fue la crisis política y económica de 1890 que puso en entredicho las ideas de progreso indefinido que habían proliferado en la década anterior, dado que sus consecuencias hicieron más visible la existencia de problemas sociales. Conflictos laborales, incremento de la criminalidad, escasez e inadecuación de la vivienda popular, serias deficiencias sanitarias y de salud pública nutrieron el nuevo panorama social del país, consecuencia de la inmigración masiva, la urbanización y la industrialización. A partir de la protesta obrera, a la que se sumaron voces que pedían una reformulación de la política pública, emergió una nueva y moderna «cuestión social» que fue interpretada por una parte de las elites gobernantes como un desafío más amplio a los fundamentos del orden político y social vigente. Uno de sus resultados visibles fue el reacomodamiento del vínculo establecido entre expertos «sociales» y gobierno –gracias a la conversión de sus saberes y prácticas en «saberes de estado»- estrechamente relacionado con una reconfiguración y diversificación del campo académico, muy evidente en el caso de la profesión médica, [46]

En ese contexto de cambio social e intelectual nacieron Los Anales del Departamento Nacional de Higiene (en adelante ADNH) que se consolidaron como una plataforma de información sobre cuestiones que se dirimían en el seno del gobierno y de la corporación médica. Si bien entre sus fines explícitos figuraba su interés por la producción de expertos locales sobre higiene, desde sus mismos comienzos se abocó a difundir y analizar las alternativas que ofrecían distintas corrientes de pensamiento para la regulación sanitaria y social.[47] Otro de sus objetivos, tal vez el más destacado, fue delimitar un espacio institucional para la higiene pública o administrativa que permitiera incrementar la eficacia de la intervención gubernamental. En ese aspecto, además de sus redactores habituales se destacó el impulso inicial de su fundador, Juan B. Gil y, sobre todo de Guillermo Udaondo, segundo director de la institución, quien, con sus iniciativas presentadas al gobierno abrió un espacio de circulación de ideas y de redefinición y esclarecimiento de la Higiene Administrativa. [48]

Los ADNH se destacaron por dos particularidades interrelacionadas. La primera fue su ambivalencia institucional dado que si bien la revista actuó como vocero del Departamento Nacional de Higiene, organismo dependiente del Ministerio del Interior, en sus inicios también representó a otras instituciones, como la Asistencia Pública de la Municipalidad de Buenos Aires.[49] La segunda fue la peculiar trayectoria

---

[46] Zimmerman, 1995; Suriano, 2000. Lobato, 2000. Terán, 2000; González Leandri, González Bernaldo de Quirós y Suriano, 2010, pp. 153-206; González Leandri, 2012, pp. 125-158;

[47] Anales del Departamento Nacional de Higiene (ADNH) 1, nº 1, enero), 1891, p. 1; ADNH 2, nº 2, febrero 1892, p. 1; Anales de Higiene Pública y Medicina Legal (AHPML) 1 nº 1, marzo 1892, p. 1.

[48] Udaondo, Guillermo, "Higiene Administrativa", ADNH, 2 nº 2, pp. 18-27. Coni, 1896, p. 192.

[49] ADNH 1 nº 1, enero 1891, p. 1; ADNH 2 nº 2, febrero, 1892, p. 1; AHPML 1, nº 1, marzo 1892, p. 1.

intelectual y profesional de sus impulsores y redactores, fogueados en su gran mayoría en forma previa en las redacciones de la RMQ y de los ACMA, que puso de manifiesto el afianzamiento de un proyecto médico que buscaba establecer vínculos peculiares y próximos con el estado.

Llegados a este punto conviene recordar el camino recorrido por el DNH, representación histórica del reconocimiento institucionalizado de la corporación médica. Instaurado en octubre de 1852 con amplias atribuciones de policía sanitaria y médica, pero sólo como organismo consultivo, se enfrentó durante años a dificultades para hacer visible su actividad. Tras algunos cambios en su organigrama, en 1867, recién se vio revitalizado en 1877 cuando una ley provincial del arte de curar amplió sus competencias.[50] El Departamento fue finalmente nacionalizado en 1880, hecho que despertó grandes expectativas pronto defraudadas. En 1887 bajo la presidencia de Juárez Celman experimentó cambios más decididos a partir de la convocatoria de una conferencia médica nacional y la reubicación del departamento bajo la jurisdicción exclusiva del Ministerio del Interior.[51] Dicho proceso culminó en buena medida durante el gobierno de Carlos Pellegrini, tras los acontecimientos de 1890, cuando su alcance y atribuciones se afianzaron por medio de una ley nacional. Sin embargo, la ley presentaba lagunas importantes en temas jurisdiccionales y organizativos, por lo que abrió un periodo de ambivalencia institucional, en el que muchas iniciativas del DNH no pudieron afianzarse de forma inmediata.[52]

La aparición de los ADNH coincidió precisamente con ese periodo, por lo que nacieron teñidos de su espíritu y sus limitaciones. En la faceta organizativa se destacó la pugna de criterios y de poder entre el presidente, que apoyaba un accionar más ejecutivo y centralizado, y una serie de vocales capitaneados por el Dr. Piñero, que se decantaba por una toma

---

50 El texto de la ley que reglamentaba el ejercicio de la Medicina, Farmacia y otros ramos del arte de curar puede consultarse en: RF 20, 16, nº 2, 1 de febrero, 1878, pp. 49-60.
51 La Prensa, 1888, enero 1.
52 Otero, Francisco, "El Departamento Nacional de Higiene. Su pasado, su presente y su porvenir", ADNH 17, nº 3, marzo, 1910, pp. 95-101; Araoz Alfaro, 1944, pp. 500-535; González Leandri, 2010, pp. 59-85.

de decisiones colegiada, tal cual se había desarrollado hasta entonces.[53] El triunfo de la posición más ejecutiva, hacia fines de 1893, que fijó una clara subordinación del Consejo a la presidencia en cuanto organismo académico consultivo, tuvo efectos beneficiosos dado que incrementó la efectividad y agilidad en la toma de decisiones por parte del DNH, en un momento en que estas parecían más necesarias que nunca. Sin embargo, tal como se desprende de las páginas de los Anales, el material producido y los intercambios entre colegas perdieron brillantez. Esto se hizo más evidente a partir de 1895 cuando, a través de una decisión con pocos antecedentes previos, el gobierno entrante renovó el nombramiento de José María Ramos Mejía como presidente de la institución, a la vez que aprobó sus propuestas de reorganización. Se trató de un tema clave en un año fundamental. La prensa y sectores de la opinión pública señalaron que con esa continuidad la corporación médica había alcanzado un importante nivel de éxito institucional que le permitía fijar la agenda de muchos de los problemas sociales vigentes. A pesar de las dificultades se vaticinaba un futuro halagüeño.[54]

La aparición de los ADNH, su primer número alcanzó la calle en 1891, fue fruto de negociaciones previas entre ámbitos académicos y de la administración en las que pesaron mucho los proyectos personales y grupales de sus impulsores. Se trató de la puesta en común de varios profesionales médicos curtidos en distintas instancias de la administración pública y que gozaban de una autorizada posición en cuanto expertos. Desparecida la RMQ en 1888, los ADNH cubrieron, aunque sólo en parte, el espacio que ésta había dejado vacante. Hubo sin embargo una gran diferencia entre ambas publicaciones. Si bien los personajes eran en buena medida los mismos, ahora era el Estado el que hablaba por boca de los ADNH, por lo que, a diferencia de sus antecesoras, la RMQ y los ACMA, su discurso experto fue más institucional, aunque los propósitos de los redactores fueran además otros y más variados.

Debido a la escasez de recursos, a cierta debilidad institucional del Departamento y a los vaivenes políticos de una época convulsa, sus comienzos sufrieron múltiples alternativas. El principal indicio fue su cambio de nombre y estructura. La revista dejó de publicarse en el primer

---

53 Ramos Mejía, 1898, pp. 24; 33-39; 365-366 y 384; AHPML 1, n°6, agosto,1892, pp. 259-261, 266-289 y 315-317.
54 SM, enero 9, 1896, pp.14-15.

trimestre de 1892 para reaparecer en forma inmediata fusionada con los Anales de la Asistencia Pública, bajo el título de Anales de Higiene Pública y Medicina legal y dirigida por Emilio Coni y José Ramos Mejía, con José Penna como secretario de redacción.[55] En 1893 cambió nuevamente de nombre y pasó a denominarse Anales del Departamento Nacional de Higiene. Sus objetivos fundacionales fueron dobles, según lo expresó su primer número. Emprendió por un lado una tarea de consolidación profesional y de ciertos saberes al editar "trabajos que sobre Higiene pública, política sanitaria y medicina legal que se llevan a cabo en el país" y, por otro, publicitar las acciones propias al dar cuenta de "los documentos y resoluciones del departamento". La nota firmada por "La Dirección" no hacía referencia alguna a su composición. Se supone que era colegiada, aunque sin embargo en números siguientes y en páginas interiores aparecía Emilio Coni como responsable. Además, su nombre y dirección figuraban a efectos de envío de correspondencia y canje.[56]

Para cumplir con sus variados objetivos la revista incluyó trabajos sobre Medicina general; Ciencias Naturales y Farmacia y mantuvo secciones especiales permanentes sobre Meteorología, Demografía y Asistencia Pública. Informó también con regularidad sobre los trabajos llevados a cabo por la Oficina Química Municipal y notas varias sobre policía médica y sanitaria, entre otras cuestiones.

En los primeros años, aproximadamente hasta 1893, puede hablarse de los ADNH como una revista prácticamente "de autor", gracias a la actividad desplegada por Emilio Coni, nombrado recientemente director de la Asistencia Pública de la capital y a los aportes más academicistas y técnicos de Pedro Arata, director de la Oficina Química Municipal, socio fundador del CMA y asiduo colaborador en los inicios de los ACMA.[57] Sin embargo, fue sobre todo Coni quien impuso su agenda y su estilo debido a sus numerosas colaboraciones y al hecho de ocupar el puesto de director de la Asistencia Pública, cargo al que pronto renunciaría. Participaron de manera activa en los ADNH otros médicos que también

---

55 ADNH 1 nº 1, enero, 1891, p. 1; ADNH 2, nº 2, febrero, 1892, p. 1; AHPML 1 nº 1, marzo, 1892, p. 1.

56 ADNH 3 nº2, abril, 1893. La revista cambia de nombre, pero sigue con la numeración de los AHPML

57 Arata, Pedro N., "Ciencias Naturales", ADNH, 1, nº 1, enero, 1891, pp. 1-13; 1, nº 2, febrero, 1891, pp. 6-73.

habían ocupado cargos de máxima responsabilidad en el CMA, en los ACMA y en la RMQ, como Telémaco Susini y José Penna. Este último cobró cada vez mayor importancia, a partir de que se hizo cargo en 1992 de la presidencia del Consejo y desde que inauguró una serie de publicaciones monográficas semestrales complementarias de los ADNH.[58]

La vida de los ADNH estuvo connotada en la década de 1890 por los esfuerzos de la presidencia del DNH por afianzar el efectivo carácter nacional de la institución y de incentivar lo que su presidente llamaba su «rol complejo», que implicaba un mayor equilibrio entre las medidas higiénicas y de control sanitario «externo» e «interno», algo difícil de lograr en los primeros tiempos por la irrupción de epidemias de cólera, fiebre amarilla y peste bubónica en 1894 y 1895 que obligaron al DNH a prestarle una atención predominante.[59]

A partir de la creación de la Oficina Sanitaria Argentina o Instituto Nacional de Higiene, dividido en tres secciones: Higiene general, Química y Bacteriología y considerado como un "crisol por donde debían pasar los estudios científicos que se emprendieran"[60] se afianzó en el Departamento un perfil más "técnico" vinculado sobre todo al despliegue de un arsenal de prácticas y estudios bacteriológicos. Este permeó también las páginas de los ADNH, a través de los informes que en ellas se volcaron con regularidad y que se correspondían con el organigrama de trabajos encargados por la institución a los miembros de sus distintas secciones. La responsabilidad de la publicación de los ADNH, poco formalizada hasta entonces, pasó a formar parte de las atribuciones de la sección Higiene general.[61] El tono que adquirieron los ADNH durante estos años, más cercano al de una dependencia burocrática estatal, que a una revista académica –sus dos almas en tensión- se vio apuntalado por cuestiones de forma. Dejaron de aparecer los nombres de los colaboradores en la portada, que sólo mencionaba el

---

58 Penna, José, "La epidemia de influenza en Buenos Aires", ADNH 1, nº 4, junio, 1892, pp. 185-194; Susini, Telémaco, ADNH nº 10 y 11, 1895, pp. 189- 93. Penna, José, "Las epidemias de fiebre amarilla en el Río de la Plata", ADNH, 1895 (dirigidos por la Oficina Sanitaria Argentina),1 nº1 Primer volumen semestral: 1-428.
59 Ramos Mejía, 1898, pp. 20-21.
60 Ramos Mejía, 1898, p. 448
61 Idem, p. 453

nombre del director de la institución. Esta situación se iba a mantener hasta 1900.

Dentro de ese marco más institucionalizado y estricto, uno de los hechos más destacados en relación a los cambios sociales e intelectuales de la época, fueron las colaboraciones de Maximiliano Aberastury, que comenzaron a editarse en las páginas de los ADNH en 1894. Se trató de un médico joven recientemente nombrado en el nuevo cargo de inspector de fábricas e higiene industrial, un intento evidente de las autoridades del DNH de reforzar sus incumbencias en la «defensa sanitaria del medio interno». Sus informes y reflexiones, orientados por la experiencia inglesa, tuvieron una trascendencia especial. Derivaron en un intento de reglamentación, una de las primeras incursiones estatales en ese aspecto. Fueron además recuperados con notorio interés por Ramos Mejía en las memorias del departamento publicados en 1898, a quien sirvieron para explayarse sobre los fundamentos de la acción deseada para la institución en cuestiones sociales.[62] Los objetivos programáticos esbozados por Ramos Mejía en el apartado de Higiene Industrial de las memorias del DNH correspondiente a los años 1892-1897, contenían notorios cambios con respecto a las ideas clásicas sobre el pauperismo vigentes hasta poco tiempo antes. A tono con los tiempos, sus reflexiones se mostraban más atentas a las causas y consecuencias de la conflictividad social y más orientadas hacia la búsqueda de la especificidad de la problemática socio laboral, en cuyas múltiples facetas consideraba que el Departamento debía incursionar de manera protagónica[63]. Basándose en los informes y en el proyecto de reglamentación de Aberastury y otros trabajos publicados en los ADNH, Ramos sostenía que "pocos capítulos de la higiene general revisten mayor importancia". Su regulación por parte del Estado era clave y consistía sobre todo en paliar un entramado de peligros derivados de la creciente internacionalización de la economía. Consideraba también que dadas las pésimas condiciones en que los trabajadores, muchas veces mujeres y niños, realizaban sus tareas, no era de extrañar que «cada día fuera más poderosa la lucha entre el obrero y el capital»[64]. Sin embargo, pecaba

---

62 Ramos Mejía, 1898, pp. 529-533
63 Ramos Mejía, 1898, pp. 14-18 y 529- 533.
64 Ibidem; Aberastury, Maximiliano, «Higiene industrial, proyecto de ley. Clasificación de las industrias insalubres y peligrosas», ADNH 4, diciembre de 1894, pp. 1257-1278; Aberastury Maximiliano, "Inspección de establecimientos

de un exceso de optimismo al creer que la solución era relativamente sencilla, en la medida que el Estado se involucrara de lleno y dictara normas legales que regularan la duración de la jornada de trabajo y la salubridad de los locales industriales afectados.

Hacia mediados de la década de 1890 se hizo evidente que la profesión médica adquiría una nueva envergadura. Surgió un cada vez más consolidado público de clase media, a lo que se agregó el aumento del número de médicos y estudiantes y sobre todo la irrupción de nuevas especialidades. Este nuevo marco hizo posible que en 1894 fuera lanzada al público la Semana Médica (en adelante SM). Su editor fue Tiburcio Padilla, un médico joven que había colaborado con Emilio Coni en la Asistencia Pública, quien impuso a la revista una impronta generalista y variada y dedicó especial atención a ciertos rasgos de la sociabilidad médica.[65] Fueron notorias su periodicidad (semanal), la cantidad de propaganda que incluía y los artículos y notas breves sobre distintas especialidades en columnas fijas y orientadas tanto hacia un público especializado como hacia otro más amplio. Al mismo tiempo que estableció un vínculo estrecho con la Sociedad Médica Argentina, de reciente creación, daba cuenta de la información producida por organismos e instituciones médicas como el DNH, la Facultad de Medicina y el CMA. No fue casual que su primer número incluyera en su portada una noticia sobre un "acto oficial" protagonizado por el DNH. Junto a los ACMA, que estaban experimentando una importante consolidación al pasar de una periodicidad mensual a una quincenal, y los ADNH conformaron un sólido circuito informativo.[66]

El abandono de la presidencia del DNH por parte de Ramos Mejía en 1898 no tuvo consecuencias notables sobre los ADNH hasta dos años después. Tras el breve interregno de Eduardo Wilde, con el cambio de siglo asumió la presidencia del DNH Carlos Malbrán, médico de importante actuación previa en la institución y una de las cabezas más visibles en los esfuerzos por implantar estudios e

---

industriales" ADNH, 4, 1894, p. 329; Aberastury Maximiliano, "Higiene industrial. La fabricación de fósforos", ADNH, 4, 1894, pp. 441-493.

65 Aráoz Alfaro, Gregorio, y otros, SM, noviembre 25, 1897, pp. DCCLXIX-DCCLV; SM, diciembre 2, 1897, "En el sepelio del Dr. Padilla", pp. DCCLXVII-DCCLXXI.

66 SM 1, nº 1, enero 4, 1894, p. 1

iniciativas bacteriológicas en el medio local.[67] Durante su mandato, además de la clásica prevención de carácter internacional, promovió, en continuidad con esfuerzos institucionales previos, una política de intervención en provincias y territorios nacionales de carácter más intenso a través del estudio y tratamiento de enfermedades que, como el paludismo, afectaban de manera especialmente grave a algunas regiones. También fomentó la realización en dichos espacios de obras públicas preventivas, cuya ejecución y resultados fueron regularmente descriptos en los ADNH.[68] El nuevo director reforzó de manera evidente la faceta más técnica del departamento, que descansaba en estudios y actuaciones puntuales y, sobre todo, en tareas de laboratorio. También es cierto sin embargo que la inusitada conflictividad laboral y social de los inicios del siglo, el auge de movimientos contestatarios, y un nuevo clima internacional de ideas, en los que afloraban la economía social y miradas más sociales sobre la higiene, forzaron al DNH a incursionar en cuestiones de carácter amplio y variado, como la situación laboral, la higiene industrial, la prostitución o el alcoholismo, cuya resolución dependía mucho de negociaciones de índole política. A ello hay que agregar el decisivo giro intentado por el Ministro del Interior, Joaquín V. González, que influyó de forma importante sobre el propio DNH.

Bajo la presidencia de Carlos Malbrán fue nombrado como director de los ADNH Telémaco Susini, profesor de la Facultad de Medicina y vocal del Consejo de Higiene y que contaba con una dilatada experiencia institucional previa. Entre los múltiples cargos que ocupó destacaron la dirección de la Asistencia Pública de la Capital y de la Oficina Bacteriológica. También era una figura relevante dentro del periodismo médico, por su actuación previa en la RMQ y los ACMA.[69] A diferencia de la etapa anterior, los ADNH adquirieron bajo su cargo un tono más personal, lo que no implicó sin embargo una transformación radi-

---

67 Aráoz Alfaro, SM, 1944, pp. 500-535. Álvarez, 2010, pp. 40-43, Sánchez, 2007, pp. 503
68 Aráoz Alfaro, SM, 1944, pp. 500-535; Villanueva, Guillermo, "Obras de salubridad en las provincias", ADNH 11, nº 1, enero, 1904, pp. 1-5; 11 nº 2, febrero, 1904, pp. 50-54; 11, nº 3, marzo 1904, pp. 97-102; 11, nº 4, abril 1904, pp.145-149;
69 Datos biográficos de Telémaco Susini, en Sánchez, 2007, p. 489

cal de su estructura organizativa. Fue importante en ese aspecto su involucramiento, del que dieron buena cuenta los ADNH, en campañas para difundir iniciativas de regulación de problemas sociales específicos. A ello ayudó su multifacética actividad política y de gestión, sobre todo en la comuna de Buenos Aires. Algunas de sus opiniones sobre las líneas de acción generales que debía seguir la higiene "como ciencia humanitaria" durante esos años mostraron un conocimiento muy refinado de algunos de los problemas sociales clave de la época.[70]

Orientados por Telémaco Susini los ADNH dieron voz a la tensa perplejidad que aquejaba durante la primera década del siglo no sólo al DNH como institución bajo el mando del Ministerio del Interior, sino también al conjunto de la elite de la profesión médica vinculada al estado. El motivo debe buscarse en la situación paradojal por la que atravesaba el DNH: el éxito indudable de la bacteriología lo encumbró, en un momento en el que la respetabilidad científica era fundamental dado el auge de las ideas positivistas. Pero, al mismo tiempo, en cierta medida también lo arrinconó en el espacio, fundamental, aunque subsidiario, de las incumbencias "técnicas". Esto, curiosamente, lo alejaba de la primera fila de las decisiones políticas, a pesar de la llamativa lista de médicos notables que ejercían como diputados (17 en 1910). Desde tiempo atrás se auguraba al cuerpo médico un futuro promisorio como orientador de la política social del estado de la mano de la Higiene, pero ya entrado en el siglo XX su proyecto colectivo no terminaba de cumplir con sus vastos deseos. El avance de la especialización, una mayor segmentación del aparato estatal en áreas técnicas y la creación de nuevas dependencias alejaban a la institución emblemática de los médicos del centro de las decisiones, mientras que la Higiene se difuminaba como herramienta de regulación con pretensiones de globalidad. Fue a esta encrucijada a la que pretendieron dar respuesta los ADNH por medio de algunas estrategias que, bien leídas entre líneas, se ve que intentaban exceder su carácter de simple vocero de una dependencia del ministerio del Interior. De la mano de la Higiene Social trataban de apuntalar un proyecto más abarcador y si bien la empresa no se vio coronada con

---

[70] Susini, Telémaco, " La nueva ordenanza de la prostitución "ADNH 11, nº 4, abril de 1904, pp. 150-161.

el éxito, algo siempre relativo, ello se debió, sobre todo, a las altas expectativas iniciales de sus impulsores.[71]

Es legítimo preguntarse si durante la primera década del siglo XX existió alguna coherencia interna entre la información publicada de forma aparentemente desordenada por los ADNH y si hubo una voluntad unificadora. Es evidente que el material publicado fue muy variado: artículos académicos, notas informativas, comentarios y reseñas de congresos internacionales, recomendaciones y reglamentaciones sobre cuestiones sociales muy amplias, de carácter local e internacional, estudios y comentarios sobre el día a día del Departamento, proyectos legislativos, datos estadísticos y muchos ítems más. Una lectura atenta muestra sin embargo cómo, de manera sutil, la estructura de ese amplio corpus informativo fue orientándose hacia una línea narrativa que alcanzó a perfilar una idea bastante precisa sobre lo que debería ser la higiene social. Inducida fundamentalmente por las inquietudes e intereses de su director y por variaciones en el organigrama del propio DNH, dicha narrativa estuvo muy influida por una intensificación de los intercambios vinculados a la «nebulosa reformista» internacional, pero también por una intención casi obsesiva por encontrar las mejores formas de lidiar con las peculiaridades de los problemas sociales locales.

Fue importante en ese aspecto la conexión que durante esos años los colaboradores de los ADNH mantuvieron con otros órganos de prensa médicos, especialmente con la SM. Cambios en el público y en el mundo académico estaban produciendo una sofisticación de los procesos de circulación de información. Además, un lenguaje de "lo social" comenzó a teñir los ámbitos más variados, lo que, por ejemplo, permitía a Emilio Coni definirse como "médico sociólogo" e impulsar una «Alianza de Higiene Social».[72] Hacia 1900 la SM, bajo la dirección

---

71 Bunge, Augusto, "El trabajo industrial en Buenos Aires", ADNH 11, n° 8, agosto, 1904, pp. 339-364; Bunge Augusto, "Las conquistas de la Higiene Social", ADNH 16, n° 5, mayo, 1909, pp. 191-242; Otero, Francisco, "El Departamento Nacional de Higiene. Su pasado, su presente y su porvenir" ADNH 17, n° 3, marzo, 1910, pp. 95-101.

72 González Leandri, 2013, pp. 23-54. Es importante notar que en esos años algunos estudiantes y médicos jóvenes vinculados al socialismo comenzaron a realizar trabajos sobre "higiene social". Un buen ejemplo fue la presentación de la tesis de Ángel Giménez, apadrinada por Telémaco Susini: Giménez, 1901.

de Diógenes Decaud, cambió un poco su perfil y adquirió un tono más académico, con un comité de redacción amplio y jerarquizado en el que participó una mezcla de médicos notables, algunos consolidados como Emilio Coni, José Penna y Luis Güemes y otros más jóvenes como Eliseo Cantón y Gregorio Aráoz Alfaro. En 1902 creó una sección de Higiene Social, que incluía noticias sobre higiene infantil, salud maternal, vivienda obrera, alcoholismo y prostitución. Además, sus páginas incluyeron con frecuencia traducciones sobre temas de "socialización" de la medicina y la Higiene social.[73] Se abrían también a la colaboración de médicos preocupados por la "defensa social", entre ellos José Ingenieros, y a funcionarios del DNH, como Augusto Bunge, que debatían sobre cuestiones de educación, higiene y moralidad, con el conflicto social, el alcoholismo y la prostitución como marco de referencia.[74]

En la configuración de esa narrativa de lo social propia de los ADNH tuvo un papel relevante una fuerte concentración de noticias y artículos en ciertos temas específicos, que se suponía podían interesar a un público más amplio que el habitual de la revista, aunque no estuvieran originalmente pensadas con ese fin. Esta especie de campañas de difusión reforzó de una manera bastante particular el papel de los ADNH como uno de los definidores de la agenda pública sobre problemas higiénicos y sociales. Entre 1902 y 1905, junto al esfuerzo por dar a conocer las obras de salubridad realizadas por el DNH en varias provincias (a cargo del ingeniero Villanueva) y de mostrar los sistemas de salud de otros países de América Latina, dada la proximidad del congreso latinoamericano de Medicina en Buenos Aires, destacaron especialmente otras dos. Una, orientada a la promulgación de una nueva ordenanza "no excesivamente reglamentarista" o "mixta" de la prostitución en la ciudad de Buenos Aires, entre 1902 y 1904 y, otra, en apoyo de una

---

73 En 1905, por ejemplo, podía leerse la siguiente traducción de un artículo belga: SM 12, nº 43, octubre 26, 1905, "La Socialización de la Medicina. Ensayo de Higiene Social por el Dr. Ensch", pp. 1098-1108.

74 Córdoba, Juan e Ingenieros, José, "La defensa social y los alcoholistas crónicos", SM, febrero 12, 1903, pp. 133-137; Bunge, Augusto, "Mr. Duclaux y el alcoholismo", SM, marzo 5, 1903, pp. 189-191; Ingenieros, José, "Higiene Pública. Pro y contra el alcohol", SM, marzo 26, 1903, pp. 270-278.

regulación estatal de la prevención de la higiene y los accidentes en los ferrocarriles, entre 1903 y 1905. [75]

Ambas tuvieron una dinámica, unos tiempos y unas pautas de procesamiento de la información muy parecidas. La publicación de legislación y normativas europeas y noticias sobre congresos internacionales, en las que se daba cuenta de las distintas perspectivas vigentes, se combinaba con una amplia y detallada información sobre el problema a nivel local, sus dificultades y los intentos para paliarlo, en general a partir de solicitudes, nuevas ordenanzas, proyectos de ley, debates parlamentarios, u otras iniciativas del propio DNH. Las amplias referencias a legislación y congresos extranjeros se debían, a veces, el envío de funcionarios del DNH como corresponsales. En distintos momentos destacaron por su alto valor informativo, e incluso por algunas de sus reflexiones, las notas de German Anschütz.[76]

Lo que más llama la atención de esas campañas informativas es la simultaneidad entre las referencias a congresos y legislación externa y su intento de regulación local, lo que al mostrar la efervescencia internacional que existía alrededor de ciertos temas, como la prostitución y la trata, plantea dudas acerca de la secuencia de los acontecimientos. ¿se trataba de temas de regulación interna para los cuales se recababa apoyo legislativo e ideológico externo, o de algo más complejo, en lo que lo internacional estaba mucho más presente en la definición inicial del tema? En todo caso, y tal cual fue señalado en forma explícita por sus impulsores, en ambas fue notoria la búsqueda de la especificidad local del problema que se pretendía solventar. Con respecto a los ferrocarriles fue muy clara la postura de Susini al definir sus intenciones de "resaltar las condiciones especiales de nuestros ferrocarriles, qué diferencias los separan de los

---

75   Para la reglamentación sobre la prostitución véase: ADNH 10, n°1, enero, 1903, pp. 23-29; 10, n° 2, febrero, 1903, pp. 69-82; 10, n° 3, marzo, 1903, pp. 112-117; 10, n° 4, abril, 1903, pp. 127-134; 11, n° 1, enero, 1904, pp. 6-15; 11, n° 2 febrero, 1904, pp. 55-72; 11, n° 3, marzo, 1904, pp. 106-121; 11, n° 4, abril, pp. 150-161. Para la de higiene en los ferrocarriles: ADNH, 10, n° 5 mayo,1903, pp. 193-219; 10, n° 6, junio 1903, pp. 256-262; 10, n° 7, julio, pp. 289-292.

76   Anschütz, Germán, "Profilaxis de las enfermedades venéreas. 2° Congreso de Bruselas", ADNH, 10, n° 2, febrero, 1903, pp. 69-82 y n° 3, marzo, 1903, pp. 127-135.

europeos y hasta qué punto es posible aplicar a estos países los reglamentos y principios que rigen en Europa".[77]

A pesar de la importancia social específica de los problemas que dieron lugar a los esfuerzos de difusión mencionados, lo más notable en relación con la construcción de una narrativa sobre la higiene social en las páginas de los ADNH fueron ciertas reflexiones, más bien colaterales, de sus redactores y en especial de Telémaco Susini. En ellas, cuestiones puntuales eran analizadas desde una perspectiva compleja y múltiple que las ligaba con las grandes líneas de acción de la Higiene en cuanto "ciencia humanitaria". De tal forma la higiene de los ferrocarriles era pensada no sólo en relación con la salubridad de los vagones y el confort y seguridad de los viajeros, sino fundamentalmente como tributaria de las condiciones de vida y trabajo de sus operarios, sobre las que era imperioso intervenir.[78] Con respecto a la prostitución y su vínculo con una serie de enfermedades, se insistía en forma recurrente en que la solución pasaba por "elevar el espíritu moral de las prostitutas" con respecto a lo cual se hacían curiosas y amplias asociaciones "Si nosotros queremos evitar el comunismo, no es rebajando las clases sociales que lo conseguiremos sino por el contrario tratando de que se levanten y no sólo material sino moralmente".[79] Paralelamente, estaba muy presente, aunque no definida todavía de forma muy clara, la existencia de un espacio "social" que permitía a los médicos regular problemas de carácter amplio y complejo, de una manera más cercana a la idea de "policy" que a la de una actuación 'técnica" puntual. Al referirse a una campaña profiláctica programada en los ferrocarriles, Telémaco Susini reflexionaba: "poco creo en los beneficios de esta guerra al bacilo de los esputos secos y confío mucho más en cambio en las medidas de orden social… Como lo he demostrado en otra ocasión existe al lado de la científica una higiene oficial cuyas verdades mientras sean consideradas tales, deben inspirar la profilaxis pública".[80] A su vez, en el caso de la prostitución señalaba: "La

---

77 Susini, Telémaco, "Higiene de los ferrocarriles", ADNH 10, n° 5, mayo, 1903, pp. 199-206
78 Ibidem.
79 Susini, Telémaco "La nueva ordenanza de la prostitución", ADNH 11, n° 4, abril, 1904, pp.150
80 Susini, Telémaco, "Higiene de los ferrocarriles", ADNH 10, n° 5, mayo, 1903, p. 205

higiene está en evolución, es más que una ciencia humanitaria fundada en el conocimiento de la acción de los microbios y en las lesiones accesibles al speculum en el caso actual: es el conocimiento del medio social que determina la prostitución en sí misma, que convierte a los hombres y mujeres en vectores de cierta clase de enfermedades contagiosas. [81]

A tales comentarios sumaron los suyos funcionarios más jóvenes del DNH, como German Anschütz y Augusto Bunge.[82] Entre todos fueron tejiendo un discurso bastante coherente, que en buena medida puede considerarse representativo del sentir colectivo de sectores del cuerpo médico profesional y, sobre todo, de un grupo de funcionarios vinculados a la política social del estado en esos años.

La creciente consolidación en las páginas de los ADNH de una narrativa sobre la higiene social no significa sin embargo que esta fuera una línea de pensamiento absolutamente dominante y que no hubiera matices entre sus redactores. Debido a su carácter de adherentes a distintas corrientes de un liberalismo más social, del catolicismo y del socialismo, existieron entre ellos claras distancias sobre todo a la hora de evaluar el tipo de participación que se esperaba de los sectores populares y sus organizaciones. En tal sentido no fue casual que el asociacionismo fuera también un tema abordado por los ADNH y que pasara a formar parte de su discurso sobre la Higiene social, en general a través de un tono de neutralidad científica. Sin embargo, mientras en algunos artículos se alababan las virtudes del mutualismo, en otros se destacaban las ventajas de unos servicios sociales municipalizados, en detrimento de un asociacionismo y de unas mutuales de las que se pensaba que ocultaban intereses no siempre transparentes.[83] Augusto Bunge, partidario del socialismo consideraba al asociacionismo obrero como un importante signo de progreso mientras que Francisco Otero, en unas cartillas

---

81 Susini, Telémaco, "La nueva ordenanza de la prostitución", ADNH 11, nº 4, abril, 1904, p. 155

82 Bunge, Augusto, "El trabajo industrial en Buenos Aires", ADNH 11, nº 8, agosto, 1904, pp. 339-364; 11, nº 11, noviembre, 1904, pp. 435-449; Anschütz, Germán, "Profilaxis de las enfermedades venéreas. 2º Congreso de Bruselas", ADNH, 10, nº 2, febrero, 1903, pp. 69-82 y nº 3, marzo, 1903, pp. 127-135. "Educación e higiene escolar", ADNH, 1907, 14, nº 9, septiembre: 343-359.

83 "Asistencia Pública. Servicios. Fomento del espíritu de asociación", ADNH 11, nº 1, 1904, pp. 19-29.

dirigidas a los obreros publicadas en los ADNH, sólo mencionaba de forma explícita la solidaridad promovida por el asociacionismo obrero católico.[84]

El conflictivo clima social de comienzos de siglo y el hecho de que el ministro del Interior, Joaquín V. González, reconocido por sus iniciativas reformistas, impulsara un proyecto de ley de sanidad y, poco tiempo después otro de trabajo, tuvieron una notable influencia tanto sobre el DNH como sobre los ADNH. Ambas iniciativas, que finalmente no llegaron a concretarse, indujeron a los ADNH a posicionarse y ahondar en determinados aspectos de su perspectiva higiénico-social, a partir sobre todo de la inclusión de artículos que advertían de la mayor incidencia de lo laboral en la Cuestión Social. La publicación de una serie de informes escritos por Augusto Bunge en varios números de los ADNH entre 1904 y 1905 sobre el trabajo industrial en Buenos Aires significó un punto de inflexión en ese sentido, no tanto por la envergadura del trabajo realizado por el DNH, muy importante dado que se inspeccionaron 1193 establecimientos, sino por su contribución a sofisticar un tipo de mirada que, tal vez por su entronque con un pensamiento médico de larga data en el medio local, pasó a ser una de las características más notables de los ADNH en el resto de la década.[85] Dicha mirada se basaba en la constatación de que la Higiene y "los problemas del trabajo nacional" constituían una amalgama que requerían regulaciones de tipo global y en varios frentes a la vez. De ahí las insuficiencias que Bunge detectaba en el proyecto de ley del trabajo que se estaba preparando: "por completa y progresista que sea (la ley) no es suficiente para suprimir los inconvenientes más fundamentales apuntados. Lo que ellos piden es una acción social de conjunto".[86] Esta mirada amplia, siempre muy atenta al cruce entre lo higiénico y lo

---

84 Bunge, Augusto "Las conquistas de la higiene social" ADNH 16, nº 1, enero, 1909, pp. 1-60; Otero, Francisco, "Higiene Social. Higiene del obrero, de las fábricas, talleres y obras", ADNH 20, nº 4, julio y agosto, 1913, pp. 743-817.

85 Bunge, Augusto, "El trabajo industrial en Buenos Aires", ADNH 11, nº 8, agosto, 1904, pp. 339-364; 11, nº 9, septiembre, 1904, pp. 388-410; 11, nº 10, octubre, 1904; 11, nº 11, noviembre, pp. 435-449. Conviene resaltar que estos informes fueron solicitados por el ministro del Interior al DNH, como insumo para la elaboración de la ley del trabajo.

86 Idem, 11, nº 11, noviembre,1904, pp. 449.

laboral, se mantuvo constante durante estos años, como se observa en la cobertura que dieron los ADNH "por su notorio interés higiénico" al proyecto de ley del trabajo y, años más tarde, a la que reglamentaba el trabajo de mujeres y niños.[87] Un salto cualitativo intenso, siempre dentro de esa misma perspectiva, se produjo en 1909 cuando Augusto Bunge publicó en varios números de los ADNH "Las conquistas de la Higiene Social", una obra de gran envergadura, que sintetizó toda una década de trabajos, volcados en distintos informes dirigidos al Departamento de Higiene y al Ministerio del Interior.[88] Se basó en un detallado estudio comparativo de la legislación y las iniciativas laborales, sociales y previsionales de varios países europeos (en especial Alemania y Gran Bretaña) analizadas in situ en una estancia prolongada.

Esa serie de artículos precisó mucho más el concepto de Higiene social que se venía utilizando desde comienzos de siglo, y que en boca de algunos redactores aparecía como una idea un tanto indeterminada. Para Bunge la Higiene Social era un gran paraguas conceptual facilitador de la ejecución estatal de un amplio proceso de "profilaxis social" y de "saneamiento de las multitudes", basado en una heterogénea combinación de iniciativas, entre las que destacaban las leyes de protección del obrero y el fomento de la educación. La Higiene Social, al potenciar las funciones sociales del estado permitía su conversión en "Estado moderno".[89]

Las idea de Higiene social que se consolidó en las páginas de los ADNH en la primera década del siglo, que alcanzó un cierto cenit progresista con los trabajos de Augusto Bunge, se relacionó de forma estrecha

---

87 Idem, pp. 504-529; Bunge, Augusto "La protección legal de la mujer y el niño obreros ", ADNH, 16, nº 1 enero, 1909, pp. 1-60 y 16, nº 2 febrero, 1909, pp. 61-95.

88 Bunge Augusto, "Las conquistas de la Higiene Social" ADNH 16, nº 5, mayo, 1909, pp. 191-242; 16, nº 6, junio, 1909, pp. 243-271; 16, nº 7, julio, 1909, pp. 289-381; 16, nº 9, septiembre, 1909, pp. 431-472; nº 10, octubre, 1909, pp. 485-599.

89 Idem: 16, nº 5, mayo, 1909, pp. 191-242 y 198. Tuvieron importante continuación en otro trabajo posterior: Bunge, Augusto, " La acción profiláctica del seguro social en Alemania". ADNH 18, nº1, enero y febrero 1911, pp. 99-116. Tanto éste como los artículos previos fueron editados en formato libro ese año (aunque la portada señala como fecha de 1910); Bunge, 1910. En el momento de su publicación por los ADNH se advierte que el libro estaba "en prensa".

con otra idea complementaria. Esta priorizaba la "centralidad técnica" en los organismos estatales de regulación sanitaria y social, facilitadora de una acción más eficaz y ejecutiva. Orientada más al plano institucional e inducida por una mirada, con fuertes rasgos de insatisfacción, que los redactores de los ADNH se forjaron de la trayectoria del DNH, se trató de una idea emblemática del cuerpo médico a lo largo del siglo XIX y fue el gran caballo de batalla de la RMQ. La centralidad médica deseada, una vez consolidado el DNH tuvo dos facetas. Una más institucional y otra más profesional/corporativa, ambas fueron motivo de frecuentes comentarios en las páginas de los ADNH durante estos años. La primera enfatizó las trabas existentes para la consolidación institucional del DNH, y puso en cuestión las deficiencias, e incluso perversiones, del sistema político federal que ralentizaba las posibilidades de la "centralidad técnica" que le impedían adoptar medidas urgentes y necesarias en beneficio del bienestar general.[90] La segunda, más de índole profesional, vinculaba las pretensiones de predominio médico en esos organismos públicos con la consolidación de la higiene, y más aún con la higiene social. En ese sentido las reflexiones vertidas en los ADNH fueron ambiguas: por un lado, se abrían hacia la esperanza, por los avances conseguidos y por un futuro que consideraban promisorio, pero por otro estaban impregnadas de negatividad, ante lo que consideraban una pérdida creciente de atribuciones. En un trabajo notable publicado en 1910 el Dr. Francisco Otero, otro asiduo colaborador de los ADNH, sintetizó los puntos esenciales de esa mirada. Para él los avances y logros del DNH, que mostraban "la influencia poderosa del espíritu científico moderno" eran indudables, pero se vieron empañados por "desmembraciones insólitas" en los rubros de higiene escolar e higiene social y, sobre todo, por el hecho de que "la higiene del trabajo y su legislación respectiva, tan luego de incorporada a la institución emigra de sus dominios".[91] Sin embargo, auguraba importantes cambios cualitativos en el futuro. Estos se afianzarían gracias a la consolidación de una idea renovada de "salud pública", producto del "movimiento reformador del siglo que todo lo conmueve" y a la confluencia entre higiene moderna y sociología, "que

---

90 "Breves reflexiones sobre el proyecto de ley contra el paludismo", ADNH 10, nº 10, octubre, 1903, pp. 477-478;

91 Otero, Francisco, "El Departamento Nacional de Higiene. Su pasado, su presente y su porvenir" ADNH 17, nº 3, marzo, 1910, pp. 95-101

acercan cada día más los motivos que las impulsan". A pesar de un presente plagado de dudas vaticinaba sin embargo que el DNH alcanzaría en el futuro "la jerarquía de ministerio".[92] Esta opinión cobró mucha fuerza en conferencias y artículos de los máximos responsables del DNH. A partir de los mismos argumentos y las mismas quejas por la pérdida de atribuciones, en 1911 José Penna, su nuevo director, a la vez que proponía la reorganización del DNH para adaptarlo a los nuevos tiempos, hacia un llamamiento a los ADNH para que ampliaran sus miras. Recurría para ello al nombramiento de un nuevo consejo redactor asesor en el que reaparecían las figuras clásicas de Ramos Mejía, Arata y Güemes, adalides en su momento de la búsqueda de "centralidad técnica", con lo que daba una clara señal de que los cambios propuestos sólo podían conseguirse apelando a ciertas tradiciones académicas e institucionales muy arraigadas entre los médicos. Apelaba al mismo tiempo a una imagen, a la que tanto había contribuido a afianzar la revista en la última década, que entremezclaba higiene e higiene social con el logro futuro de un todavía impreciso "bienestar general".[93]

A modo de conclusión

La perspectiva de largo plazo adoptada en este artículo nos ha permitido observar el papel mediador de la prensa médica en el desarrollo de la llamada Cuestión social en sus distintas etapas. Este fue adquiriendo una importancia notable gracias a que en las comisiones redactoras de las revistas se consolidaron tradiciones de edición, formas de abordaje de determinadas cuestiones problemáticas, e incluso estrategias de vinculación con el estado, que fueron particulares y que no pueden asimilarse de manera estricta o absoluta con las instituciones o asociaciones a las que estaban ligadas. En un primer momento la Revista Farmacéutica, la Revista Médico Quirúrgica y la prensa política contribuyeron a consolidar en Buenos Aires un circuito de informaciones basado en cierto optimismo sanitarista y en la

---

92 Idem, pp. 100-101
93 Señalaba Penna: "Si es verdad que los dominios de la Higiene no tienen límites porque ella abarca todos los campos de la actividad humana, lo es también que esta ciencia, esencialmente práctica, debe dar lugar preferente a todo lo que significa un mejoramiento del bienestar general". Penna, José "Propósitos", ADNH 18, 1: enero y febrero, 1911, p. 6.

fe en medidas preventivas y civilizatorias para paliar problemas sociales derivados de las epidemias y pensados como "externos". Ese circuito fue continuado e intensificado en décadas posteriores por la propia RMQ y los ACMA a partir de distintas estrategias. Gracias a Emilio Coni la RMQ se convirtió en una importante impulsora de las bondades de la Higiene Pública, mientras que los ACMA se centraron más en la cuestión indirecta, pero fundamental, de consolidar alternativas organizativas renovadoras en el interior del cuerpo médico. Ambas generaron tradiciones colectivas y también liderazgos personales importantes para explicar derivas posteriores en relación al vínculo entre prensa médica y cuestión social.

La irrupción de la moderna Cuestión social hacia fines de siglo, con su secuela de cambios sociales y culturales, determinó el surgimiento de nuevas formas de periodismo médico, algunas de ellas más institucionalizadas como los ADNH. Su trayectoria es indescifrable sino se la relaciona con la experiencia previa de sus redactores en la RMQ y los ACMA. Médicos convertidos a partir de entonces en funcionarios e incluso en políticos notables como Arata, Coni, Penna, Ramos Mejía o Susini, dieron a los ADNH un tono personal bastante característico, a pesar de las rigideces impuestas por su pertenencia a un organismo estatal. La revista dejó traslucir los avatares de la propia trayectoria del DNH y la perplejidad de la corporación médica, tanto frente a los problemas sociales que emergían, como a su cambiante papel en la búsqueda de soluciones institucionales. Marcados el DNH y los ADNH por la heterogeneidad –política y generacional- de sus miembros, sus élites, que tan bien se habían adaptado a la política del régimen conservador, intentaron algo que finalmente tendría un encaje difícil en los nuevos tiempos democráticos que se vaticinaban: seguir la estela, al parecer imparable, de la Higiene social en la conformación de los estados modernos y, a la vez, mantener sus expectativas de centralidad médica de notables.

Escenas de lo social en publicaciones de circulación masiva: *Caras y Caretas* (1898-1930)

Mirta Zaida Lobato

La cuestión social fue un tema de reflexión en países de América Latina como Argentina, Uruguay y Chile desde fines del siglo XIX. Se constituyó como arena de debate a partir de las prácticas de los trabajadores que reclamaron por mejoras en las condiciones de vida y de trabajo, de fuerzas políticas como el socialismo, de intelectuales liberales y socialistas, de la iglesia católica y de funcionarios estatales. Esas dimensiones fueron analizadas por una vasta historiografía cuyo corpus aborda temas y problemas relacionados con la creciente visibilidad de las desigualdades sociales. Aunque mucho se conoce ya sobre la cuestión en algunos países latinoamericanos como Argentina y Chile o europeos como España, poco es lo que se sabe sobre cómo circulaban o se tematizaban las diversas cuestiones que la integran en las publicaciones de circulación masiva y, por extensión, sobre los modos en que se diseminaban ideas, nociones y prácticas de lo social en públicos más amplios.

En este texto me propongo analizar publicaciones que circularon masivamente entre fines del siglo XIX y las primeras décadas del XX con el objetivo de indagar sobre cuáles fueron las formas en que se informaba sobre lo social, entendido en un sentido amplio, y cuáles eran los problemas que se configuraban como parte de la cuestión social. Intentaré iluminar esta problemática a través de la lente de la revista *Caras y Caretas*. Esta publicación formó parte de la cultura rioplatense desde fines del siglo XIX, ya que si bien es cierto que era editada en Buenos Aires circulaba también en Uruguay. Fue una empresa moderna, que exploraba diferentes lenguajes y estaba destinada a públicos amplios. A través de sus páginas de novedades científicas, paseos fotográficos, galerías de inmigrantes, crónicas negras, notas de actualidad e incluso a través del humor desplegaba una mirada sobre las cuestiones sociales y la ponía a disposición de públicos diversos.

Caras y Caretas: leer y ver lo social

Caras y Caretas apareció en el mercado de publicaciones porteño en 1898 y, como muchas revistas y periódicos, tenía una circulación regional pues podía comprarse en ambas orillas del Río de La Plata, en Buenos Aires y Montevideo.[94] Según un estudio reciente, la publicación forma parte de la renovación de la prensa que comienza a incluir a fines del siglo XIX más sistemáticamente fotografías, anuncios y titulares que producen gran impacto entre los lectores. La revista utilizaba materiales breves y novedosos; mezclaba temas y recursos de comunicación, respondía preguntas sobre cuestiones relacionadas con la ciencia y la técnica e informaba sobre la moda y lo que sucedía en el mundo. Era como una enciclopedia que múltiples lectores adquirían a bajo costo. Según Geraldine Roger "La revista ocupó… un ambiguo lugar entre polos alternativos: popular y populista, con aspectos consensuales y ribetes críticos. Por un lado, cuestionaba la censura y la pacatería religiosa, los usos culturales del arte y los hábitos políticos; por otro, eludía el tratamiento comprometido del orden social y económico".[95] Esta caracterización podría hacernos pensar que la publicación no tenía un lugar destinado a las problemáticas sociales en sus páginas. Sin embargo, como la misma autora destaca, el semanario atendió tanto a una multitud de públicos como "prestó oído a los nuevos lenguajes con que formulaba sus demandas" y, en ese sentido, escuchó reclamos, efectuó denuncias y difundió ideas, cierto que ambiguas, de lo social en la sociedad rioplatense.

Caras y Caretas era consciente del rol que ella jugaba en el mercado periodístico. En 1915 publicó un texto ilustrado con fotografías en la que

---

94 Romano, 2004. La publicación ha sido analizada de diferentes perspectivas y con objetivos diversos. La bibliografía es extensa y sólo a título indicativo menciono a Rogers,2008; Taub, 2008; Szir, 2009 a y b; Fraser,1987; Moraña,2008; Gómez, 2013; Ruffinelli, 1968.

95 Roger, 2008, p.30.

destacaba que la aparición del semanario "fue el que hizo cotizar el periódico ilustrado" en el Río de La Plata y que "Al grito de guerra lanzado por los vendedores, el público no se hizo el sordo, y pronto, los cinco mil ejemplares de la tirada quedaron agotados completamente y hubo que hacer una segunda edición de cinco mil."[96] Las fotografías muestran los quioscos en la Avenida de Mayo en Buenos Aires, en una estación de ferrocarril, en una esquina cualquiera, todos rodeados por lectores curiosos, atraídos por las tapas de la publicación, según se destaca en el mismo artículo. Para la publicación, los vendedores eran importantes pues ellos voceaban su salida en las calles y entregaban la revista en los hogares colaborando con un negocio rentable.

La revista se definía a sí misma como festiva, literaria, artística y de actualidad y es por esta última ventana que la cuestión social entra en la trama de la publicación. En ella había lugar para las notas de actualidad de la semana, para caricaturas de una persona destacada de la cultura o de la política realizadas generalmente por José María Cao, Manuel Mayol o Aurelio Gimenez[97], para notas sociales, crónicas policiales, reportajes fotográficos, noticias internacionales, divulgación de novedades científicas y técnicas, entretenimientos y relatos infantiles, juegos de ingenio y adivinanzas. El material era variado, exhibía una mezcla de temas, algunos de

---

96 "El comercio de las revistas", Caras y Caretas, Buenos Aires, 23 de octubre de 1915, N° 890. (en adelante C y C). Sobre el rol de los canillitas publicaron una nota de reconocimiento para uno de ellos en la que decían: "CARAS Y CARETAS tiene en Avellaneda un constante y simpático propagandista en el vendedor Rafael Mattano, veterano de los canillitas de esa ciudad. Veinte años consecutivos que pregona nuestra revista lo han hecho sumamente popular y estimado, ya que para él no han existido obstáculos que interrumpieran humilde y animosa tarea. (…) Ha hecho Mattano en Avellaneda, una valiosa propaganda por CARAS Y CARETAS, propaganda que ha acrecentado nuestra venta, entre su numerosa población, demostrada por el simpático canillita con su libreta de apuntes, en la que se ven los progresos de difusión verificados durante los veinte años en que él la vende." C y C, 11 de enero de 1919, N° 1058.

97 José María Cao Luaces (1862-1918), conocido como Demócrito II, era español de origen y emigró a la Argentina en 1886. Colaboró en varias publicaciones (El Sudamericano, Don Quijote) pero fue sin duda Caras y Caretas donde desplegó lo mejor de su humor, especialmente en la sección "Caricaturas Contemporáneas". Manuel Mayol y Rubio (1865-1929) Heráclito o Mayol, fue otro dibujante y pintor español que se radicó en Buenos Aires en 1888, donde vivió hasta su regreso a Cádiz. Colaboró con Don Quijote, Caras y Caretas y Fray Mocho. Fernández García, Ana María, 1997 y Malosetti Costa, 2005, 245-270.

ellos exóticos. En una suerte de collage urbano, en el que a veces se entrometía el campo, la revista conectaba las múltiples experiencias y los deseos de sus lectores.

La revista fue creciendo en popularidad. Del primer número se editaron alrededor de 7.000 ejemplares, en 1910, con los festejos del Centenario de la Revolución de Mayo, más de 201.150 y a lo largo de los primeros 19 años 78.865.085 ejemplares, de acuerdo con el balance de 1916 de sus editores. Sus suscriptores eran de otros países latinoamericanos, pero también tenía lectores en Suecia, Nueva Zelanda, Francia, España e Italia.[98]

Tres ideas – información, humor y espectáculo- son claves para entender el éxito de la publicación y dimensionar la importancia que ella tenía en la formación de diversas ideas, nociones y comportamientos. Información y espectáculo daban forma a sensibilidades diversas en una sociedad que se transformaba rápidamente. Bajo el signo de lo breve, lo actual y lo variado se educaba sin enfatizar en discursos pedagógicos como los que circulaban en otro tipo de publicaciones.[99] El humor fue utilizado "para poner de relieve el espíritu chacotón que anima a nuestro pueblo" -decían-, y ello le permitió ganar cada vez más lectores interesados por sus caricaturas y dibujos. Esos dibujos eran críticos, pero no ofensivos, pues "su propósito no era provocar la carcajada, le bastaba con que sus lectores asomasen la sonrisa a los labios al contemplar las carátulas", destacaban en un artículo titulado "las caricaturas más comentadas".[100]

La revista era un medio para ver y ser visto, por eso los fotógrafos de *Caras y Caretas* acompañaban a los cronistas. Desde el primer número se incluyeron de manera selectiva los nombres de los fotógrafos, por ejemplo "Foto de Witcomb" o "Foto de Vargas para Caras y Caretas", pero predominaba la leyenda "Fotógrafo de Caras y Caretas". La colección de estas fotografías se encuentra en el Archivo General de la Nación y constituye uno de los más importantes documentos visuales de la época.

La revista fue por décadas el palco desde el que los espectadores-lectores observaban y participaban de los transformaciones políticas, sociales, económicas y culturales. La ciudad de Buenos Aires funcionaba como

---

98 C y C, 23 de octubre de 1910, N° 890 y 14 de octubre de 1916, N° 941. Taub, 2008, p. 25.
99 Instruir, educar, concientizar para la transformación social son las bases de la prensa obrera y gremial. Lobato, 2008.
100 C y C, 14 de octubre de 1916, N° 941.

la expresión de los cambios que se producían en el país, pero por sus páginas desfilaban numerosos pueblos de la provincia de Buenos, Aires, Santa Fe, Corrientes, Salta, San Juan, Mendoza, Catamarca. Era una especie de galería en la que se podía ver lo que pasaba aquí y en los más recónditos, remotos y "exóticos" territorios. Para cubrir las noticias nacionales la publicación contaba con más de 480 agentes (corresponsales).[101]

La protesta social como noticia, nota humorística y espectáculo

"Balance del año" 1904 es un almanaque de los acontecimientos de ese año dibujado por Cao, Alonso y Mayol.[102] (Imagen 1) El "balance" es un relato visual que coloca en primer plano las cuestiones políticas y social. En el ángulo político, las elecciones presidenciales ocuparon los meses previos a la elección de un nuevo presidente. Manuel Quintana fue elegido en abril de ese año y votado en el Colegio Electoral en junio, ocupó la presidencia hasta su fallecimiento dos años más tarde. En el plano social, el balance se inicia con la huelga de estibadores en enero y cierra con la huelga general de diciembre, aunque durante todo el año se sucedieron las huelgas de dependientes de comercio, de pintores, carpinteros, albañiles, modistas, sastres, entre otros gremios. El mes de mayo, más que con la efeméride del 25 (Revolución de Mayo), está marcado por la manifestación del 1° de Mayo.

Tres escenas organizan el relato del mes de enero. A la izquierda, un personaje vende libretas cívicas, denunciando de ese modo el fraude electoral; en el centro, se alza la figura de Pellegrini quien demuestra su enojo porque Roca se ha inclinado por la candidatura de Quintana -como es conocido Carlos Pellegrini aspiraba a la presidencia de la Nación-: y a la derecha, se observa un puerto paralizado, sin trabajadores para cargar los productos como consecuencia de la huelga de estibadores. En el mes de mayo, Roca lee su mensaje de apertura del Congreso de la Nación. Ese discurso es relevante pues se menciona el tema de las huelgas y por primera vez un presidente de la Nación reconoce en su discurso la existencia del problema. En noviembre un barrendero en huelga conversa animadamente con una joven en un banco de plaza y en diciembre se menciona

---

101 C y C, 14 de octubre de 1916, N° 941.
102 C y C, Buenos Aires, 1 de enero de 1905, N° 326.

en el texto que acompaña imágenes sobre el aumento del número de barcos de la escuadra brasileña y las irregularidades en la oficina de patentes. EL balance de 1904 de *Caras y Caretas* registra el comportamiento político de la elite y el comportamiento social y político de los trabajadores.

Imagen 1: C y C, 1 de enero de 1905, N° 326.

Los dibujantes del balance fueron Cao, Alonso y Mayol, sin duda los más importantes de *Caras y Caretas*. De hecho, el nombre de Mayol figura en la tapa del primer número junto con el del director (Bartolomé Mitre y Vedia) y el redactor (Eustaquio Pellicer). Los dibujos y caricaturas dialogaban con las fotografías y las palabras en casi todos los números. Dibujos, caricaturas y fotografías iban conformando un archivo de imágenes de lo que se entiende como cuestión social entre fines del siglo XIX y principios del XX. 1904, de allí la importancia de este "balance", cierra un ciclo de constatación de la existencia de cuestiones conflictivas en el mundo del trabajo para dar paso al reconocimiento del problema social como "cuestión obrera" y, tal como se decía en la época, éste era un dato del progreso y la transformación económica y social.

Mayol hace la tapa del número del 10 de diciembre de 1904. (Imagen 2) El tema es la huelga general y las precauciones que toma la población frente al cierre de comercios y fábricas. Cao dibuja en el mismo número "Una partida interesante", en ella el Capital y el Trabajo se enfrentan en una partida de truco.[103] (Imagen 3) En la escena, un trabajador, más criollo que inmigrante, ocupa la parte superior lo que sugiere su preponderancia, el capital, ubicado en la parte inferior, está representado con una figura que se convertirá en estereotipo: una persona robusta, vestida de traje negro y bigotes tupidos. Ambos se miran desafiantes, el Capital tiene las cartas del triunfo (el as de espada y dos cartas de oro que suman 33 puntos) y lanza su desafío al trabajo que acepta sin vacilar. La escena de Cao permite pensar los sentidos que tiene la aceptación del desafío "burgués" por el trabajador, quien en el mundo real se encuentra en inferioridad de condiciones frente al patrón. La imagen lo representa empoderado, él no ve el poder del as de espada en las manos del patrón, pero la aceptación del reto inicia las alternativas de un juego que se repetirá una y otra vez con finales inciertos. El enfrentamiento capital/trabajo se convertirá en central a lo largo del siglo XX, no sólo en Argentina sino también a nivel global. La elección del juego también tiene significación. El truco era de origen español y se jugaba de manera extensa en el Río de la Plata por lo que los lectores conocían las claves para decodificar el sentido de la partida.

La misma idea del enfrentamiento entre capital y trabajo, pero ya con un tono levemente diferente, aparece por medio de otro juego -la cinchada- en la que el acto de tirar en sentido contrario de una soga por parte de ambos contendientes afecta al pobre gaucho que viene a representar el país.[104] (Imagen 4). El contexto de producción de la imagen estaba relacionado con "la agitación obrera" de 1919 que había tenido su origen en la protesta en la empresa Vasena. De hecho, en el texto, el "país" se queja diciendo que

> "Cada uno tira para su lado,
> sólo en la fuerza ven el remedio
> pero, en su encono, no se han fijado
> que estoy yo en medio."

---

103   C y C, 1 de enero de 1905, N° 326.
104   C y C, 15, de marzo de 1919, n° 1067 y 11, 18 y 25 de enero de 1919, Nos. 1058 a 1060.

Imagen 2 y 3: C y C, 1 de enero de 1905, N° 326.

Imagen 4: C y C, 15 de marzo de 1919, N° 1067.

En el mismo número de 1905, en la sección "Chafalonía", Cao vuelve a inducir nexos visuales, textuales y humorísticos entre las cuestiones vinculadas con la política (elecciones, violencia, fraude) y social (huelgas). (Imagen 5) Los cuadros se suceden construyendo una narración donde las demandas de los trabajadores están en las conversaciones cotidianas de las clases populares y de los miembros de la elite gobernante.

Imagen 5: C y C, 1 de enero de 1905, N° 326.

Además, la información sobre la huelga general ocupa seis páginas con alrededor de veinte fotografías. La nota informativa comienza con una analogía entre la carestía de la vida en Buenos Aires y la suba del precio del pan en Francia en tiempos de Luis XVI. Se destaca además que la huelga preocupa seriamente al gobierno. Las fotografías (Imagen 6, 7 y 8) registran los comportamientos de los trabajadores: las asambleas para considerar qué acciones tomar, el valor de las palabras para convencer y generar conciencia, las ocupaciones de los espacios públicos con las manifestaciones, los incidentes con la policía. También las consecuencias de la paralización de las tareas con los puertos, comercios, fábricas y talleres cerrados; con vagones detenidos, maquinas silenciosas, trilladoras interrumpiendo el tránsito; y con representaciones de la reacción de las autoridades y el intento de controlar el espacio público por parte de la policía y ejército.

Imagen 6: C y C, 1 de enero de 1905, N° 326.

Los faroleros tomando servicio en el local Moreno entre Defensa y Balcarce

La policia custodiando el local

En el teatro Iris. Asamblea de los estibadores y conferencia de la señorita Tomasa Cupayolo

ron como de costumbre el *fiat lux* municipal, y la sangre de las víctimas corrió como de costumbre en los mataderos.
Por desgracia, también se derramó sangre humana en la calle, al ser herido de una puñalada el vigilante Domingo Cucci, pero la circunstancia de ser este el único caso, de violencia sangrienta, dice todavía mucho en favor de la moderación de los huelguistas y de las previsiones de la autoridad.
La huelga hubo de alcanzar a los teatros. Se discutió entre los empresarios la conveniencia de adherirse sin ganas al paro, pero prevaleció la opinión contraria, y vino á resultar

que hasta los apóstoles de la huelga celebraron su función en el teatro Iris de la Boca, donde la ídem de la señorita Tomasa Cupayolo interpretó los anhelos de la clase obrera y los propósitos del paro en una conferencia que obtuvo grandes aplausos.
Fué el último número de una serie de manifestaciones de efervescencia obrera y de la que siguióla calma más completa, sin otras consecuencias que la sustitobservación de que dura te los dias siguientes á la huelga aumentaron notablemente los préstamos sobre objetos de gente pobre, máquinas, útiles de trabajo, etc., en el Montepío Municipal.

EN LA BOCA

Máquinas enrajonadas y que permanecieron interrumpiendo el tráfico en las calles Pedro Mendoza y Crucero

Vagones detenidos

Trilladoras interrumpiendo el tránsito en la calle Pedro Mendoza

Tren de carga detenido en la esquina Pedro Mendoza y Brown

Imagen 7: C y C, 1 de enero de 1905, N° 326.

Conferencia en el local Méjico 2070 durante la asamblea del viernes

Asamblea de los cigarreros toscanos

Conducción de un soldado herido por haberse caído del caballo

NECROLOGÍA

Señora Catalina Llanos de Julianes Islas

Señor Francisco V. Bustos

Señor Manuel J. Paz

Una penosa enfermedad ha llevado á la tumba á la señora Catalina Llanos de Juliánez Islas, y ven dama que había formado un hogar hace corto espacio de tiempo y á quien profesaban gran cariño sus allegados y las principales familias de esta ciudad y de La Plata por sus condiciones intelectuales y su carácter bondadoso.

El sepelio de sus restos dió lugar á una sentida manifestación de duelo.

—El señor Francisco V. Bustos, fallecido en la semana anterior, fué una persona de figuración en la política de las provincias del interior. Durante más de 20 años obedecían á su voluntad todos los resortes de la administración de La Rioja y tuvo decidida influencia en esa época en la marcha de la política nacional.

—Igualmente sentidos fueron los fallecimientos del señor Manuel J. Paz quien á sus méritos de hombre de actividad unía los de una clara inteligencia y sólida instrucción; del ingeniero Ponciano López Saubidet, del señor Francisco Albarracín y de la señora Faustina Sarmiento de Belín, hija del escadista don Domingo Faustino Sarmiento.

Ingeniero Ponciano López Saubidet

Entierro de la señora Faustina Sarmiento de Belín

Señor Francisco Albarracín

Imagen 8: C y C, 1 de enero de 1905, N° 326.

Las imágenes juegan un papel importante en la estrategia de comunicación de la revista. Entre 1898 y 1930[105], la mayoría de los acontecimientos se informaba con alguna fotografía. Didí Huberman destaca que una fotografía reúne tiempos heterogéneos, que la crónica lineal no es suficiente para dar cuenta de la historicidad de las imágenes y que un archivo de imágenes es bastante complejo.[106] Las fotografías de los fotógrafos de *Caras y Caretas* dan cuenta de ese problema. Al mirar las imágenes 6, 7 y 8 seleccionadas para este texto explotan temporalidades y subjetividades distintas, aunque se encuentren unidas por la experiencia del trabajo. Bajo la expresión "huelga general" se unen las vivencias de varones y mujeres de diferentes edades que la imagen congela y cuyas voces no son audibles a través de las fotografías. Ellas dan cuenta de los posicionamientos de los actores y puede afirmarse que el punto de vista difiere de acuerdo a la posición que se tenga, sea esta espacial o jerárquica. La imagen fija por su carácter estático pierde la dinámica del evento y se necesitan palabras para producir algún movimiento. En los epígrafes, las palabras "conferencia" y "asamblea" sugieren el poder del discurso, de los gestos, de la voz de los participantes. La acción de las fuerzas represivas también se codifica discursivamente con las palabras "piquetes de vigilantes", "agentes de seguridad dispuestos para el primer llamado", "oficiales de seguridad esperan órdenes". Vigilancia, custodia, disposición para la acción represiva configuran el léxico que acompañan las fotografías de las huelgas y manifestaciones obreras. Además, Didí-Huberman coloca el problema del archivo y, aunque él lo plantea de un modo general, se podría incluir el interrogante sobre un archivo de imágenes de las clases populares. Ese archivo constituye un problema peculiar para el análisis histo-

---

105 He tomado como cierre temporal la fecha de 1930 pues para ese momento la información sobre cuestiones sociales estaba estabilizada en un tipo de registro que no sufría variaciones. La revista apareció hasta 1941, el último número que he analizado es el del año 1939.

106 "Un conocimiento por el montaje. Entrevista con Georges Didí-Huberman", Pedro G. Romero, *Minerva*, 05, 2007, Madrid, Círculo de Bellas Artes, http://www.circulobellasartes.com/revistaminerva/index.php?id=9 y *Atlas. Entrevista con Georges Didí-Huberman*, Centro de Arte Reina Sofía, diciembre de 2010, http://www.museoreinasofia.es/multimedia/atlas-entrevista-georges-didi-huberman

riográfico pues se encuentra disperso, es inacabado, en general es producido por otras clases y, por lo tanto, se trata de una mirada sobre "otros". Muchas de las fotografías que ahora examino en la red de sentidos de la narrativa de *Caras y Caretas* fueron utilizadas en investigaciones sin el particular contexto que implica la circulación de imágenes y palabras entre públicos diversos, aunque tomadas del Archivo General de la Nación pueden utilizarse como soportes de la memoria en el mundo actual y como base para la construcción de genealogías que alimenten también los deseos contemporáneos de equidad, justicia, libertad.

Las imágenes tienen que ser miradas por otros, por eso pensar y analizar los públicos también entraña dificultades. No hay manera de medir el impacto en el público de los reportajes fotográficos, de las crónicas, de las caricaturas y el humor que difumina la revista *Caras y Caretas*. Solo sabemos cuántos ejemplares se editaban y, por datos muy fragmentarios, sobre la lectura (incluida la mirada) de diferentes personas. De modo que la inferencia es la única herramienta disponible. Esa inferencia se basa en el impacto que puede provocar el montaje de recursos textuales y visuales realizado por la publicación. En la reunión de cosas distintas -fotografías, caricaturas, dibujos, crónicas, relatos ficcionales- surge un mensaje interpretativo que va provocando una identificación con los elementos que conforman la cuestión social. Tiempos largos y cortos, derivas, tonalidades y planos múltiples surgen de esa combinación polifónica de recursos comunicativos de la publicación. Los planos de las narrativas arman secuencias de la cuestión social y el conflicto social es una secuencia privilegiada. Podría decirse que por momentos los planos son los de la historieta y los de cine pues las variaciones (vistas de la cabeza de una manifestación, de las plazas, de los oradores, de los símbolos), los ángulos de las tomas fotográficas (frente de la manifestación, esquina de una calle) les confieren ritmo, diferenciación e interés a las narraciones, atrayendo de ese modo la atención de los lectores.

Si en el año 1904 la cuestión social como cuestión obrera forma parte incuestionable de los debates públicos tal como hemos analizado a partir del "Balance", la presencia de las manifestaciones de trabajadores y el movimiento huelguístico venía siendo parte de ese montaje problemático desde los primeros números de la publicación.

Las manifestaciones obreras sean ellas organizadas por socialistas o anarquistas formaron parte de las crónicas. Las manifestaciones constituyeron ocupaciones del espacio público por demandas que se configuraron con el tiempo en derechos laborales y sociales [107] El 1° de mayo de 1899 fue el primero sobre el que *Caras y Caretas* informó. El tono resulta interesante pues recalca el carácter pacífico e ironiza sobre los temores infundados por parte de la población. Al informar sobre la "democrática demostración socialista" dice que lo más beligerante eran las banderas y flores rojas. La cita es elocuente:

"(...) cuya saliente más belicosa era la nota roja de las banderas y de las grandes flores punzó que coloreaban en los ojales de las chaquetas y en los peinados de las animosas obreras que formaban grupo pintoresco en la columna, ataviados con los vestidos almidonados y paquetes y tomadas de la mano o enlazadas del brazo con sus compañeros las que lo tenían. Otras llevaban banderas en el deseo de distinguirse y ser útiles a la causa y no faltó una, la señora Baldovino que, desde la tribuna pública, bajo la ancha mirada del sol y en medio de la atención encandilada del concurso masculino... expusiera los ideales socialistas desde el punto de vista femenino".[108]

Además, las mujeres formaban parte del grupo abigarrado de manifestantes que exhibían – por otra parte- los símbolos de identidad: el color rojo de las flores y de las banderas. El cronista informaba también que se escuchaba el himno de Turati [109] y destacaba la presencia de una oradora mujer, así como la existencia de puntos de vistas femeninos diferenciados del de sus compañeros varones.

Aunque la cuestión social excedía la cuestión obrera ésta constituyó el núcleo duro de los primeros debates entre políticos e intelectuales, de las organizaciones gremiales y de la prensa en general. Para las publicaciones como *Caras y Caretas* el elemento novedoso en el espacio urbano porteño era la presencia de una multitud de trabajadores -varones y mujeres- en las calles y plazas de la ciudad. El breve texto sobre la manifestación del 1° de mayo de 1899 estaba acompañado de ocho fotografías con vistas de la manifestación y de algunas figuras, desde un orador a "un

---

107 Lobato, 2011.
108 C y C, 6 de mayo de 1899, N° 31.
109 Ese himno fue escrito por el socialista italiano Filippo Turati pero cantado con entusiasmo en las manifestaciones anarquistas.

propagandista activo" pasando por Pedro Gori "director de la Revista Criminología Moderna". Las fotografías tenían el sentido de aseverar que *Caras y Caretas* había estado allí y que por eso lo que decía era verdad; es la idea de "testigo ocular" y se relaciona con la existencia de una confianza en la imagen que sólo será cuestionada con mayor intensidad en los debates intelectuales de la década de 1920 y 1930.

Este estilo de comunicación periodística (crónica + imágenes [110]) se repitió en otros primeros de mayo donde se informaba sobre los oradores: el joven estudiante Dickmann, el Dr. Justo hablando "apropiadamente de la cuestión social" o Cecilia Baldovino con sus análisis sobre el trabajo de mujeres y niños. También hicieron la crónica de las manifestaciones anarquistas y las organizada en otras ciudades, La Plata, Tucumán, Rosario y Bahía Blanca, por ejemplo, o Montevideo en el Uruguay. [111] De modo que no sólo el escenario conflictivo porteño tenía un espacio en la publicación. De algún modo *Caras y Caretas* recorrería el país y las noticias iban armando una cartografía de los conflictos. Las crónicas visuales (a veces la noticia aparecía con una fotografía y su epígrafe) informaban sobre las huelgas de los estibadores y barraqueros de Barracas, sobre las protestas en los frigoríficos y en la papelera de Zárate, donde se destaca la presencia de Virginia Bolten, en el mercado de frutos de Buenos Aires, en la fábrica "La Primitiva", en los ferrocarriles, en las empresas telefónicas y hasta en el golf club de Mar del Plata cuando los caddies hicieron un paro. [112]

Se puede afirmar que desde fines del siglo XIX desfilaron por las páginas de la publicación diferentes grupos de trabajadores y sus demandas: el descanso dominical, las ocho horas de trabajo, mejoras salariales. El mundo del trabajo que dibujaban los cronistas era vasto pues abarcaba

---

110 La convivencia entre texto e imagen en Caras y Caretas fue señalada por Szir (2009) y la importancia de la fotografía por Tell (2009) yo resalto el poder del *montaje* de diferentes registros para producir un impacto sobre los lectores y una lectura de la cuestión social.

111 C y C, 10 de mayo de 1902, N° 188; 2 de mayo de 1903, N° 239; 7 de mayo de 1904, N° 292; 5 de mayo de 1906, N° 396; 22 de mayo de 1909, N° 555; 7 de mayo de 1910, N° 605.

112 C y C, 22 de noviembre de 1902, N° 216; 29 de noviembre de 1902, N° 217, 10 de enero de 1903, N° 223, 20 y 27 de enero de 1912, N° 694 y 695, 21 de julio de 1917, 4 de mayo de 1918, N° 1023 y 25 de enero de 1919, N° 1060, entre otras.

a las fábricas, los talleres, el comercio, el trabajador por cuenta propia. En su constatación de la existencia de un conflicto novedoso (el del mundo del trabajo) informaron hasta de la protesta de los lustrabotas. Las fotografías de la manifestación muestran un abigarrado grupo de trabajadores adultos y niños y en el texto que las acompañan se dice que

"El simpático y ruidoso gremio de los lustradores de botines, en banda juvenil de rostros señalados por el oficio y con ecos revolucionarios, hizo un verdadero meeting en la Plaza de Mayo el domingo para protestar en todos los dialectos italianos y sus pintorescas combinaciones contra los patrones que se han negado a concederles el descanso dominical de medio día que pretenden. También a ellos, encorvados durante la semana sobre millares de botas en un trabajo de eterno refriegue, les ha sonado la hora de mirar por sus conveniencias y derechos." [113]

En algunos casos, como en la huelga de los dependientes de comercio de 1902, criticaban a los "exaltados" porque arremetieron contra "los negocios de algunos patrones sordos y ciegos a toda demanda" y a la policía que "se encargó de marchitar injustamente el entusiasmo, reduciendo a todos a prisión".

A principios del siglo XX las manifestaciones huelguísticas se reproducen y concentran la atención de la prensa en general. El texto de Carlos Correa Luna titulado "De huelga", ilustrado por Alonso es un claro indicio de la configuración de un mundo obrero. La escena se sitúa en una calle. Cuatro trabajadores conversan junto a un carro. Son carreros pues un látigo descansa sobre el hombro de uno de ellos. Los trabajadores hablan en cocoliche, se trata sin duda de migrantes italianos. Uno de ellos está "acongojado" porque hace varios días que no mueven los carros. Frente a esa preocupación su compañero responde que "Bisoña pensare al problema sochiale, i la gualda cónomica, á,la nechesitá d'ésere solidario!... E poi il trionfo. Tutli eguale, fratelli tutti!... Ne capitale, ne esplotazione... Lavoro é liberta..." La cuestión social ("problema sochiale") es motivo de conversación porque los afecta a todos, aunque otros expresen su desacuerdo.[114] La escena, las palabras, el contenido pueden generar en los lectores una identificación, un mutuo reconocimiento y un sentido de pertenencia a una comunidad de trabajadores.

---

113 C y C, 22 de marzo de 1902, N° 181.
114 C y C, 29 de noviembre de 1902, N° 217.

Eustaquio Pellicer, otro destacado colaborador de la revista, escribió en una de sus notas, sobre el mismo tema: las huelgas. [115] La nota-que puede ser representativa del estilo narrativo de la publicación sobre la cuestión social y las huelgas- es más bien un relato irónico que pone al alcance del público la emergencia de unos actores que pueden trastocar la vida cotidiana. Destaca que la huelga es un síntoma de la importancia que tienen las clases trabajadoras, que don Cantalicio, uno de los patrones, tuvo que cargar él mismo los fardos, que el peso excesivo le provocó varias dolencias, que tanto él como un ex juez tuvieron que hacer las cosas de la casa pues hasta la mucama había adherido a la huelga y que, para colmo, la mujer de don Cantalicio estaba atrapada por la lectura de una novela alejándola de sus obligaciones hogareñas. Con ironía señala que sólo los ladrones y los cobradores de deudas no adhirieron a la huelga. Además, aprovecha para criticar la inutilidad de la aplicación de la ley de expulsión de extranjeros y la aplicación del estado de sitio pues coarta la libertad de pensamiento. [116] El texto no tiene el lenguaje miserabilista de algunas descripciones literarias y periodísticas sobre las condiciones de trabajo y de vida de los trabajadores y tampoco emerge del relato la brutalidad de la represión.

Las notas sobre las huelgas se reproducen. En algunas de ellas se describen los *alcances* ("la república entera de zona a zona..."); los *grupos de trabajadores* que protestan; la *formación de gremios*; la aplicación de *leyes coercitivas* como las de expulsión y el estado de sitio; las *reacciones patronales* y los intentos de establecer algún tipo de *arbitraje* que es rechazado por los obreros. [117] Las manifestaciones huelguísticas eran un tema periodístico para *Caras y Caretas* y luego de la huelga de general de 1904, como ya he señalado, una preocupación para el gobierno nacional. Esa preocupación tuvo una traducción práctica con la "política coercitiva" que llegó a la misma redacción de la publicación. La policía de la Capital envió una nota al director – Carlos Correa Luna- en la que le dice que habiéndose declarado el estado de sitio le previene "que la revista que dirige debe abstenerse de publicar comentarios que se refieran a esa ley, como asimismo

---

115 C y C, 6 de diciembre de 1902, N° 218.
116 C y C, 6 de diciembre de 1902, N° 218. "Sintonía".
117 C y C, 16 de enero de 1904, N° 276 y citas anteriores.

cualquier información que se relacione con el movimiento obrero y la marcha de las huelgas." [118] Como se observa en la imagen 9, la nota recibida fue exhibida como parte de una película repetida en la política criolla y, como se verá más adelante, es también la consecuencia del levantamiento radical de febrero de 1905.

Imagen 9: C y C, 14 de octubre de 1905, N° 367.

Para 1904 la cuestión obrera como parte de la cuestión social era un dato insoslayable de la dinámica política, social y económica del país. Hasta las autoridades tuvieron que aceptarla tal como lo expresara el Presidente de la República en su discurso a la Asamblea Legislativa. El presidente Roca en sus discursos de 1903 y 1904 señaló que el desenvolvimiento de

---

118 *C y C*, 14 de octubre de 1905, N° 367

las demandas de trabajadores eran el producto de la prédica anarquista (aunque a la luz de *Caras y Caras* el proceso fue mucho más complejo y heterogéneo) y prometió un estudio más profundo de la situación de las clases trabajadoras en el país y una legislación que regulara las relaciones entre capital y trabajo. [119] La existencia de protestas de trabajadores en un conglomerado heterogéneo de actividades era reconocido como "un grave problema" que los gobiernos debían enfrentar. A partir de entonces el "problema obrero" formó parte de la dinámica política y social del país hasta el presente.

La revista *Caras y Caretas* había contribuido a darle visibilidad entre sus lectores a la cuestión obrera como parte de la cuestión social y, a través de las imágenes, ellos podían identificar situaciones, prácticas, deseos y demandas. Incluso la revista realizó pasajes del lenguaje social al político para hacer efectiva la crítica a las prácticas políticas y electorales. El ejemplo más elocuente es la tapa de octubre de 1905 realizada por Cao (Imagen 10). Se trata de una reunión en un comité político, allí están representadas las fuerzas que se enfrentan en la arena electoral y en el parlamento. En las paredes se leen carteles con las palabras "viva", "boycott", "carneros" y el texto que acompaña la imagen dice

"-Compañeros. Pido que en el *pliego de condiciones* se incluya la propuesta del compañero Mitre sobre *indemnización por accidentes* electorales, la del compañero Pellegrini sobre *abolición del trabajo de los niños*, Ugarte, Terry y otros; la del compañero Irigoyen *sobre reposición de los obreros despedidos* el 1 de febrero y las mías sobre un *aumento* de 99 % de influencia gubernativas, las *8 horas diarias* para comer del presupuesto y *reconocimiento de nuestra sociedad gremial* "La Boycotteadora Política".[120]

El lenguaje es el utilizado por los trabajadores en sus conflictos y para sus demandas. Lo destaco: "pliego de condiciones", "indemnización de accidentes", "abolición del trabajo de los niños", "reposición de obreros despedidos", "aumento" (de salarios), "8 horas diarias" (de trabajo) y "reconocimiento de la sociedad gremial". Aunque el contexto es el levantamiento radical de 1905 no hay palabras como

---

[119] H. Mabragaña, *Los mensajes*, Publicación autorizada por la Comisión Nacional del Centenario, Tomo VI, p 51 y 74.
[120] C y C, 14 de octubre de 1905, N° 367. El subrayado es mío.

"abstención", "revolución", "sufragio", "ciudadano" que serían las más apropiadas para el caso.[121]

Imagen 10: C y C, 14 de octubre de 1905, N° 345.

---

121 El levantamiento armado se produjo en febrero de 1905 en la Capital y en Bahía Blanca, Mendoza, Córdoba y Santa Fe y su impulsor fue la Unión Cívica Radical. El presidente de la Nación era Manuel Quintana del Partido Autonomista Nacional (PAN) cuya hegemonía venía siendo discutida desde 1890. El levantamiento de 1905 cierra el ciclo de alzamientos armados que incluye a los de 1890 y 1903. El gobierno reaccionó declarando el estado de sitio y el movimiento fue reprimido. Los sublevados fueron enjuiciados y enviados a prisión. La represión se extendió al movimiento obrero, a sus organizaciones gremiales y a la prensa. Botana (1977) y Alonso (2000).

La información sobre las huelgas como parte del nuevo paisaje urbano se complementa con la que se daba, en el estilo de crónica breve propio de la revista, sobre las condiciones de trabajo. La extensión de la jornada laboral era la contracara de la demanda por las ocho horas o el descanso dominical.[122] Las condiciones de trabajo eran peores entre los que tenían "oficios peligrosos" o los "obreros del aire", albañiles, por ejemplo, a los que denominaban "vidas arriesgadas por el pan de cada día".[123] Las crónicas sobre los oficios peligrosos iban acompañadas de dibujos y/o fotografías y fueron utilizadas por la prensa obrera a lo largo del siglo XX.

Por otra parte, los reportajes fotográficos sobre la conmemoración del 1° de mayo se sucedieron entre 1898 y 1930. Hasta 1909 la revista mantuvo la información sobre la "manifestación socialista" y sobre la de "la Federación Obrera", es decir la organizada por los anarquistas. Aunque no estaba la palabra anarquista, sin duda se referían a las organizadas por ese movimiento político. Los cronistas destacaban la importancia del orden y la crítica a "los más exaltados", tono que mantuvo incluso en los epígrafes de las más de veinte fotografías que formaron parte de la conmemoración del 1° de mayo de 1909, cuando se produjeron enfrentamientos en la manifestación convocada a la Plaza Lorea por la Federación Obrera anarquista.[124] Sin embargo, ese sentido de equidad informativa expresados en las expresiones "manifestación socialista" y de la "Federación Obrera" se rompió cuando se produjo la explosión de una bomba en Corrientes y Cerrito. El número de las víctimas y la muerte de un niño de once años que se dirigía a la escuela Presidente Roca marcó un antes y un después en la atención dada por la publicación a las manifestaciones organizadas por los anarquistas. Una vez más, en 1910, se refirieron al mitin anarquista. A partir de ese momento la escena conmemorativa quedó en manos socialistas hasta que aparecieron en las noticias los socialistas internacionalistas [125], los sindicalistas de la FORA [126] y la Unión Sindical Argentina (USA).[127]

---

122 C y C, 22 de marzo de 1902, N° 181, 23 de enero de 1904, N° 277,
123 C y C 28 de noviembre de 1902 y 13 de mayo de 1905, N° 345.
124 C y C, 15 de mayo de 1909, N° 553-554.
125 C y C, 11 de mayo de 1918, N° 1023.
126 C y C, 3 de mayo de 1919, N° 1074.
127 C y C, 10 de mayo de 1924, N° 1336.

Hasta 1909, *Caras y Caretas*, como el resto de la prensa porteña, vio al anarquismo dentro del movimiento obrero y como algo inherente a la vida urbana. Martín Albornoz ha desarrollado con minuciosidad los cambios en las representaciones del anarquismo entre fines del siglo XIX y principios del XX, De acuerdo con su análisis, la prensa percibía un "universo disperso y heterogéneo", era un "fenómeno informativo que sólo podía ser captado en su fugacidad" y "resultaba llamativamente inofensivo en sí mismo" [128] pero, el atentado de 1909, colocó en la escena de la ciudad dibujada por la revista algo indeseable, el terror y la violencia que se instalaba en Buenos Aires y sobre el que habían difundido a través de las notas internacionales. Tal vez ello primó sobre las simpatías que despertaban las manifestaciones por la dignidad en el trabajo. Por eso, seguramente, un acto de violencia que ni siquiera se supo quién lo realizó cubrió con un velo las tareas de educación, difusión y organización que emerge de la literatura que analiza la cultura anarquista.[129]

La conmemoración del día de los trabajadores tiene otra deriva. A partir de que la existencia de la cuestión social como cuestión obrera es reconocida la forma de mirar el evento cobra intensidad con la fotografía y su autor. En mayo de 1919 dos imágenes concentran la atención. (Imagen 11) A la izquierda una mujer posa mirando la cámara frente a su máquina. Luce su delantal, lleva zapatos de tacos y no se ve agobiada como en la representación ubicada en la parte inferior derecha. Esta es una representación del trabajo femenino más usual en la prensa obrera. A la derecha un hombre posa herramienta en mano. El juego de contrataste con el dibujo ubicado a la izquierda sugiere un obrero fuerte, consciente de su poder, es la otra cara del pobre descamisado que no puede mantener ni a su prole. La foto es de Vargas. Al nombre de este fotógrafo se suman Baldisseratto, Arroyo, Bell, Miatello y Simboli.

---

[128] Albornoz Tesis Véase en particular el capítulo III donde analiza de manera lúcida y compleja la presencia del anarquismo en la prensa diaria en Buenos Aires. Sobre uso de la violencia véase la tesis de Anapios.

[129] Véase principalmente Suriano, 2001.

Imagen 11: C y C, 3 de mayo de 1919, N° 1074.

En 1930 la imagen captura la presencia de la multitud y el fotógrafo rompe su uniformidad seleccionando algunos de sus rostros para ubicarlos en la parte inferior de la fotografía. El trabajo de selección y montaje queda a la vista, pero su ojo privilegia los rostros masculinos pues, aunque hay mujeres, ellas quedan fuera de los recuadros.

Imagen 12: C y C, *10* de mayo de 1930. N° 1649.

Sandra Szir ha destacado que la fotografía se fue convirtiendo en un modo relevante de comunicación visual, con capacidad de información y con despliegues que remarcan el carácter de artefacto tecnológico y cultural.[130] La imagen de la multitud de trabajadores y su descomposición en rostros es un modo de dejar una marca visible de ese doble rasgo. *Caras y Caretas* dio forma a un tipo de periodismo donde la noticia entraba por los ojos y despertaba curiosidad por lo visual. Técnicas fotográficas, fotoperiodismo, reproducción y circulación de imágenes fueron de la mano no sólo en el Río de la Plata sino también en otros países y, por eso, estimularon el sentido visual en los lectores y contribuyeron a crear identidades y a identificar problemas.

Desplazamientos: inmigración y expulsión de extranjeros

El fenómeno de la inmigración y la aplicación de la ley de residencia también estuvo entre los temas diseminados por *Caras y Caretas*.[131] En los dibujos que refieren a la llegada de los inmigrantes ultramarinos predomina la ironía, esa burla fina, solapada en la idea opuesta. Así aparece en el dibujo de Mayol titulado "El primer alojamiento" donde se divisa claramente el hotel de inmigrantes y un conjunto abigarrado de hombres y mujeres con sus bártulos. (Imagen 13) El 10 de enero de 1903 la tapa estaba destinada a ironizar sobre la Ley de Residencia. (Imagen 14) Se ve allí al presidente Roca diciendo que el país necesita una inmigración sin "agitadores". En su mano está el cedazo de la ley de Residencia;

"-Vengo por inmigrantes; pero desde hoy me los tiene usted que dar tamizados porque no quiero que haya agitadores, revolucionarios, huelguistas, comunistas, socialistas, anarquistas…

-Basta, ya sé lo que usted quiere: una inmigración puramente compuesta de banqueros y arzobispos."

---

130 Szir, 2013.
131 C y C, 6 de diciembre de 1902 N° 218 y 10 de enero de 1903, N° 223.

Imágenes 13 y 14: C y C, 19 de noviembre de 1904, N° 320 y 6 de agosto de 1904, N° 305

"Tamizados" es una expresión que indica limpios de impurezas. En este caso de las ideologías que buscaban representar a los trabajadores: "comunistas", "socialistas", "anarquistas", "revolucionarios" y "huelguistas". Como es conocido el conflicto social y su cara visible la huelga era entendida como el resultado del progreso, pero, sobre todo, de la importación de ideologías obreras europeas que habían llegado con la inmigración y que había que erradicar. En la escena de Mayol se desliza un comentario sutilmente crítico pues no se puede atraer solamente una inmigración selectiva compuesta por "banqueros" y "arzobispos".

Inmigrantes y deportados forman parte de un binomio que induce a pensar situaciones reales vividas por las personas que obligadas o por propia decisión decidieron migrar. Para Pellicer o Mayol esas experiencias eran conocidas pues ellos mismos habían llegado de España. En diciembre de 1902, las fotografías de los expulsados del país cubren varias páginas. Allí están las imágenes de los detenidos y la información; están incomunicados y los "hábeas corpus" presentados denegados por las autoridades. (Imagen 15)

LA HUELGA

PRESOS Y DEPORTADOS

Declarado el estado de sitio, una de las primeras medidas adoptadas por la policía fué la detención de los principales instigadores de la huelga, propagandistas y obreros exaltados. Los pabellones del departamento resultaron insuficientes para tan crecido número de presos, en vista de lo cual se dispuso la traslación de una parte de ellos á la prisión militar de la Boca y al depósito de detenidos de la Prefectura. Más de 150 obreros huelguistas se alojaron en ambos depósitos. Muchos de los detenidos han sido puestos en libertad, pues sólo se les acusaba de haber promovido desórdenes. Otros acusados de faltas más graves, permanecen aún en la prisión y algunos han formado, por último, en los grupos de 79 cabecillas deportados, salidos en el «Reina María Cristina», que partió para España el día 30 de noviembre y en el «Duca di Galliera», para Italia el día 2 del corriente. En el primero de estos vapores salieron: B. García, J. Camba, M. Lagos, J. Calvo, M. Ríos, S. Estrada, A. Troitiño, R. Palau, R. Alfonsín y A. Navarro, quienes al llegar á

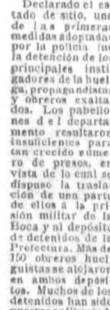

LOS ANARQUISTAS DEPORTADOS EN LA BODEGA DEL «REINA MARÍA CRISTINA»

LOS HUELGUISTAS DETENIDOS EN EL PONTÓN «LA PAZ»

LOS HUELGUISTAS DETENIDOS EN EL DEPÓSITO DE PRESOS DE LA PREFECTURA MARÍTIMA

EL SR. SUSTAITA, JEFE DEL DEPÓSITO DE DETENIDOS DE LA PREFECTURA, PONIENDO EN LIBERTAD Á TRES PRESOS.

Fot. de CARAS Y CARETAS.

Imagen 15: C y C, 6 de diciembre de 1902, N° 218.

Quizás la mayoría de los deportados eran anarquistas, otros tal vez delincuentes, muchos eran trabajadores y, por qué no, tal vez en una sola persona se ensamblaran esas calificaciones. Pero lo cierto es que la revista aunaba en 1902 protesta laboral, deportación, trabajador y extranjero peligroso. Las fotografías de los deportados muestran sus figuras solitarias, con unas pocas pertenencias en sus brazos, subiendo a las embarcaciones. (Imagen 16) Un retrato de grupo destaca sus rostros desafiantes mirando a la cámara mientras uno de los deportados lee la página de un diario. [132]

Si la foto de identificación es un dato de la historia de la fotografía, las imágenes de los expulsados por la aplicación de la Ley de Residencia forman una galería de personas que detrás del mismo rostro unen inmigración, trabajo, protesta, deportación. Una imagen que parece tener asombrosa actualidad. Además, la inclusión de imágenes de los inmigrantes que llegaban a Estados Unidos y eran recluidos en Ellis Island creaba un sentido de pertenencia a esa amplia comunidad de personas que se movían a través del Atlántico rumbo a Canadá, Estados Unidos y Argentina en busca de trabajo.

Imagen 16: C y C, 6 de diciembre de 1902, N° 218.

---

132 C y C, Buenos Aires, 6 de diciembre de 1902, N° 218.

La historiografía sobre movimiento obrero ha puesto énfasis inicialmente en el carácter represivo de la reacción gubernamental frente a las huelgas para luego matizar esa visión con la articulación de propuestas más integradoras.[133] Una deriva historiográfica interesante del fenómeno represivo de la expulsión de extranjeros la aportan Martín Albornoz y Diego Galeano cuando analizan la solidaridad internacional de la policía y los mecanismos de cooperación policial entre Argentina, Uruguay y Brasil.[134] Circulación de personas, movimiento internacional de trabajadores, circulación de ideas, cooperación represiva internacional se combinan en un momento particular de la historia del capitalismo en el cono sur americano.

Vivir dignamente

Si las manifestaciones conflictivas del mundo de trabajo llamaron la atención de *Caras y Caretas* las condiciones de vida de las clases populares también ocuparon sus páginas con los mismos recursos que he analizado en las páginas precedentes. Montaje de dibujos, fotografías, historieta, publicidad con una buena dosis de ironía y humor.

Buenos Aires pintoresco (Un caserío de los suburbios de Buenos Aires) es una de las pinturas de Mayol publicada en mayo de 1899. *Caras y Caretas* eligió la palabra "pintoresco" ya que ella da cuenta de un paisaje o una escena peculiar. Lo pintoresco atrae y seduce los sentidos. (Imagen 17) Sin duda el concepto describe una experiencia estética y tiene orígenes remotos en el manierismo y en la pintura de principios del siglo XVIII, pero refiere a una experiencia sensible, a una escena singular que merece ser representada. Para Mayol la singularidad está dada por el carácter precario de las viviendas de chapa, madera y adobe ubicadas en los bordes de la ciudad, que contrasta con las imágenes de modernidad, lujo y hasta ostentación del centro, pero también con la figura del conventillo que se convirtió en la representación de la vivienda de las clases populares en la ciudad de Buenos Aires.

---

133 Suriano (1988 y 2000) entre otros.
134 Albornoz (2016) Albornoz y Galeano (2016)

Un caserío de los suburbios, por Mayol

Imagen 17: C y C, 6 de mayo de 1899, N° 31.

El paisaje habitacional se volvió conocido y repetido en las "orillas" de pueblos y ciudades. Construcciones precarias, habitaciones superpuestas, calles de tierras que se convertían en lodazales intransitables con las lluvias, transporte deficiente o inexistente. En un texto de Rafael Barreda ilustrado por Giménez titulado "Así es la suerte cuñao", los personajes vivían hacinados en un rancho de estancia. "Habitaban como en una pieza de conventillo" escribía este autor español que se había radicado en la Argentina y que formaba parte de los escritores de la escena teatral porteña. [135] "En las regiones de la miseria. La progenie

---

[135] C y C, 27 de diciembre de 1904, N° 324. Además de escribir en Caras y Caretas, Barreda era autor de novelas, poesías y comedias. Véase Marina Sikona (2005).

de Job", el fotógrafo de *Caras y Caretas* construye un relato donde priman las imágenes del desamparo habitacional. Ese relato va acompañado de palabras henchidas de dramatismo. Son espacios lúgubres dignos del pincel de Goya.:

"Atravesamos el patio del viejo conventillo bajo una suave oscilación de ropas lavadas que tendidas en sogas disfrutan de la bondad solar (…) Vemos un angustioso cuadro. Imaginaos la más lastimera, la más lúgubre de las escenas realizadas por el pincel de Goya. Evocad en vuestras pupilas la visión de uno de esos cuadros en donde, como una llaga en flor, la miseria de la carne (…) humana muestra su escoria … Emanaciones de pocilga ponen en la garganta el nudo de los ascos."[136]

En el mismo número en la sección Chafalonía dibujada por Cao el precio de los alquileres es tematizado junto con la suciedad de las calles, los accidentes provocados por los tranvías, la velocidad de los ferrocarriles y la huelga de los mozos de bares y restaurantes. La suba del precio de los alquileres será la clave para que se produzca la huelga en los conventillos porteños a la que la revista le dedicó varias páginas.

Imagen 18: C y C, 13 de mayo de 1905, N° 345.

---

136 C y C, 13 de mayo de 1905, N° 345.

En 1907 Zavattaro ilustra la tapa con el título "La cuestión de los conventillos". De la combinación de elementos textuales y visuales se pueden destacar dos rasgos de importancia. El conventillo, o sea la vivienda de las clases trabajadoras, se había convertido en una cuestión, o sea un asunto especial que merece atención y, como con la huelga de trabajadores de 1904, el lenguaje del acontecimiento social es usado para la crítica política.

Cuando en septiembre de 1907 los inquilinos lanzaron su protesta por la rebaja de los alquileres, el evento huelguístico, inédito hasta ese momento, ocupó la narrativa de la publicación haciendo uso, como ya era habitual, de fotografías. [137] Aparecieron entonces los inquilinos y los propietarios, la organización, las familias y sus hijos, algunos de ellos vendedores de la revista, las manifestaciones callejeras con una alta proporción de niños y niñas y la represión, los agentes policiales y el desalojo. Como en la huelga de trabajadores en 1902 y 1904 los reportajes fotográficos mostraron a la multitud, identificaron a los protagonistas, se detuvieron en algunos rostros, en algunos objetos propios de la vida colectiva en los conventillos.

Como ya he destacado, la fotografía como recurso técnico se combinaba con dibujos, pero las imágenes producidas por la mano humana y por la cámara fotográfica no son iguales. Con la cámara, la capacidad de producir imágenes se multiplica y esas imágenes colocadas en una publicación de venta masiva como la que estoy analizando amplifican la producción de sentidos. Frizot destaca que "La ubicuidad que logra una sola fotografía al ser observada por millones de miradas, y su asombroso impacto colectivo, también forman parte intrínseca de la cultura de la imagen fotográfica" y que ella incide en ámbitos heterogéneos como el científico, el documental, el artístico. [138] Se podría agregar siguiendo el análisis de Azoulay que "Las fotografías cargan con rastros de una pluralidad de relaciones políticas que pueden ser actualizadas por el acto de mirar, transformar y diseminar lo que es visto en demanda de acción". [139] En las fotografías se unen la producción, la distribución, el intercambio y el consumo de la imagen y todo ello da forma a modos de mirar. Esto hace que las fotografías de la "huelga de los conventillos", como

---

137 Suriano, 1983; Yuvnovsky, 2004; Rey, 2015.
138 Frizot, 2009, p. 21.
139 Azoulay, 2008, p. 18

titulaba *Caras y Caretas* en uno de sus reportajes, extiendan el campo visual de las condiciones de habitación de las clases populares, como lo hicieron con las huelgas y manifestaciones.

Otros problemas como la carestía de la vida[140], la desocupación[141] o la mendicidad[142] también formaron parte de cuestiones problemáticas, pero tuvieron un tratamiento menos pormenorizado. Carestía, desocupación y guerra fueron temas de candente actualidad entre 1914 y 1918 al punto que Alonso dibujó sus rasgos enfatizando que "sin pan y sin trabajo todo va cabeza abajo".[143] Esos problemas eran parte de la vida cotidiana de franjas amplias de lectores de la revista.

Configuraciones de la cuestión social

A fines del siglo XIX y comienzos del XX se produjo una transformación de la prensa con la aparición de publicaciones de circulación masiva. Ellas estaban destinadas a diferentes públicos y utilizaban múltiples recursos para atraer a sus lectores. *Caras y Caretas* participó activamente de esas transformaciones. Combinó diversos recursos textuales y visuales para informar, utilizó la fotografía como acicate para atraer lectores, no escatimó recursos para colocar las noticias y dar cuenta de los sucesos de actualidad. En ese marco encontró que ciertas cuestiones sociales eran susceptibles de ser ubicados entre los títulos informativos de "actualidad". Privilegió aquellas que tenían mayor espectacularidad como las huelgas, sean ellas las que ocurrían en los espacios laborales como en el hogar. Al buscar mostrar los acontecimientos registró a las mujeres como parte importante del mundo del trabajo, de las manifestaciones, de las protestas, de la sociabilidad obrera. Del mismo modo, la infancia trabajadora en fábricas, talleres y calles fueron capturadas por los fotógrafos de la revista

La cuestión social como problema obrero y el déficit habitacional y los abusos en el precio de los alquileres adquirieron forma a través de notas breves, cuentos, dibujos, fotografías y, como consecuencia de las ventas de la revista, circulaban por pueblos y ciudades del Río de la Plata.

---

140 C y C, 28 de agosto de 1915, N° 882 y 19 de junio de 1920.
141 C y C, 23 de octubre de 1915, N°890.
142 Por ejemplo, C y C, 6 de febrero de 1904;
143 C y C, 23 de octubre d 1915, N° 890

Unas pocas situaciones conflictivas – las huelgas por ejemplo-podían seguirse en toda la revista. Estaban en las crónicas de actualidad, en las secciones de humor, en las fotografías. Distribuidas en diferentes partes de la publicación y utilizando diversos recursos apelaban a múltiples lectores: mujeres y varones adultos, niños y niñas, argentinos y extranjeros, de todas las clases sociales. Utilizaba palabras por lo que apelaba a personas letradas, pero también interpelaba a partir de lo visual y así ampliaba su público. Fue el montaje de diversos recursos como dibujos, fotografías, historietas, publicidad, textos breves, cuentos con una buena dosis de ironía y humor sobre cuestiones sociales lo que seguramente provocaba asombro, curiosidad e interés entre y sus lectores. La dinámica informativa de la revista fue importante para impulsar la conformación de una amplia sensibilidad hacia las cuestiones sociales organizadas alrededor de las huelgas como expresión de demandas de trabajadores, así como sobre la inmigración, las leyes coercitivas, las condiciones de vida. La información política y social iban de la mano y, lo más importante, es que frecuentemente utilizaban el lenguaje social en la crítica a las disputas políticas de la élite, a las elecciones, a la actuación del parlamento.

La revista *Caras y Caretas* es un documento privilegiado para examinar formas de circulación de las ideas sobre la cuestión social descentrando el foco que ilumina las publicaciones especializadas o los ámbitos militantes.

Representación y ficciones de la "cuestión social" entre Buenos Aires y Madrid (1904-1919): miserabilismo y conflicto en las revistas anarquistas de Alberto Ghiraldo

Armando V. Minguzzi

El mundo cultural del anarquismo argentino de las dos primeras décadas del siglo XX es un conglomerado de actores y producciones verdaderamente diverso y multifacético. En dicho universo, uno de los pilares con más larga tradición es la prensa, que no está solo ligada a los diarios, sino que además exhibe una amplia variedad de publicaciones periódicas pensadas para dar cuenta de los distintos avatares de ese mundo cultural. Fue así que esas publicaciones se transformaron en uno de los terrenos de disputa y legitimación que los intelectuales ligados al sector ácrata eligieron a la hora de posicionarse en un campo cultural atravesado por ideologías obreristas de distinto cuño. Los directores de esas publicaciones intentaron, con su labor, perfilarse, a la vez, como voces autorizadas en el ámbito de la militancia libertaria y como escritores dueños de cierto prestigio, algo que les permitía, además, el ingreso al circuito periodístico comercial.

Los años que van desde el lustro final del siglo XIX a las primeras dos décadas del siglo XX en la Argentina tienen una bisagra en lo que respecta al auge del sector anarquista y su consolidación: la celebración del Centenario de la Revolución de Mayo, la represión desatada en esos días, las disputas internas y la aparición de un proceso democrático que hacía posible la inclusión de sectores más amplios en el devenir político institucional fueron, en parte, los hechos que jalonaron la vida de un sector ideológico activo en la vida cultural pero que, con el correr de los años, perdió prédica entre los trabajadores. Sin embargo, no caben dudas de que estamos ante un período cuyo punto de partida es agitado y productivo en lo referido a la historia intelectual y al debate de ideas. Aparecen en esa época varios fenómenos desde el punto de vista económico e ideológico que van a enmarcar el horizonte de la producción cultural alternativa. Las elites porteñas proponen, en esos años, una creciente reformulación del nacionalismo cultural[144] y cierto revitalizado sentir hispanista, a lo que se suman algunas embestidas espiritualistas contra un positivismo ya declinante[145]. Asimismo se empiezan a tornar palpables las consecuencias del proceso de modernización iniciado en el país en la últimas dos décadas del siglo XIX, prueba de ello es el surgimiento de un nuevo segmento de público lector, producto de la sistemática tarea educadora emprendida desde el Estado[146], y la novedosa aparición de grupos ideológicos que impugnaban la matriz liberal con que se había pensado ese Estado y las relaciones sociales. La primera va de la mano de la emergencia de una cultura popular urbana, sobre todo en la ciudad de Buenos Aires, en cuyos circuitos se yuxtapone militancia política y esparcimiento[147]. La segunda pone de manifiesto el cambio y la evolución que se produjeron tras el abandono de las relaciones precapitalistas de trabajo en nuestro país, sustituidas por una proletarización creciente y vínculos laborales que tendían a disciplinar a las masas inmigratorias, cuyo acceso masivo a la prometida tenencia de la tierra y a un mercado de trabajo igualitario fue, al menos, problemático[148]. Se suma a esta reconfiguración de las relaciones sociales y culturales un tercer componente ya mencionado: la creciente profesionalización de los escritores y su vínculo con el público[149]. Serán la primera y la tercera de estas instancias –surgimiento

---

144 Bertoni, 2001, pp.173-174.
145 Altamirano y Sarlo, 1983, pp. 73-75.
146 Tedesco, 1982, pp.129-144.
147 Suriano, 2001, p. 170.
148 En este terreno le cupo al anarquismo, y también al socialismo, una importante labor en lo referido al asociacionismo obrero y sus reclamos. Falcón, 1984, pp. 92-104.
149 Rivera , 1985

de un nuevo público y profesionalización de los escritores– las que van a servir como fondo para revisar inicialmente el universo de la prensa en los últimos años del siglo XIX y los primeros del XX.

La prensa de esos años: periódicos, revistas, magazines

En lo concerniente a la prensa comercial, Buenos Aires fue escenario de grandes modificaciones y progresos. *La Prensa*, *La Nación* y *El Diario* eran los periódicos más importantes en ese momento, la tirada de los dos primeros superaba para esos años los 100.000 ejemplares[150]. Más allá de estos matutinos, y para dar una idea de los diarios ligados ideológicamente al sector obrero, podemos mencionar a las dos periódicos más importantes: *La Vanguardia*, órgano del Partido Socialista que aparece el 7 de abril de 1894[151], y *La Protesta Humana* (cuyo nombre se reduce en 1903 a *La Protesta*), una tribuna anarquista cuyo número inicial data del 13 de junio de 1897 y que se transforma en diario a partir de abril de 1904. Su afianzamiento también se puede traducir en cifras. *La Vanguardia* llega al final de 1904 a 4000 ejemplares, *La Protesta* en ese período alcanza los 8000[152] y luego, en los años venideros, suma a esta labor un suplemento cultural. Vale mencionar, en lo que hace a la reconstrucción de cómo se fue consolidando una prensa ácrata en Argentina, algunos periódicos previos a *La Protesta Humana*. Ellos fueron *El perseguido*, publicado entre 1890 y 1897, *El Oprimido*, que apareció entre 1893 y 1897 y *El Rebelde*, cuyos ciento cuatro entregas van desde el 11 de noviembre de 1898 hasta el 28 de junio de 1903[153].

Otro de los elementos a tener en cuenta y sobre el que no queda duda es la consolidación de un campo cultural autónomo ligado a las revistas. Es un período en el que, a la presencia de la decana de las revistas ilustradas *Caras y Caretas*, publicada desde 1898 hasta 1939[154], se le suman, entre otras publicaciones del mismo tipo, *Arlequín*, en 1899, *P. B. T*, desde 1904, y las reconocidas *Fray Mocho* y *Plus Ultra*, la primera creada en 1912 y la segunda en 1916. En el terreno más literario solo

---

150 Mayochi, 2000, p. 59.
151 Reinoso, 1985, p. 21.
152 Abad de Santillán, 1927 p. 45.
153 Oved, 2013, pp.123.125.
154 Romano, 2004.

mencionaremos, sin pretender ser exhaustivos, a *El Mercurio de América*, señera de la estética modernista publicada entre julio de 1898 y los meses de mayo-junio de 1900, *Ideas*, publicada desde 1903 hasta 1905 por Manuel Gálvez, y *Nosotros*, aparecida desde 1907 bajo la dirección de Alfredo Bianchi y Roberto F. Giusti.

Pues bien, más allá de las generalidades que implica el desarrollo de la prensa periódica en la Argentina de esos años, ya sea en lo referido a los diarios comerciales o ideológicos como a las revistas culturales o literarias, es importante inscribir claramente la aparición de las dos revistas de Alberto Ghiraldo que nos ocuparemos en el ámbito de las publicaciones periódicas anarquistas ligadas al mundo cultural. Para ello es necesario hablar de una de las primeras publicaciones teóricas del sector ácrata, *Ciencia Social*, dirigida por Fortunato Serantoni desde abril de 1897. También cabe una referencia, si nos detenemos en esos años previos al siglo XX, a *El Sol*, un semanario artístico literario también al mando de Ghiraldo y publicado entre 1898 y julio de 1903[155]. En sus 174 números se puede observar cómo su director, vinculado hasta ese momento al círculo de Rubén Darío y su estética modernista, comienza a acercarse al ideario anarquista[156]. Dicho vuelco se da al establecer Ghiraldo una estrecha relación con Pietro Gori[157], que había llegado a Buenos Aires en 1898 como uno de los intelectuales más prestigiosos del sector libertario italiano[158].

Además fueron importantes en los albores del siglo XX títulos como *Los Tiempos Nuevos*, de corta vida y a cargo de Félix Basterra en 1900[159], *Los Nuevos Caminos*, dirigida por José de Maturana, la más conocida *Germen*, a cargo en su primera época de Alejandro Sux[160], y *Labor*, bajo la dirección de Federico Ángel Gutiérrez, aparecidas todas en 1906[161]. Merecen ser rescatadas aquí las distintas apariciones del *Suplemento de La Protesta*, sobre todo porque una de las revistas analizadas, la *Martín Fierro*, se transforma en ese Suplemento a parir del número 31. En el bie-

---

155 Cúneo, 1994, pp. 102-108.
156 Zanetti,, 2004, p. 46.
157 Larroca, 1971, p. 34.
158 Masini, 1969, p. 179.
159 Zaragoza, 1996, p. 413.
160 Lafleur, Provenzano y Alonso 2006, p. 37.
161 Pereyra, 1993, p. 63.

nio 1908-1909 dicho Suplemento hace su segunda aparición a cargo de Emilio López Arango y Diego Abad de Santillán y posteriormente será la revista ilustrada *La Obra*, dirigida por Rodolfo González Pacheco y Teodoro Antilli, la que acompañará editorialmente a ese diario durante los años 1915 y 1916.

Podemos, entonces, situar la aparición de *Martín Fierro* e *Ideas y Figuras* en ese contexto, donde se vislumbra un acercamiento a la lectura de nuevos sectores de la población y se materializa un circuito cultural alternativo donde los anarquistas tienen un rol preponderante. Su fuerte arraigo en el movimiento obrero y la marcada tendencia a impugnar el orden vigente en su totalidad, incluida todo tipo de representación política, es lo que los diferencia de otros sectores[162].

La revista *Martín Fierro*: sujetos, articulación política y miserabilismo

Esta publicación nace el 3 de marzo de 1904, sus 48 números llegan hasta el 6 de febrero de 1905[163]. A partir del treinta y uno es visible un cambio en la revista. Lo indican un diseño tipográfico diferente y, en el aviso a los suscriptores del retiro de tapa, la aclaración de que la *Martín Fierro* se transforma en el Suplemento semanal de *La Protesta*. La publicación de dos artículos del director, "Gimnasia revolucionaria" y "Lucha política: su ineficacia", aparecidos en el número treinta y uno y treinta y dos, del 10 y 17 de octubre respectivamente, inicia una etapa donde la relación con el anarquismo teórico y militante, aunque sin exagerar, se profundiza. La proximidad al anarquismo se explica tomando en cuenta la posición que Ghiraldo había ocupado dentro del sector en esos meses. A partir del 1° de septiembre de ese año se hace cargo de la dirección de *La Protesta*, un hecho no ajeno a las disputas en las filas libertarias y al que la consolidación de la revista *Martín Fierro* había colaborado mucho.

---

162 Eisenzweig, 2004, p. 108.
163 Un solo acontecimiento altera esta lógica de semanario, es la muerte de la madre del director, Julia Albornoz, acontecida el 14 de mayo. Al número 11, del 12 de mayo de 1904, le sigue el número 12, que data del 26 del mismo mes.

Vale la pena mencionar la fuerte presencia de las ilustraciones que, si bien no eran tan habituales en las primeras publicaciones ácratas, aparecen aquí acompañando los textos, seguramente producto de la irrupción de los magazine ilustrados que naturalizan la dimensión icónica en las revistas de esos años. Emblemática resulta la figura del gaucho que aparece en la tapa del primer número y se repite en otros. Su serena postura y su forma de otear el soleado horizonte reflejan la caracterización de esta figura que se hace en el manifiesto del número inicial, en donde se habla de lo ameno, amable y sereno del personaje de Hernández que sirve de título a la publicación. Ese dibujo que inaugura la revista preanuncia lo que será una constante: la lectura de la tradición gauchesca, solo que aquí se hace en clave rebelde. Se completa, gráficamente, dicha acción inaugural con el retrato oval de José Hernández en las primeras páginas que acompaña el suelto titulado "Martín Fierro y su creador", seguido por los primeros versos del poema publicado en la revista y que, a lo largo de los números, se transformará en la sección "Clásicos criollos".

Más allá del recorte de la gauchesca que da cuenta, como ya dijimos, de la reconstrucción de un linaje telúrico rebelde[164], dicha instalación iconográfica es la que permite dar a entender los conflictos históricos que están en la raíz de esa rebeldía y terminan configurando una figura del gaucho acorde a los supuestos de la ideología ácrata. Uno de esas zonas conflictivas es la de leva militar, una práctica que comenzó en el siglo XIX y que les permitía a las tropas de los ejércitos regulares sumar arbitrariamente a esos sujetos del ámbito rural a sus filas y sus disputas. El escenario histórico de este accionar fue, sobre todo, la llamada "Conquista del desierto", un emprendimiento del Estado Nacional que propició un avance militar sobre los territorios pertenecientes a los pobladores nativos, pero en el caso de algunos relatos de la revista la llamada "leva militar" se sitúa también en otros momentos de la historia nacional, uno de ellos es la época de las llamadas guerras de la independencia.

En la decimoctava entrega aparece un relato de Francisco Grandmontagne que da cuenta de estos temas y que lleva por título "La patria de Juan Alzao". En sus primeras líneas se observa esa versión idílica del gaucho como símbolo de la libertad de claro espíritu ácrata: "Era su vida expresión de serena calma. Sin cultos civiles ni divinos…". A lo que

---

164 Minguzzi, 2007, p. 46.

se agrega: "Allí estaba sumido Juan Alzao como en dulce vida de limbo. No le alcanzaban ni las leyes ni la acción política del Virreynato...", con lo que se marca enfáticamente uno de los tópicos del anarquismo de esos años: la ajenidad de todo lo concerniente al ámbito de la política y de la legalidad. Un poco más adelante en el cuento se hace presente la acción del Estado: "Una comisión de reclutamiento, salida del primer centro urbano, le sorprendió en el rancho. Y quedó enganchado al ejército libertador". [165] Todo el relato gira en torno a la confusión del protagonista entre la idea de patria y la de propiedad privada. La vuelta de Juan Alzao, ya terminadas las guerras de la independencia, saca a relucir el conflicto entre esa libertad previa del gaucho y el avance del alambrado y su correlato: la propiedad privada, que a él se le niega. El conflicto entre esa imagen del gaucho como hombre libre y ajeno a la ley, de manifiesto sabor libertario, y el accionar estatal es uno de los ejes del cuento, que además deja entrever una crítica a la lógica militar y cierta idea civilizatoria. La imposibilidad de cualquier forma de tenencia de la tierra por parte de las clases populares está aquí, Juan Alzao es, al igual que su mujer antes, sistemáticamente expulsado de los lugares que elige para asentar su rancho, el alambrado y la figura del nuevo "dueño del campo" le salen al cruce en tanto materialización y/o personificación del conflicto. En una de las discusiones que el protagonista establece con ese "invasor" que se adueña de "la patria", el narrador nos dice:

> Juan protestó: "¡Yo he peleado por la patria! Echose a reír el dueño del campo ante inocentada tan grande. Juan repitió exasperado. ¡por la patria, he peleado por la patria! váyase; déjenos! ¡Pobre Juan! Confundía los términos patria y propiedad. Sus ideas necesitaban substancia material donde afirmarse. Acotado el campo ¿qué era para él la libertad? Metida la pampa en setos de hierro, ¿en dónde estaba la patria? ¿la patria de Juan Alzao? "Yo he peleado por la patria!" -repetía el infeliz, sin ver (que) aquello por lo que había peleado...
> Tuvo que venir la policía, que dio de palos a Juan Alzao y de paso le manoseó la mujer.[166]

---

165 Grandmontagne, *Martín Fierro*, núm. 18, a. I, 7 de julio de 1904 p. 5 (De aquí en más la revista se citará como *M. F.* Los números de página son los que aparecen indicados en el índice de la edición de 2007 que figura en la bibliografía final).
166 Ídem, p. 5.

El retorno del protagonista, como ya había puesto de manifiesto modélicamente Hernández en la segunda parte del poema que da título a la revista, implica un hecho conflictivo: el desalojo y el abuso sobre la familia del gaucho, cuyo destino es la proletarización y su pérdida de la libertad para el imaginario anarquista o, como en este caso, una huida hacia territorio indígena con final trágico.

Como queda claro, el hecho de recurrir a la tradición gauchesca y su costado rebelde se corresponde con un tópico importante del ideario ácrata: el enfrentamiento con la ley, uno de los conflictos más importantes y presentes en las dos revistas que vamos a analizar. También empieza a vislumbrase el desamparo al que está sometida la familia de las clases populares, presente ya en el primer cuento. Sin embargo, esto es solo una de las caras visibles del recorrido por los conflictos y la cuestión social de época en estas publicaciones, queda pendiente el otro gran sujeto atravesado por las mismas cuestiones: el inmigrante.

Ya desde el primer número el derrotero de dicho personaje se hace visible. En una nota titulada "Los gringos" se observa una fotografía de la cubierta de un barco donde se apilan los inmigrantes en su viaje a América. Es elocuente la primera frase: "Entre América y la muerte han elegido la América, poniendo en esta su última esperanza". La situación de los recién llegados también tiene a la ley y su brutalidad como tópico:

> Vienen – montón de energías y amarguras- corridos por leyes brutales, por contrastes crueles originados por los mismos hombres. Son víctimas que huyen. [...] Han entrevisto la pampa ubérrima, que, generosa, debe darle mil por uno, con instituciones libres, libres para todos –tierra, cielo y ríos al decir de Sarmiento- con hombres, con hermanos de almas abiertas al porvenir, a la vida. ¿Y después?... Preguntadles. Llegaron para volcar en la tierra joven el vigor de su músculo y su cerebro con la misma lamentable finalidad con que lo hicieron allá, en la Europa carcomida. ¡La cuenta no les ha salido![167]

Las leyes y las instituciones en ambas orillas del Atlántico tienen solo dos formatos, la brutalidad y el engaño, la desigualdad que se esconde en la expresión "contrastes crueles" es uno de los motivos del viaje de este segundo sujeto cuya acción tiene como contexto el mercado mundial de trabajo. Un itinerario laboral denunciado aquí que va de la desigualdad

---

167 s. a., *M. F.*, núm. 1, a. I, 3 de marzo de 1904, p.10.

"legal" que lo expulsa a la mentira de una institucionalidad que promete ampararlo y no lo hace. La nota tiene un anclaje icónico, una foto que "documenta" el viaje y deja en claro la situación de los que llegan a vender su fuerza de trabajo, no hay epígrafes jocosos ni aclaratorios en esta imagen, está allí mostrando la honestidad de lo dicho en una clara estrategia de creación de verosimilitud.

En verdad, Ghiraldo sale a reconocer la existencia de estas dos vertientes en el mundo de las clases populares de creciente conflictividad social, la telúrica o nativa, de perfil más rural y muchas veces influenciado por la tradición criollista, y la inmigrante, con alguna experiencia en luchas sindicales y/o formación ideológica en su país de origen. A ambas decide interpelar, su intento por instalarse en el centro del espacio libertario apuesta a ese maridaje y él mismo se plantea, en tanto militante o intelectual del sector, como el garante de esa confluencia. Su táctica editorial implica, a su vez, la consolidación de un público lector proveniente de estas vertientes, una posición que dará sus frutos cuando, como dijimos y debido a su prestigio adquirido, entre otras cosas con esta revista, se transforme en el director de *La Protesta*, el diario más importante del anarquismo en esos años. Una prueba importante de esta intención se hace visible en una de las tapas del número dieciocho, donde aparece una imagen de dos sujetos dialogando, uno de pie y el otro sentado sobre una mesa. Lleva por título justamente "Diálogo de actualidad", marcando lo pertinente del tema en cuestión. La imagen de las figuras masculinas responden a la representación de un extranjero, el que está parado fumando su pipa, lleva puesta una boina y usa faja para sujetar el pantalón, y un sujeto de las clases populares nativas, quien está sentado en la mesa, usa chambergo. El diálogo reafirma esta suposición, en él se lee el siguiente intercambio:

> -Cuando yo saber Constitución linda de este país, gritar: ¡Viva la república Argentina!, Hoy después de ley para echar extranjeros, y de ley para hacer trabajar pobres, decir… ¡Viva inquisición española! Y ponerme triste; recontra!
>
> -Vasco hermano, me parece que al fin hemos de tener que unirnos no más. Y muy juerte pa´ peliar contra el gobierno, que es el enemigo de todos.[168]

---

168 s.a., *M. F.*, núm. 18, a. I, 7 de julio de 1904, p. 1

El diálogo saca a relucir el manejo de la lengua para evidenciar ese encuentro de tradiciones, en este caso un criollo y un vasco, que, según esta versión, usa los verbos en infinitivo. Este último compara, nada más y nada menos, la República Argentina y su Constitución con la Inquisición Española, para ello se basa en dos leyes recientes, una de ella de gran despliegue en la prensa libertaria: la Ley de Residencia, que, votada en 1902 por el Congreso, permite expulsar a los extranjeros con militancia política. De nuevo es la ley la que actúa como vía de acceso a la representación del conflicto social, en este caso una que toca de lleno al sector libertario. En la frase "vamos a tener que unirnos no más" está presente esa intencionalidad de Ghiraldo, una propuesta de representación de la posibilidad de unir las dos tradiciones de lucha o rebeldía frente a los abusos del poder. El director apuesta a ello, a transformase en quien pueda unir a esos dos sectores, por eso la interpelación a un público doble, la sección "Clásicos Criollos" y las "Crónicas Gauchas" de Camilucho Tresamarías por un lado y los artículos y notas de actualidad y los de formación teórica de clara filiación ácrata por otro.

Más allá de este tipo de posicionamientos en el ámbito intelectual y volviendo al tema de las iniquidades antes mencionadas, vemos también como el marco legal obtura el ascenso social de una de las figuras emblemáticas de esos años, la maestra, para más datos hija de inmigrantes. En un cuento del bohemio Charles de Soussens, publicado en el número treinta y seis y cuyo título es simplemente "La maestra", se nos presenta el personaje de la siguiente manera: "Te portaste, empero, de modo tan admirable gringuita de mi alma! galleguita de mi corazón! alemanita de ojos soñadores como el azul del cielo!". Su periplo va de la dificultad para ser admitida como estudiante del magisterio a la mención de los cuidados que requirió su madre costurera de parte de ella, planteando, además, el destino al que, de no mediar su diploma de maestra y sus "meritorias ambiciones", hubiera estado sometida, pues nadie de su condición podía escapar: "a ser una belleza rústica para adornar algún día la vivienda de un robusto trabajador y dar vida a nuevos proletarios inferiores a las máquinas y más caros que ellas ante el inminente progreso moderno"[169].

La historia pone en escena la desmentida del acenso social basado en el esfuerzo individual y termina, como era de prever, cuando el sujeto en

---

[169] Soussens, *M. F.*, núm. 36, a. I, 14 de noviembre de 1904, p. 3.

cuestión: la maestra, intenta ingresar en el mundo institucional en términos laborales. Con el título en la mano, la hija de inmigrantes recientemente recibida va a recorrer los "veintidós distritos" de la capital en busca de empleo, el narrador describe esa circunstancia diciendo:

¡Hay que visitar a los presidentes, a los vocales, a los secretarios!... Se necesitan muchas recomendaciones y valiosas! Sin ellas ¿de qué serviría tu hermoso diploma de sobresaliente, extendido sobre lujoso papel?

¡Y cuantas galanterías indiscretas, cuantas proposiciones deshonestas no te aguardan en las misteriosas y coimeras oficinas de ciertos consejos!

Anda! Y mañana me contarás tu vía crucis, pobre maestrita todavía sin escuela![170].

De nuevo es en el contacto del sujeto inmigrante o heredero de la inmigración con el marco institucional lo que pone en escena el drama, aquí la desmentida del acenso social que está en el horizonte de la hija de españoles, italianos o alemanes (así lo indica el mismo texto) en clave de ingreso al sistema escolar. La cuestión social también implica el quiebre de un imaginario, llámese aspiraciones o anhelos, por parte de las clases subalternas. Lo común en ellas es, hasta aquí, ese abuso de autoridad que se da en los agentes del Estado, representantes de la ley o las normas que explicitan los límites de aceptación de una sociedad imaginada como idílica desde el marco constitucional (el preámbulo de la Constitución Argentina asegura bienestar y libertad: "para nosotros, para la posteridad y para todos los hombres del mundo que quieran habitar el suelo argentino"). En los hechos es esa misma sociedad la que desvirtúa su espíritu repitiendo las condiciones del mercado laboral mundial, sus injusticias o el sistema de prebendas, muchas veces indignas, a las que deben someterse los que llegan al país y sus hijos en busca de un futuro mejor.

Pues bien, más allá del quiebre de las aspiraciones, subsiste en las páginas de esta revista una relación problemática entre la ley y los actores de la llamada cuestión social, un vínculo tenso que, en clave anarquista, le sirve a Ghiraldo y sus publicaciones para arremeter contra dos pilares de la sociedad argentina en clave ideológica: la noción de autoridad y la acción el Estado (explicitada en la ley). En el desarrollo de este ítem

---

[170] Ídem, p. 3

podemos observar cómo el drama de las familias inmigrantes tiene su versión miserabilista. Es Félix Basterra, un inmigrante español de activa participación en el anarquismo por esos años, quien echa luz sobre ese miserabilismo a través de la pintura de una muchacha solitaria y su familia proveniente de España e instalada en el país no hace mucho. Para ello apela a la estética naturalista y su determinismo genético. Dicho relato, aparecido en el número veintiocho, se llama "De padres a hijos" y pone en escena una de las enfermedades de la miseria de época, la tuberculosis:

> Quien era ella no fue nunca un misterio; viuda la madre se vino de España a América con los dos críos que la (sic) dejó el matrimonio, y aquí crecieron ellos mientras la madre bregó para educarlos un poco y darles de comer. ¡Comer!... muerta la madre, convertida en un guiñapo de la tuberculosis, el hermano después de tanto luchar se hundió también, víctima del mal heredado: tísico! Emilia quedó sola, pero ya hecha mujer con dieciocho años, en aquella faz de madre-perla, de mirada glauca, de honda transparencia.[171]

Se menciona al "mal heredado", aludiendo a una de las matrices de la estética naturalista: las leyes de la herencia, pero a ellos se suman algunas definiciones léxicas del miserabilismo, el adjetivo utilizado para la madre es el de "guiñapo", que la Real Academia define, en su primer acepción como "andrajo", aunque después, en su tercera y cuarta acepción, hace referencia a una persona "degradada o envilecida" o "abatida moralmente y muy débil". Asimismo el verbo utilizado para describir el derrotero vital del hermano es "hundir", completando connotativamente ese derrotero de descenso o caída social al que también está sujeta ella por el mal hereditario. El determinismo genético se completa, siguiendo los preceptos de la escuela creada por Emile Zola, con el ambiente. Leemos en ese cuento una aproximación descriptiva del lugar de trabajo y de la habitación de la muchacha que preparan el terreno a las influencias ambientales sobre el personaje principal:

> Trabajaba en la tienda en lugar donde la luz eléctrica suplía a la luz del día. En la habitación que vivía, el sol llegaba tarde. Al sufrir de la fluxión al pecho comenzó a amar al sol; así, después de comer, se

---

171 Basterra, *M. F.,* núm. 28, a. I, 15 de septiembre de 1904, p. 5.

paseaba diez o quince minutos, frente a los bastidores del comedor, por donde los rayos de oro [...] se metían, aclarando el aire....[172]

Es interesante observar cómo, pese a la estetización, la ley en tanto tópico refuerza la denuncia. En este caso estamos ante otro tipo de ley, la del determinismo, proveniente de una escuela literaria como la naturalista. Su versión familiar, suma argumentos a esa denuncia de la cuestión social de la que venimos hablando, solo que en este caso la ley no es un límite ni algo injusto o ajeno, sino una matriz que permite ficcionalizar las condiciones laborales o ese destino trágico de los descendientes de inmigrantes que heredan la enfermedad, entre otras cosas por su condiciones de vida (en este párrafo se habla de fluxión, que puede ser definida como "acumulación patológica de líquidos en el organismo").

Para hablar del proceso por el cual se estetiza lo miserable de la vida de la clase trabajadora en estas revistas conviene citar a un teórico y crítico de la literatura como Nicolás Rosa, quien reflexiona sobre la imposibilidad de narrar la pobreza. En su artículo "La mirada absorta", que se centra en la literatura de los años 20, puntualmente en un escritor de Boedo como Elías Castelnuovo, se señala:

> La descripción de la pobreza en el plano narrativo asumió siempre una narración que apela a la cientificidad de sus enunciados (la pobreza entendida como mal social) y en el otro extremo como miserabilismo folletinesco [...] cuyos temas se convierten en verdaderas cristalizaciones narrativas: la orfandad, la internación en celdas o asilos y, en un espacio público, el itinerario secreto de la pobreza como circulación en los sitios secretos de la ciudad: estaciones, vías férreas, subsuelos, subterráneos, etc.[173]

El lenguaje de la cientificidad en el cuento de Basterra se asocia al léxico de la medicina, un acercamiento que ya estaba en los albores del naturalismo y la relación que la estética de Zola tenía con Claude Bernard y su medicina experimental. Se utilizan adjetivos como "tísico" o sustantivos como "fluxión", del saber médico, pero también se apela a lo melodramático folletinesco que aquí se avizora en la soledad de la muchacha ante el medio hostil y lo que Roman Gubern, en su teoría del

---

172 Ídem, p. 5
173 Rosa, 1997, p. 117.

melodrama, llama "el destino trágico" del protagonista[174], también visto como algo de lo que no se puede escapar, un determinismo que en este caso responde no solo a la ley de la sangre, sino también a la inmensidad de las fuerzas de la naturaleza o de los dioses contra lo que no se podía luchar. Lo que queda es un itinerario secreto, algo utilizado por Rosa para señalar que: "[…] los pobres que migran a las ciudades enfrentan el no lugar, fuera de la relación constitutiva de la geografía ciudadana son personajes itinerantes de una fluidez inmediata y rapidísima, son una visión fugaz del viaje […]"[175]. El narrador del cuento, cuando menciona el comportamiento de la protagonista al recorrer el paisAaje urbano en tanto escenario de la galantería, señala su transformación: "[…] se hizo una madona nómade, que iba en medio de la gente como en una calzada de necrópolis"[176]. Es decir que, más allá de que la circulación de la muchacha no se inserta en los lugares señalados por Rosa (estaciones, vías férreas, subsuelos, subterráneos), su fugacidad y su veloz fluidez, que no se detiene ante los reclamos galantes, le permite cumplir con una de las cristalizaciones de las que antes se mencionaban, la protagonista asume la itinerancia vertiginosa de la descripción de la pobreza, a ello la condena su fatal soledad, que también implica atravesar los espacios públicos como no lugares. Existe en ese recorrido urbano femenino también un desconocimiento de una de las leyes o normas que hace a la relación entre los sexos, la de la seducción urbana y sus rituales. La protagonista se encuentra también en un no lugar, esa visión de la ciudad como una necrópolis implica un pasaje, de la vida a la muerte, solo que en este caso dicho tránsito citadino implica un quiebre de los campos semánticos y sus leyes, donde la muerte se asocia habitualmente a la quietud y aquí es una concurrida calle. La revisión espacial emprendida por Rosa nos termina aclarando que, ante la imposibilidad de narrar la pobreza, lo que queda es su "idealización ennoblecida", algo que se vislumbra en esa figura femenina que termina muriendo inmersa en "un sueño de amor".

Si hablamos de itinerario y de estetización de la pobreza, una manera disruptiva de abordar la cuestión social, debemos detenernos en otro relato, esta vez de Alberto Ghiraldo, que se llama "Job en la calle", aparecido en la cuarta entrega. Es un cuento donde, dejando de lado el

---

[174] Gubern, 1974, p. 284.
[175] Rosa, 1997, p. 118.
[176] Basterra, *M. F*, núm. 28, a. I, 15 de septiembre de 1904, p. 5.

aspecto religiosos que se inscribe en ese nombre, la pobreza y la cuestión social tienen un abordaje más ligado a la estética modernista, credo literario al que Ghiraldo accede a través de su amistad con Rubén Darío.[177] Claramente es una historia que escenifica el espacio público, transcurre en una jornada de lluvia y los actores intentan guarecerse en lo que en ese momento se llamaba el Paseo de Julio (hoy Avenida Leandro N. Alem). Una vez en la vereda se encuentran con un hombre sentado con evidentes signos de dolor, alguien que, para explicar el mal que lo aqueja, solicita un cigarro y termina mascando "el tabaco, todo el tabaco, como un pan". La miseria a la que asociamos al personaje se completa con la exhibición de su herida, una mención con mucho de la estética modernista:

> De un tirón ha abierto su chaqueta. Como movido por un resorte uno de los curiosos huye bajo la lluvia. No puede más. Aquello es espantoso. Oculta por la ropa estaba la llaga. El hueso, la eslilla al aire, rodeada de carne fétida, podrida. Podrida, sí. Yo he sentido su hedor, la he admirado con mis ojos, la he cubierto con mis manos ¡Estaba podrida![178]

La mostración de las huellas de la miseria, en tanto denuncia de la cuestión social, abandona definitivamente el credo naturalista y se aboca a la puesta en escena de lo que es una de las características más importantes del modernismo: la utilización, por parte del narrador, de los sentidos[179] (se ha sentido olfativamente el hedor de la llaga, se la ha admirado visualmente y se la ha cubierto con el tacto de las manos). Se deja de lado toda objetividad científica y se apuesta a una mirada subjetiva y parcial a la hora de narrar. Los sentidos son, en este relato de la miseria, lo que lo hace posible y, también, el andamiaje que permite contar o "documentar estéticamente" la cuestión social y sus consecuencias.

Vale la pena ver en detalle la diferencia que se da entre esa estética zolaciana y el modernismo del que venimos hablando. En un momento

---

177 La relación entre Ruben Dario y Alberto Ghiraldo quedó plasmada en las palabras del vate centroamericano publicadas en 1919 en su *Autobiografía*: "Con Payró nos juntábamos en compañía del bizarro poeta, entonces casi un efebo, pero ya encendido de cosas libertarias, Alberto Ghiraldo". Carilla, 1967.
178 Ghiraldo, *M. F*, núm. 4, a. I, 3 de junio de 1909, p. 5.
179 Gutiérrez Girardot, 2004, p. 99.

del relato el narrador señala: "El hombre me seguía mirando. Yo le di el nombre de su enfermedad.", a lo que el hombre dolorido que estaba sentado responde: "-Sí... sí... eso me han dicho en el hospital. ¡Pero no me curan, no quieren curarme!". La estrategia es clara y contrapuesta, a la utilización de la jerga médica que se veía en "De padres a hijos" le sale al cruce este silencio, el narrador se detiene ante el nombre científico de la enfermedad, para dar cuenta de ella apela a lo que huele, a lo que toca, a lo que ve, es decir acude a la experiencia subjetiva inscripta en los sentidos. El final del relato nos muestra el proceso de estetización en plenitud, el narrador aclara que pensó que de la herida "salían las hondas fétidas que el viento de la tarde llevaba presuroso hacia los cuatro puntos cardinales de la gran ciudad". La apuesta es a una creciente simbolización, la miseria narrada estéticamente que tiene su epicentro en la herida se expande ficcionalmente en todas direcciones. Esta vez estamos ante otro recorrido urbano, no ya el de la escena de la seducción como en el cuento de Basterra, sino el de las mínimas reglas de la convivencia entre humanos que implican solidaridad y, más allá del telón de fondo religioso que se avizora en el título del cuento, son tan caras al imaginario anarquista. El narrador describe la ruptura de dicha lógica cuando percibe la huida de los demás transeuntes: "Di vuelta. A mi alrededor no quedaba nadie. Estaba solo con el enfermo. ¡Nadie! ¡Nadie! ¡Nadie! ¡Todos huían! Mientras la herida continuaba al aire como una bandera de odio, de rencor que no muere, que no puede morir ya".

Ante tanto quiebre de lo humano y la imposibilidad de narrar la pobreza será Nicolás Rosa quien, una vez más, aporta conceptualizaciones claras. Ante la mínima posibilidad –según él- de que exista un relato de la pobreza (algo en lo que no cree pero que aquí deja entrever), este "se originaría en el relato de la miseria, en las formas retóricas del miserabilismo". Dichas formas están aquí, en la experiencia de encontrar a "Job en las calles". Nuestro teórico de referencia nos habla de la miseria como una aventura, "la aventura del pobre que genera un relato a medias, una medianía entre la pobreza y la deslumbrante riqueza del mundo, del mundo natural y del mundo cultural"[180]. Estas formas contrastivas del miserabilismo son las que median, la puesta en escena de lo pútrido se inserta y dialoga con cierta riqueza. Prueba de ellos es la deslumbrante riqueza de un relato cuya inter-

---

[180] Rosa, 1997, p. 123.

textualidad remite a la historia de Job y su paciente condición de profeta en la tradición católica, la musulmana y la judía (una referencia de lo que dio en llamarse el cultismo modernista); a lo que se suma la utilización de distintos tipos de narradores en el cuento (un narrador impersonal al inicio, uno en primera persona del plural y otro en primera del singular), la reflexión y el juego con las formas lexicalizadas como "estar entre la espada y la pared" y cierta cercanía inicial con otro género como es el de la crónica, lo que nos habla de una complejidad cultural más que interesante en este relato. La medianía entre la pobreza y la riqueza cultural tiene como escenario esta historia, donde la estetización y el modernismo juegan su partida intentando dar cuenta de la miseria, un ítem privilegiado para dar cuenta de la cuestión social.

En resumen, existen dos sujetos a los que Ghiraldo acude en esta primera publicación, los gringos y los gauchos, a ambos se los rescata en su lucha contra la autoridad y se los describe como aquellos que, entre otros, como los niños y las mujeres, sufren las consecuencias de la llamada cuestión social. Ya habíamos hecho referencia a la estrategia del director y su posicionamiento intelectual en el mundo anarquista, la revista se transforma en una pieza clave de su postulación como el vertebrador de esas dos vertientes de la militancia sindical y/o política: la nativa y la inmigrante. Pero también se da en esta revista el cruce entre dos escuelas literarias, el naturalismo y el modernismo, que estetizan los conflictos, la miseria y el ámbito familiar en su devenir. Uno de los tópicos presentes en gran parte de las publicaciones periódicas ácratas se pone de manifiesto en este periplo interpretativo: la ley, que va de una práctica estatal en su despliegue punitivo o limitador a ser parte de una estética o de una forma de leer estéticamente los comportamientos ficcionales. La ley expulsa a los gringos, las instituciones, en tanto materialización de las mismas, de este lado del Atlántico, reciben a los sujetos que emigran y defraudan o permiten, por parte de sus agentes, abusos de toda índole. La Ley de Residencia es un claro ejemplo de esto y es recurrente su crítica en esta revista. En términos estéticos la ley, leída como matriz de comportamiento, condena genética o ambientalmente, pero también nos sirve para entender las claves pocos solidarias de una sociedad aluvional como la Argentina. Al final vemos como, de la matriz legalitaria pasamos a la estetización de la miseria, algo que es posible gracias a la riqueza de las herramientas de los relatos modernistas.

Ideas y Figuras: derechos civiles y búsqueda internacionalista

La revista a que nos vamos a dedicar en esta segunda parte, *Ideas y Figuras* también estuvo a cargo de Alberto Ghiraldo y es una de las más extensas publicaciones culturales del anarquismo porteño. Se divide en dos grandes etapas que tienen como lugar de publicación Buenos Aires y Madrid. En la primera etapa, la porteña, alcanza los ciento treinta y seis números, desde el 13 de mayo de 1909 al 24 de agosto de 1916. En cambio en la segunda, es decir durante su vida madrileña, contempla solo once entregas, desde el primero de mayo de 1918 hasta el de 18 diciembre de 1919.

El nacimiento de *Ideas y Figuras,* en 1909, aparece ligado directamente a la movilización y posterior represión del Primero de Mayo. Durante ese ajetreado año acontecen una serie de hechos y conflictos que no pasarán inadvertidos en sus páginas, como por ejemplo el fusilamiento del pedagogo catalán Francisco Ferrer[181], ocurrido en España pero de amplia repercusión en nuestro país y muy presente en las páginas de la revista, y el asesinato del jefe de policía porteño Ramón Falcón, a cargo de Simón Radowitzky, que motiva la declaración del Estado de Sitio por parte de las autoridades y el retraso de la salida de esta publicación[182]. Posteriormente se da una alteración que vale la pena mencionar, después del número treinta y tres, que ve la luz el 8 de mayo de 1910. En los días que le siguen se da la censura contra la prensa anarquista suscitada a partir de los hechos del Centenario y sus festejos, la salida del número treinta y cuatro tendrá fecha recién el 1 de octubre de 1910, es decir, casi cinco meses más tarde. El último número de Buenos Aires, el ciento treinta y seis del 24 de agosto de 1916, trae una nota aclaratoria del viaje de su director a la capital española. Se titula *"Ideas y Figuras* en España. Viaje de su director. Propósitos" y señala que Ghiraldo pretende allí reeditar

---

181 Francisco Ferrer i Guardia fue un *pedagogo libertario* y activista político *español* que fundó la Escuela Moderna en 1901 e introdujo en España el racionalismo pedagógico En julio de 1909 fue condenado a muerte por un consejo de guerra que lo acusó de haber sido uno de los instigadores de los sucesos de la Semana Trágica de Cataluña de julio de 1909.

182 La vigésima entrega saldrá a la luz el 11 de noviembre de 1909, la siguiente el 14 de diciembre del mismo año, es decir, más de un mes después

"toda su obra literaria realizada hasta el presente –libros agotados en su mayoría– y completarla con los originales inéditos y en preparación".

En esta revista el vínculo de Ghiraldo con el sector anarquista es otro y esto se ve en la variación de su estrategia intelectual. Ya no es alguien que debe granjearse el respeto o la adhesión del sector, no apunta a postularse como el articulador de las distintas tradiciones de las clases populares, es un intelectual cuyas acciones han crecido y frecuenta distintos ámbitos, desde el periodístico hasta el teatral. En esta etapa Ghiraldo tiene otro horizonte, su idea es instalarse como el que posibilitará un intercambio diálogico[183] entre la cultura argentina de izquierda, donde su anarquismo se hace sentir, con lo mejor de la cultura cosmopolita tradicional, que incluye, además, una internacionalización de los conflictos[184]. Para ello apela ya no a una versión clasista del mundo cultural, su punto de vista, como siempre fue dentro del sector libertario, es el de alguien preocupado también por los derechos civiles, por los reclamos sectoriales y los males que exceden el mundo obrero.

Prueba de lo dicho es que, en el primer número, aparece como eje central "La trata de blancas", con una serie de dibujos hechos por Hohmann. El personaje central de esas ilustraciones es una muchacha inmigrante que, engañada por un hombre, termina ejerciendo la prostitución a su arribo.

Una nota de Marco Nereo, seudónimo de Alberto Ghiraldo, vuelve sobre el tema. Su título repite el del número y leemos en la misma el vínculo entre este tema y la cuestión social:

> Las condiciones inicuas de explotación impuestas por el actual estado social a las familias obreras, condiciones que, a cada paso,- por falta de uno de sus miembros, padre, hermano mayor o madre- puede exponerlas a la más desesperante miseria: el falso concepto del honor femenino que no admite el contacto sexual sin la sanción suprema de la ley, atadura estúpida que va contra toda la fuerza de una función natural, incontrarrestable; la celada, tendida con la complicidad indirecta de la misma ley, puesto que ella es impotente para evitar a una

---

183 Cuando habla de "relaciones diálogicas" Bajtin se refiere al intercambio entre enunciados que implican significados y voces, es decir posiciones sociales que dan cuenta del mundo. Bajtin, 1985, p. 309.

184 Sobre la internacionalización de la actividad enunciativa de los medios anarquistas véase Di Stefano, 2015, p. 98

de las partes las terribles consecuencias del contrato que ampara, [...] la pésima educación que hoy se da a las jóvenes pobres y ricas, educación perjudicial que las incapacita para la lucha en la vida, motivo este que las entrega al dominio del hombre, brutal casi siempre, esas y no otras son las causa a estudiar en el siguiente caso...[185]

Se pasa del tema de la miseria que acecha a las mujeres a la explotación de las familias obreras, y de allí a la iniquidad de la ley, que pretende encerrar el deseo y esconder a la mujer las consecuencias del matrimonio. La revisión de la injusta orfandad femenina culmina con el tema de la educación, un tópico de la época que cierra el vínculo de los lazos familiares con la ley en tanto práctica estatal. Antes había hablado del cáncer cuando hacía referencia a la prostitución y de los males de la sociedad a la que califica de "organismo", señalando además a la demanda como una de esas infamias que hace posible dicho tráfico. Se mezcla así un reclamo sobre las injusticias que rodean al mundo femenino con el tema de la familia obrera y sus condiciones de vida, una forma de revisión de los males sociales típica de la izquierda y del anarquismo, que apela a la contextualización de los reclamos.

La pintura modernista de la pobreza atraviesa toda la publicación, su estetización plasmada en el uso narrativo de los sentidos también se observa en un relato de Delio Morales que se llama "Cuentos de la ciudad. Llega la inquietud", publicado en el número ciento diecisiete. En la presentación, el protagonista "Juan, modelo de juanes":

> [...] se encuentra aburrido, mustio, anónimo [...] en el sordo dolor de vegetar, en la aplanadora anulación de las horas sin luz, sin alegría y en las que como un ritmo a su cansancio hay el sonido tonante del martillo marcando pausas en la suela y hay como égida de vida y cairel de recuerdo la cantata lejana que rozando las paredes llega a los pisos superiores por gracia de una doméstica alegre y humilde que

---

[185] Nereo, *Ideas y Figuras.*, Buenos Aires, núm. 1, a. I, 13 de mayo de 1909, p. 3 (De aquí en más la revista se citará como *I. y F.*, Buenos Aires o Madrid, según corresponda. Los números de página son los que aparecen indicados en el índice de la edición de 2014 que figura en la bibliografía final).

sinfoniza sus sesiones de fregado con coplas que dejáronle en el alma el dolor y la melancolía de los años idos.[186]

A lo que se agrega que Fernández, así es el apellido del protagonista, acumula durante la semana "chistes con olor a betún" y cuando llega el sábado, como todos los de su condición, "se empeña en aturdirse, en gustar un poco de hiel por el descalabro de alguna fiesta de ilusión cumplida sin grandeza, desbordando hastío". Se suma a la posibilidad de narrar echando mano al oído, el olfato y el gusto. El narrador nos deja un retrato de la miseria que resuma tristeza, hastío y una cotidianidad poetizada en base sustantivos como "cairel" o a verbos cuasi neológicos como "sinfonizar", que connotan la búsqueda de un léxico refinado en tanto práctica estética y clara marca del modernismo. De nuevo, como en *Martín Fierro*, la cuestión social se pone en escena mediante una estetización, la riqueza léxica y sensorial de la narración modernista. El contraste al que hacía alusión Nicolás Rosa vuelve a estar presente.

Sin embargo es ya en estas entregas iniciales que se produce la aparición del internacionalismo y sus conflictos que jamás va a abandonar *Ideas y Figuras*. En la décima salida a la calle la revista trae notas y poemas en torno al estallido social en Barcelona conocido como la Semana Trágica de 1909 y, en la decimotercera, un artículo de Ciges Aparicio trata el tema de los agitadores rusos y la represión en ese país. La cuestión social también tiene su capítulo en ese afán cosmopolita, en el número treinta y tres se puede leer una nota cuyo título es evidente: "El obrero andaluz". Su autor, Benito Lorences, después de una introducción donde describe, con rasgos de prosa modernista, la tierra andaluza, nos habla del trabajador de esas latitudes:

> En Andalucía, se arrastra como un lobo el jornalero elaborando carbón en la serranía de Córdoba; vegeta, muriendo de hambre, en las vegas jerezanas, recogiendo el caldo regio de las doradas uvas y la mujer en los pelados regazos de Almería no cubre apenas con un pingajo el pudor de sus formas.[187]

---

186 Morales, *I, y F.*, Buenos Aires, núm. 117, a. VI, 22 de Octubre de 1914, p. 7.
187 Lorences, *I, y F.*, Buenos Aires, núm. 33, a. II, 8 de mayo de 1910, p.13.

La denuncia tiene como estrategia la animalización del trabajador y su reducción a vegetal en medio de una naturaleza pródiga. Se completa con la mención al pudor femenino, asociando desnudez y máxima pobreza. Pero la referencia española a los que viven en la miseria tendrá también su expresión ficcional. En la etapa española, la publicada en Madrid, aparece en la quinta entrega un relato de Pedro Morante que se llama "Luis, el hijo malo". Son cuatro apartados que recorren la vida de ese personaje. En los tres primeros roba unas cerezas de un árbol, luego salva heroicamente de la muerte a otro niño y después asalta, junto a otros compañeros, la casa de un burgués. También aquí, como acontecía en el relato "La Patria de Juan Alzao", de la revista *Martín Fierro*, aparece una reflexión sobre el derecho de propiedad y una visión decepcionante de la noción de patria. En el primero de estos episodios, donde el hijo entra a un huerto ajeno y roba cerezas, se da, por parte del narrador, una relativización del derecho de propiedad cuando describe la actitud del hijo: "Iba por los campos libremente, ha visto un huerto apretujado por los muros opresores, ha visto un árbol, rebelde como él [...] emancipándose del muro"[188]. Lo dicho pone en escena lo antojadizo de la posesión, el andar en "libertad" se completa y se materializa en la "opresión" de los muros y la "rebeldía" del árbol, tres conceptos que tiende a minimizar o relativizar la falta del hijo y su nulo respeto ante los bienes ajenos. Sin embargo, en todos los episodios quienes comunican los actos a la madre de Luis son los gendarmes. Su presencia, que recuerda lo estatal y la ley, provoca, en el final de ese primer episodio, una constatación del orden legal cuando el narrador reflexiona y señala: "Pero hay gendarmes, hay justicia ¡hay propiedad!". Sin embargo, es el mismo narrador quien señala, a manera de conclusión de lo acontecido en el segundo y tercer episodio, donde el hijo salva a otro muchacho pero también asalta la casa de un burgués, la ironía que envuelve la acción estatal y sus parámetros legales. Será la madre quien, según el narrador, "aprenda" o reciba una lección antiestatal al comparar los veinte francos recibidos por salvar una vida y los cuatro años de presidio que le dan a su hijo por el asalto.

El cuarto episodio es aleccionador de la noción de patria. El hijo, después de purgar su pena, es reclamado por esa "gran madre"

---

[188] Morantes, *I, y F.*, Madrid, núm. 5, a. I, 30 de agosto de 1918, p.7.

para sumarse al ejército. De nuevo el narrador es quien explicita la supuesta confusión del personaje que se transforma en un desertor, la pregunta que se hace es: "¿Por qué prefieres la cárcel al regimiento? ¿Por qué, en lugar de luchar contra el pueblo de enfrente, luchas contra el tuyo?"[189]. La inclusión de la palabra pueblo no es antojadiza, recuerda que toda guerra "(inter)nacional" es un enfrentamiento entre "pueblos" y no entre entes nacionales como se intenta hacerle creer al muchacho. La deserción pintada como contienda con sus connacionales, que además son "su pueblo", cierra el círculo. A estas se suman otras preguntas: ¿No comprendes que, hasta para ser héroe, y sobre todo héroe oficial, sancionado por la sociedad, hace falta avanzar por el frente que te marquen, no por el que quieres tú [...]?".[190] El tópico anarquista de la autoposesión está aquí, la cuestión social deriva en la posibilidad de negar cualquier tipo de auogobierno por parte del individuo. Los agentes estatales (léase gendarmes) están siempre presentes, tanto sea para comunicar premios como castigos. La acción del Estado reconoce heroicidades pero, ante todo y negando cualquier relativización narrativa, hace cumplir la ley a los que violan el derecho de propiedad y, en nombre de la sociedad, reclama lo que es suyo, "marcar" el camino de los individuos a la hora de su propia defensa, negando la posibilidad de elegir o de no participar en la vida y conflictos de la nación.

Ahora bien, en *Ideas y Figuras* también se hace presentes la conflictividad social, tanto la nacional, que hacía del director de *Martín Fierro* un interlocutor válido de los distintos sujetos de las clases populares, como la del ámbito internacional. En ese sentido la revista hará mención a gran parte de los temas de debate globales de esos años, incluyendo, como ya mencionamos, la persecución y fusilamiento a figuras del anarquismo internacional como Francisco Ferrer. El título de la revista indica también y en parte un programa de corte cosmopolita, en ella se plasma una disputa de ideas y se hace un recorrido por lo mejor de la cultura nacional y universal a través de sus figuras, aunque es más fuerte la presencia de autores y figuras españolas, que preanuncia el viaje de Ghiraldo a Madrid.

---

189 Ídem, p. 7.
190 Ídem, p. 7.

Prueba de ello son los números dedicados a o de una gran presencia de escritores, pintores o pensadores como Leonardo Da Vinci, Goya, Tostoi, Valle Inclán, Santiago Rusiñol, Rubén Darío, Felipe Trigo y los compañeros literarios o de militancia González Pacheco, Pietro Gori, Armando Vasseur, Federico Gutiérrez, Juan Más y Pi y otros. La revolución mexicana, la agitación en Rusia y, sobre todo, la primera guerra mundial son parte de esa agenda conflictiva internacional que, como dijimos, convive con la nacional y es vista, muchas veces, desde la cuestión social. Las ficciones acompañan, una vez más, esos temas, también la ley es uno de los tópicos que las atraviesa. Tan claro es que en el número ciento diecinueve se cruzan, como ya lo habían hecho en algunas entregas anteriores, la campaña de *Ideas y Figuras* por los presos de una pequeña localidad bonaerense como Berazategui con el conflicto armado que tiene como epicentro Europa, pero que tiene en vilo a toda la humanidad. También se publica un recorte de uno de los capítulos de la novela *Trabajo*, de Zola, que lleva por elocuente título "La última guerra". La cuestión social como el punto de partida de un conflicto armado es lo que se pone en escena allí: "En la crisis furiosa de los pueblos, preñada la sociedad futura, media Europa se había arrojado sobre la otra media [---], chocaban las escuadras en los océanos para dominar la tierra y el agua"[191]. La versión de un final del conflicto ante una enorme batalla que deja un millón de muertos deja paso a la posibilidad de un "trabajo regenerador", que hace posible una humanidad reunida en tanto federación. Lo que se publica de la novela de Zola le permite a Ghiraldo, en tanto director de la revista, intervenir en la discusión internacional sobre lo absurdo de la guerra y, a la vez, esgrimir uno de los argumentos más fuertes del anarquismo a la hora de hablar de una posible convivencia entre naciones: el principio federativo. El punto de partida de esa guerra global es, nada más y nada menos, que la "crisis furiosa de los pueblos".

Otro acontecimiento internacional ya citado fue el fusilamiento del pedagogo Francisco Ferrer. Como dijimos, este hecho fue cubierto ampliamente por la revista y será en el número diecinueve donde aparece un cuento de Vicente Medina titulado "La mancha de Caín". Al final se observa que este relato aparece fechado en "Rosario de Santa Fe, 1909",

---

191   Zola, *I. y F*, Buenos Aires, 119, a. VI, 12 de Diciembre de 1914, p. 6.

es decir es un relato de este lado del Atlántico que describe las últimas horas de un individuo que va a ser fusilado en España, un ejercicio de ficcionalización donde se escenifica modélicamente el suplicio de Francisco Ferrer. En ese texto el tema de la ley se retoma y se hace presente desde las primeras líneas:

> La inexorable ley creada por los hombres ha pedido para el reo la última pena.
> Los hombres, sedientos de justicia, no muy seguros de su conciencia, aducen, eludiendo toda responsabilidad: <Le mata la ley>.
> Los hombres piadosos claman en su compasión: <¡Qué horror!, ¡qué lástima! >
> ¡Oh pureza inmaculada de la ley, de cuyos actos unos hombres eluden la responsabilidad y otros hombres abominan![192]

De nuevo la ley, en este caso casi como una fórmula abstracta, la calidad desterritorializada de este comentario ficcional, no hay anclaje geográfico del mismo, parecería ir en la misma dirección. Los actos a que da lugar la ley parecen no ser humanos, este es el corolario de un relato modélico que pone en su centro la práctica estatal a la que nos venimos refiriendo. Su despliegue pone coto a los conflictos sociales sin mediar dimensión humana, esa es la crítica del cuento en consonancia con los argumentos de los números precedentes y con el otro texto ficcional que aparece en este y que escenifica un intercambio de opiniones entre un sacerdote y un liberal y se llama "Diálogos de actualidad"[193]. El mismo versa también directamente sobre la muerte de Ferrer y el cura allí opone, apelando a su fe religiosa, el mandamiento que reza "no matarás" a la pena de muerte en tanto ley humana, que él califica como hecha "solo" por hombres.

Será otro texto ficcional, esta vez del propio Ghiraldo, el que refuerce esa idea de la ley como algo frío y abstracto. Aparece en el número veintitrés, cuyo eje central es, volviendo a los conflictos sociales nacionales, el Estado de Sitio declarado después del atentado de Simón Radowistky contra el Jefe de Policía Ramón Falcón. Se llama, modélicamente, "La sonrisa del héroe", consta de tres apartados y en el primero menciona

---
192 Medina, *I. y F.*, Buenos Aires, núm. 19, a. I, 2 de noviembre de 1909, p.6.
193 Padre V., *I. y F.*, Buenos Aires, núm. 19, a. I, 2 de noviembre de 1909, p.12.

otra vez a la ley y pone en boca del personaje que la encarna su inhumana aplicación:

> Se alza un hombre en medio del tumulto y grita: ¡yo aplico la ley! Soy el brazo armado de la sociedad. Inexorable, no perdono. [...] tengo en mis manos el código que no discuto. Sus cláusulas son para mi palabra sagrada, la voz suprema, el dogma intangible. No pienso, no siento. Puede el que delinquió haber sido empujado al antro por causas que justifiquen el hecho. No investigo. Mi misión es dejar caer el arma sobre la espalda desnuda.[194]

Esa es la aplicación de la ley, la que reconoce cierta justificación a la hora de delinquir que no aclara pero, a pesar de ello, no investiga. Contra ello, en el segundo apartado de los tres de este texto aparece la "verdadera" justicia, encarnada en la figura del héroe de la que habla el título:"De entre las sombras emerge la gran figura. Trae en sus manos, luz de justicia. [...] Viene armado, en nombre de todas las desgracias, de todas las miserias, de todas las debilidades. Grita: lanza su reto y su bomba. Es el héroe".[195] Está más que clara la separación entre ley y justicia, que en este texto se encarna en dos personajes diferentes. La justicia es lo opuesto a la acción estatal, quien la encarna viene armado, entre otras cosas, en nombre de todas las miserias, es el "paladín de los tristes", llama la atención sobre "los defensores de los oprimidos" y hace comprender "a los que aplican las leyes que hay que ser más benévolos", es decir que está allí para representar a los que sufren las consecuencias de la cuestión social y para pedir, violentamente, por ellos. Más allá de la ley, una práctica ligada al Estado, está "lo justo" que, a pesar de la violencia en su faz heroica, intenta hacer reflexionar sobre la aplicación de las normas; en el otro extremo una legalidad que no se discute. Ghiraldo piensa lo heroico como acción cuyo origen radica en lo injusto de un orden que prohija "seres tristes" y "miserias", sus consecuencias son las que ponen de manifiesto la cuestión social. Esta revista las describe acabadamente con el mundo como escenario.

---

[194] Ghiraldo, *I. y F.*, Buenos Aires, núm. 23, a. II, 11 de enero de 1910, pp. 12-13.
[195] Ídem, p.13.

Conclusiones

La representación de la cuestión social en los textos literarios y artículos publicados en estas revistas no escapa a las estrategias que Alberto Ghiraldo contempla cuando piensa y concibe sus publicaciones como parte de su propio posicionamiento intelectual. La *Martín Fierro* lo hace a través de la puesta en escena de esos dos sujetos que responden a la recuperación díscola de la gauchesca y a la pintura del inmigrante recién llegado dispuesto a vender su fuerza de trabajo y, en algunos casos, con cierta formación político-sindical. Su preocupación tiene a la escena nacional y sus sujetos arquetípicos como centro, la operación que lo postula como el posible articulador de ambas tradiciones trae a la luz los conflictos de época en estas tierras y lo sitúa, prestigiosamente, en el centro de la escena anarquista de esos años. En *Ideas y Figuras,* en cambio, la dimensión nacional pasa a segundo plano, lo que se busca es poner en contacto el mundo anarquista local con lo mejor de la cultura universal, que incluye conflicto y acontecimientos cercanos al devenir del anarquismo. En ambos casos se postula como un articulador, de tradiciones populares de lucha y de diálogo entre lo local y lo universal. Es ese mismo perfil el que hace posible pensar este recorrido en torno a la cuestión social, en tanto director establece un diálogo entre textos propios y ajenos, que se replica en lo que hace a la relación entre ilustraciones y textos y entre ficciones literarias y artículos periodísticos. El tratamiento de la pobreza y la pintura de los conflictos donde la cuestión social emerge y se hace drama fueron los escenarios privilegiados, nacional en el caso de la *Martín Fierro* y de otras latitudes en *Ideas y Figuras*. La ley fue el tópico que se hizo presente en todo este recorrido, recordemos que la disputa en torno a las leyes de Residencia y Defensa Social pueblan prolíficamente las páginas de estas revistas. Su versión ácrata en tanto límite arbitrario al accionar de los sujetos, negación de la posibilidad de afincarse (sea el sujeto en cuestión un gaucho o un inmigrante buscando nuevos horizontes) o fría abstracción tiene, también, su costado estético, visible cuando aparece como matriz hereditaria del naturalismo que hace posible pintar la miseria de una familia de inmigrantes y su devenir. Es en ese derrotero sobre la ley en tanto práctica estatal fría, represiva y arbitraria donde emerge el retrato estético del miserabilismo en estas revistas. Lo hacen posible las estrategias narrativas del modernismo, donde la riqueza cultural de sus herramientas choca con lo mísero de lo que se pinta. Ficcionalizar la miseria, en el caso de estas revistas, hace posible un tipo de denuncia propia de un intelectual que, como Ghiraldo, enuncia lo político con una matriz estética enriquecedora que busca ampliar y conmover al público.

El *Boletín* del Departamento Nacional del Trabajo. Una herramienta de difusión de las políticas laborales, 1907-1921

Juan Suriano

I

Este capítulo tiene por objeto analizar una de las publicaciones más comprometidas con la resolución de la cuestión social. Me refiero al *Boletín* editado desde 1907 por el Departamento Nacional del Trabajo cuyas características difieren de la mayoría las publicaciones periódicas circulantes en esa época, aunque tiene en común con muchas de aquellas el propósito de transmitir determinados tipos de conocimientos. La diferencia fundamental radica en que las publicaciones oficiales poseen características peculiares en tanto se editan por orden y a expensas de cualquier autoridad pública como es el caso de los boletines oficiales e informes administrativos del Poder Ejecutivo y los diversos ministerios, los documentos de los cuerpos legislativos (nacionales, provinciales, municipales), las recopilaciones de textos jurídicos (leyes, decretos, tratados, reglamentos) así como por una multiplicidad de organismos públicos. Recogen estadísticas e informes cualitativos sobre diversos temas: política, economía, cultura, sociedad, temas internacionales. Tomando en cuenta su contenido, las publicaciones oficiales cubren todo el campo de la vida pública. El objeto no es sólo dejar asentadas las informaciones elaboradas por los diversos organismos oficiales sino también facilitar la comunicación entre gobierno y gobernados, puesto que dicha información es de utilidad pública. Las publicaciones oficiales (libros, boletines, informes técnicos, tratados, textos legales y normativos, memorias, estadísticas, diarios de sesiones legislativos) son editadas con fondos públicos en virtud de su capacidad legislativa, judicial, ejecutiva, educativa. Pueden ser venales, es decir estar destinadas a exposición y venta o de distribución gratuita para conocimiento del público y para los canjes nacionales o internacionales.

Según su continuidad las publicaciones oficiales pueden ser aisladas como las leyes, reglamentos, informes, órdenes o periódicas como los boletines oficiales. Es el caso del *Boletín* que se convirtió en la voz del Departamento de Trabajo y contribuyó de manera notable no sólo a la construcción de un discurso oficial sobre la cuestión social sino también a ponerla en locución en otros ámbitos como el parlamento, la justicia, algunas áreas de la universidad y la propia prensa. En este punto es necesario aclarar que el abordaje de los diversos aspectos de la cuestión social por parte del Estado argentino reconoce temporalidades diferentes. Si los temas vinculados a educación y salud fueron abordados tempranamente, la cuestión obrera recién emergió como preocupación a en la última década del siglo XIX y comienzos del siglo XX, especialmente luego del estallido del conflicto social durante las grandes huelgas de 1901. El proyecto de ley nacional del trabajo impulsado por el ministro del interior, Joaquín V. González, en 1904 se convirtió en la primera manifestación oficial de esa preocupación aunque nunca llegó a ser tratado en el Parlamento. No obstante se convirtió en la base de la futura legislación laboral y fue allí en donde se previó también la creación de una Junta Nacional del Trabajo bajo dependencia del Ministerio del Interior que tendría a su cargo "el vigor y dirección inmediata de las funciones que esta ley crea".[196] En los fundamentos se remarcaba el retraso argentino en materia de políticas laborales al no disponer de una oficina de estas características en un momento en el que "no existe casi un solo estado civilizado donde no se haya establecido este servicio". El objeto de esta institución debía ser el estudio metódico de todas aquellas cuestiones vinculadas a las relaciones entre el capital y el trabajo, así como las condiciones laborales y de vida de los trabajadores mediante la elaboración de estadísticas y de informes cualitativos que deberían publicarse sistemáticamente.[197]

---

196 *Proyecto de Ley Nacional del Trabajo*, Congreso Nacional, Buenos Aires, 1904:162.
197 *Ibidem*: 102-105. Sobre el Proyecto de ley de trabajo véase, Suriano, 2013.

Ante el fracaso del proyecto, pocos años después en 1907 se creó el Departamento Nacional del Trabajo (DNT) con el fin de dar respuestas a la "cuestión obrera" en la Argentina, aunque es cierto que se trató de un hecho azaroso como reconociera Alejandro Unsain al sostener que "su creación presenta curioso origen. Nació, en efecto, nada más que como consecuencia de la incorporación a la ley anual de presupuesto general de una partida modesta destinada a costearlo. Como ningún estatuto legal precisaba sus funciones ni sus objeto, corrió accidentada vida administrativa hasta" la sanción de su ley orgánica N° 8.999 en 1912 durante la gestión de Indalecio Gómez en el Ministerio del Interior, área a la que pertenecía el DNT.[198] Sus objetivos y competencias se fueron delimitando entre su creación en 1907 bajo la dependencia del Ministerio del Interior [199] y la sanción de la ley orgánica que le concedió la facultad de inspección y vigilancia sobre el cumplimiento de las escasas leyes laborales existentes, la confección de un registro de colocaciones para desempleados y la facultad de mediar en los conflictos a pedido de las partes. La creación y puesta en marcha del DNT se inscribe en un contexto internacional en el cual, ya hacía un tiempo, se estaba poniendo en práctica la creación de agencias estatales con el objeto de intervenir y solucionar los conflictos derivados de la relación entre patrones y obreros, superando la idea de inspiración liberal de que esa relación era una cuestión privada de las partes que excluía al Estado.[200]

Una de las funciones principales del organismo debía tener por función estudiar, recopilar y comparar información así como formular diagnósticos sobre la cuestión obrera y publicarlos para contribuir a la sanción de leyes. Con ese fin se creó un *Boletín* de publicación trimestral que contuviera las informaciones recogidas por sus funcionarios y los documentos oficiales

---

[198] Unsain, 1952, p. 18. Unsain fue funcionario del organismo desde su creación hasta entrados los años veinte y desempeñaría un rol central en la definición de su perfil. Sobre el DNT véase: González Bollo, 2004; Lobato, 2007; Soprano, 2000 y 2007; Lobato y Suriano, 2014; Suriano, 1889-1990. Zimmermann, 1995.

[199] A diferencia de lo sucedido en las principales oficinas laborales europeas que dependía de los ministerios de agricultura, comercio e industria, la dependencia del Ministerio del Interior se debió tal vez al predominio de la idea predominante en los gobernantes de que la cuestión obrera era centralmente un problema de orden público. Soprano, 2010, p. 89

[200] Sobre el proceso de intervención del Estado en la resolución de la cuestión social véase, Castel, 1997; Rosanvallon, 1995.

que fueran pertinentes, "sin perjuicio de las monografías que sobre las diversas cuestiones del trabajo considerase conveniente publicar." El *Boletín* se convertiría en una herramienta central de las políticas del DNT que en primera página introducía el lema "Esta publicación es órgano del Departamento Nacional del Trabajo". Se editó regularmente de manera trimestral entre junio de 1907 y diciembre de 1911. Cada número informaba de temas diversos y fluctuaba entre las 150 y 300 páginas. A partir de 1912 y hasta 1921, cuando dejó de editarse como Boletín, su aparición fue más irregular editando entre dos y cuatro números anuales, ahora de carácter monográfico como resultado de las investigaciones llevadas adelante por los inspectores de la institución. En total se editaron 48 números entre 1907 y 1921.

Considerando los cambios producidos a lo largo de los años y a los efectos de un análisis ordenado del contenido dividiré, un tanto arbitrariamente, la edición del *Boletín* en tres épocas: la primera corresponde a su etapa inicial caracterizada por la amplitud temática y la aparición de frecuencia regular; la segunda que abarca entre 1912-13 y 1921 es la dedicada a temas monográficos elaborados por investigadores del organismo. Aunque no se analiza en este capítulo, una tercera etapa se conformó a partir de enero de 1918 con la aparición de la Crónica Mensual (CMDNT) que durante tres años se editó simultáneamente con el *Boletín* complementándolo para convertirse luego en la única voz del DNT. Esta nueva publicación fue una iniciativa de Alejandro Unsain debido a que "la actividad del Departamento Nacional del Trabajo ha aumentado en forma visible". Por ello la crónica apareció con el objeto de hacer pública y poner al alcance de lectores interesados una gran cantidad de información que no alcanzaba a editarse en los boletines.[201] El objeto de Unsain habría sido además ampliar el reducido universo de lectores limitado hasta aquí, según su opinión, a funcionarios del gobierno nacional y los gobiernos provinciales así como al canje con publicaciones y oficinas laborales del exterior. Por eso la publicación se inició con un tiraje de 700 ejemplares que además de enviarse a los mencionados organismos nacionales y del exterior, se remitían a bibliotecas públicas y principalmente a asociaciones obreras y patronales.

201　CMDNT, Nº 1, enero de 1918.

No obstante las diferencias señaladas hay rasgos comunes que se mantuvieron a lo largo de los años y otorgaron al *Boletín* su impronta particular. El primero se refiere a la dirección de la publicación que recayó siempre en el presidente del DNT hecho que marca la clara dependencia entre el BDNT y el Departamento aunque, como veremos, luego de sancionada la ley orgánica en 1912 la publicación se hizo más dinámica y claramente los directores de las tres divisiones del DNT (Inspección, Estadística y Legislación) cumplieron un rol muy activo en la definición del perfil de la revista.[202] El otro aspecto que se mantuvo inalterable en el tiempo es que todos los informes publicados eran refrendados por el presidente del DNT y dirigidos al Ministro del Interior (la autoridad inmediata superior). Si bien estos informes tenían como objeto formular diagnósticos relativamente precisos de las diversas condiciones de trabajo y de vida de los trabajadores, el sentido último de su publicación y envío al Poder Ejecutivo era la búsqueda de soluciones efectivas mediante la sanción de leyes para resolver dichos problemas. Además eran frecuentes las comunicaciones con otras áreas del Estado que también incidían en la resolución de la cuestión social (Departamento de Higiene, Policía, Intendencia Municipal). Otro rasgo común en toda la trayectoria del DNT fue la constante solicitud de información a diversas instituciones (privadas u oficiales) para poder elaborar sus informes; por ejemplo el pedido a los bancos de información sobre el ahorro de los obreros con el fin de profundizar los estudios sobre el costo de vida, a los gremios y patrones para elaborar los censos obreros, al presidente del Consejo Educación sobre los censos escolares o a las sociedades mutuales los datos sobre sus asociados.

II

El primer período del *Boletín* (1907-1912) corresponde a los años más inciertos del DNT en los que funcionó precariamente sin una ley orgánica que lo formalizara, con un mínimo presupuesto y un personal

---

202 El Boletín nunca contó con un Consejo de Redacción aunque puede suponerse que después de 1912 los directores de las tres divisiones pueden haber desempeñado un parecido al de un Consejo de Redacción.

muy reducido.²⁰³ Sin embargo, su actividad en materia de investigación, estudio y publicación de los resultados fue muy prolífica. Fue creado por su primer director, José Nicolás Matienzo, siguiendo el modelo de las publicaciones de las oficinas laborales ya existentes en otros países, especialmente las norteamericanas. El objetivo era publicar trimestralmente los documentos oficiales que fueren pertinentes, las monografías que sobre las diversas cuestiones del trabajo considerase conveniente publicar y, particularmente, las informaciones recogidas sobre temas múltiples y complejos que afectaban a los trabajadores (causas y efectos de las huelgas, el salario obrero, la duración y estacionalidad del trabajo, la higiene y seguridad de los establecimientos industriales y mercantiles, los accidentes del trabajo, las instituciones de previsión, el empleo de mujeres y niños, los medios para prevenir y dirimir las contiendas entre patronos y obreros, entre otros); también era su objeto publicar la mayor cantidad posible de legislación extranjera e información sobre el funcionamiento de distintas oficinas laborales puesto que indudablemente era allí en donde se buscaba inspiración para hallar soluciones a los problemas locales .²⁰⁴

En la primera memoria presentada al año de la creación del DNT, Matienzo recalcaba la importancia de la publicación del *Boletín* "porque así se despierta el interés general sobre tan importantes cuestiones, para que todos puedan contribuir a su solución aportando el concurso de estudios, opiniones y proyectos. Se da la orientación fija a las ideas basándolas sobre las realidades de la situación y hasta se suavizan las tendencias sectarias que generalmente obedecen a una falta de conocimiento exacto de las cosas. En nuestros días no es aventurado decir que una de las grandes preocupaciones de los hombres públicos, de los gobiernos y de los parlamentos en todo el mundo es la cuestión obrera. La legislación especial sobre esta materia es hoy de tal modo abundante y compleja que,

---

203 El DNT comenzó a funcionar con siete empleados (Matienzo presidente, Alejandro Ruzo oficial primero, Alejandro Unsain auxiliar de segunda y cuatro empleados sin jerarquía). No obstante la escasez de personal se visitaron 770 establecimientos durante el primer año y 502 durante el segundo. Dos años más tarde se informaba una dotación de 19 empleados, *Boletín* del Departamento Nacional del Trabajo (BDNT), N° 8, 31 de marzo de 1909.

204 BDNT, N° 1, junio de 1907, p. 29.

aun con la existencia de un órgano de publicación que se dedique con empeño a hacerla conocer, es difícil tener la información al día."[205]

Hasta 1911 el Boletín editó con regularidad 19 números trimestralmente en un formato de libro que iba de las150 a las 300 páginas.[206] Una de las peculiaridades durante esta etapa es la ausencia de notas editoriales así como de firmas más allá de unas pocas excepciones entre las que se destacan la reproducción en el primer número de la conferencia de Ernesto Quesada "La cuestión obrera y su estudio universitario" y el informe sobre el trabajo femenino e infantil en casas de moda y talleres de confección firmada por Celia Lapalma de Emery.[207] Esta ausencia de autoría y de notas de opinión es un rasgo marcado de las publicaciones administrativas como forma de insuflar a los informes un tono neutral y, en este caso, alejado de los intereses de las partes involucradas en la cuestión obrera aun cuando, como veremos, la neutralidad discursiva era relativa. Tampoco, y esto persistió en el tiempo, se publicaban ilustraciones, por eso sorprende observar la inclusión en el número 20 (31 de julio de 1912) de 45 ilustraciones (fotos y dibujos de excelente definición) sobre los mecanismos de protección que debían tener las máquinas y los establecimientos con el fin de evitar accidentes de trabajo y asegurar la integridad física de los trabajadores. A pesar de las enormes dificultades financieras que tuvo a lo largo de su existencia, por su carácter oficial el BDNT no podía perseguir fines de lucro y si bien se sostuvo al comienzo que se vendería a precio de costo, esta forma de distribución se combinó con su entrega gratuita.

---

205 BDNT, N° 5, junio de 1908, pp179-191.
206 Hasta su renuncia como presidente del DNT en diciembre de 1909 Matienzo dirigió los once primeros números del BDNT. Fue reemplazado por Marco Avellaneda quien orientó la publicación desde el número 12 al 15 (febrero de 1911) cuando se hizo cargo Julio Lezana quien la dirigió hasta el 37 (comienzos de 1918) y hasta la edición del último número (48) en 1921 la condujo Alejandro Unsain.
207 BDNT, N° 7, 31 de diciembre de 1908. Cabe acotar que no he detectado ningún otro informe con firma femenina aunque en la nómina del personal del DNT de fines de 1911 figuran como "oficiales" cuatro mujeres: la mencionada Lapalma de Emery, Cornelia I. de Zarragoitía, Pastora V. de Ponce y Silva y la "señorita" Rudecinda Pérez, seguramente abocadas a tareas vinculadas con el cumplimiento de la ley de trabajo de mujeres y niños. BDNT, N° 19, 21 de diciembre de 1911, p. 1057.

¿Cuál era el público al que iba dirigido el *Boletín*? Su distribución se centró en dos tipos de lectores; por un lado a través del sistema de canje se estableció un fructífero intercambio de publicaciones con las instituciones laborales de una gran cantidad de países extranjeros (Estados Unidos, Canadá, Inglaterra, Alemania, Francia, Italia, España, Bélgica, Suiza, las naciones nórdicas, Austria, entre otros). Tengo la impresión de que en esta primera etapa era mayor el interés por recibir publicaciones del exterior, en tanto se trataba de una fuente de conocimiento, que dar a conocer la experiencia de política laboral argentina. Por otro lado se reservaban los ejemplares suficientes para el principal destinatario de su discurso: las autoridades nacionales y provinciales del país o como sostuvo Matienzo en la primera Memoria "Esta publicación se envía gratuitamente a todas las oficinas públicas cuyas funciones puedan tener relación con el género de cuestiones que abarca, a los miembros del congreso nacional y de la magistratura, a los gobiernos de provincia y otras autoridades de la misma y, en general, a toda: persona ilustrada que se interesa por conocerla"[208]

El *Boletín* suministró a los gobiernos sucesivos una información cualitativa y estadística socio laboral sumamente detallada. Esta información abarcaba una gran cantidad de temas vinculados a diversos aspectos de las condiciones de vida de los trabajadores y resultaba de fundamental importancia a la hora de elaborar los proyectos de legislación laboral o para diseñar políticas sociales. Como la información publicada no estaba ordenada en secciones señalaré los principales temas.

Debe destacarse en primer lugar que la información sobre temas laborales con que contaba el DNT cuando se creó era poco precisa, fragmentaria, incompleta y carecía de sistematicidad. Por otra parte, lo poco que se conocía correspondía casi de manera abrumadora a la ciudad de Buenos Aires y se ignoraba el estado de las condiciones del mundo del trabajo en las provincias y territorios nacionales con la excepción del informe de Bialet Massé cuyo origen fue una investigación realizada para el proyecto de ley de trabajo.[209] Había que observar y estudiar como otros países encararon la resolución de la cuestión social a partir de analizar la legislación y el funcionamiento de las oficinas del trabajo.

---

208 Idem, p. 183
209 Bialet Massé, 1968 (1904).

Por ello en 1907 Matienzo comisionó a Ernesto Quesada para viajar a Europa y estudiar la acción privada y pública en la construcción de casas baratas para obreros. Dos años más tarde el flamante presidente del DNT, Marco Avellaneda, viajó a diversos países europeos para conocer el funcionamiento de los organismos laborales. El *Boletín* ocupó cientos de páginas, especialmente durante sus primeros años, dedicados a reproducir la legislación laboral extranjera, preferentemente de Alemania, España, Estados Unidos, Francia, Canadá, Reino Unido, Italia, Austria Australia, Suecia, Suiza, Noruega, Holanda, Bélgica, Dinamarca; pero en tanto el mundo era el "taller de observación" también aparecía esporádicamente información sobre Hungría, Portugal, Luxemburgo, Rusia, Nueva Gales del Sur, Finlandia.[210] Claramente, el déficit era la información sobre la experiencia sudamericana, sólo se rescata información mínima sobre Chile y Uruguay. Los temas seleccionados y los datos recabados respondían a las preocupaciones centrales de los funcionarios del DNT: Accidentes e higiene de trabajo, huelgas, arbitraje y conciliación, trabajo femenino e infantil, agencias de colocación, inmigración, descanso dominical, organizaciones patronales y obreras, habitación obrera, costo de vida y salarios, elaboración de estadísticas y censos, previsión social (seguros obreros, pensiones de vejez).

Como profesionales del derecho interesados en la cuestión social, quienes redactaban el *Boletín* estaban interesados en la circulación de ideas sobre el tema e informaban de la realización de congresos y conferencias realizados en diversas ciudades del mundo como el Congreso Científico Panamericano realizado en Santiago de Chile en agosto1908; el Congreso Femenino Internacional (Roma); el IX Congreso Internacional de mineros (Salzburgo); el XII Congreso Obrero Escandinavo; el II Congreso de la Liga Internacional de Cooperativas Agrarias (Italia); la V Asamblea para la Protección Legal del Trabajo (Lucerna); el Congreso Internacional de Educación Popular (Milán; la Conferencia de la Oficina Socialista Internacional (Bruselas); el Congreso de Ligas Sociales de Compradores (Ginebra); el VIII Congreso Internacional de Seguros Sociales (Roma); el V Congreso Internacional de Asistencia Pública y Privada (Copenhague); la Conferencia Anual del Partido Británico del Trabajo (Leicester); los

---

210 Suriano, 2013. Sobre la circulación internacional de las ideas, Rodgers, 1998.

Congresos de las Trade Unions inglesas (Shefield), de las Cooperativas de Consumo italianas (Milán), del Partido Socialista Austríaco (Viena); el Congreso Cooperativo Internacional (Hamburgo). Aunque no era común la reproducción de conferencias, en 1911 se publicó la disertación de Adolfo Posada titulada "La República Argentina desde el punto de vista agrícola" en la Asociación de Agricultores de España.[211]

Las condiciones de trabajo fueron, sin duda, uno de los temas de mayor interés del DNT que ocupó un espacio principal del *Boletín* analizando el estado de los establecimientos, el grado de tecnificación, las condiciones de salubridad, la disponibilidad por parte de los trabajadores de un seguro o protección contra los accidentes laborales, la higiene industrial, la existencia de huelgas y conflictos en general, la reglamentación de fábricas y talleres. Estos temas eran minuciosamente descriptos en informes sobre una gran cantidad de rubros entre los que se han detectado: industria gráfica, aguas gaseosas, fundiciones de hierro, vidrio, construcción, cervezas, grasa y sebo, yeso, sombrererías, Talleres mecánicos y herrerías, calzado, curtidurías, lavado de ropa y de lana, el trabajo en los studs, panaderías, fábricas de cajas de cartón y de carros y carruajes. Los informes no se limitaban a la industria privada abarcando también reparticiones estatales: Aduana, Inspección General de Puentes y Caminos, Dirección de Hidrografía, Prefectura, Correos y Telégrafos, Obras Hidráulicas, Departamento Nacional de Higiene, Dirección de Inmigración, Oficina de Meteorología, Intendencia de la Armada, Puerto y Arsenales; así como también a las distintas reparticiones de la Municipalidad.

Es sumamente interesante la aguda, extensa y detallada información sobre las condiciones de trabajo en el puerto de Buenos Aires (las formas de trabajo de los estibadores, los accidentes de trabajo, los jornales y el costo de vida). El trabajo portuario era una actividad económica fundamental pues de ello dependía el flujo normal de las exportaciones e importaciones. Con ser tan importante se trataba un espacio de trabajo informal caracterizado por la estacionalidad laboral y por los

---

211 BDNT, N° 16, 30 de septiembre de 1911, pp 752-759. Poco antes el Boletín comentaba una charla del mismo Posada en el Instituto de Reformas Sociales de Madrid en donde abordaba las impresiones de su viaje a la Argentina en 1910 y la mención elogiosa del DNT. BDNT, N° 16, 31 de marzo de 1911, pp 255-56.

abusos cometidos con los trabajadores por las empresas contratistas. "Esta situación de visible desequilibrio viene a perpetuar viejas cuestiones que dieron al trabajo del puerto, en todo tiempo, el carácter de problema de solución difícil, ya que en él se mezclan exigencias de aumento de salario y disminución de horas de jornada junto a rivalidades de asociaciones gremiales y preferencias de nacionalidades." (347) Ese malestar obrero era provocado en buena medida por el rol desempeñado por los contratistas e intermediarios que se quedaban con una parte importante de la ganancia. Por otro lado los capataces contratados por aquellos eran quienes elegían a los trabajadores y "de esta selección resulta, aparte de las nacionalidades, el hecho de que el elemento bisoño o deficiente tenga escasa ocupación." (359) Tras describir las condiciones de trabajo el informe abordó la lucha llevada adelante por los trabajadores para eliminar a los contratistas y tratar directamente con las grandes empresas responsables del comercio así como una análisis de la reglamentación del trabajo y de las asociaciones de obreros del puerto.[212]

Los accidentes de trabajo se convirtieron en una preocupación principal y recurrente del Boletín desde su misma aparición. Número a número se publicaba un resumen de los accidentes de trabajo en los distintos gremios de la ciudad de Buenos Aires y al poco tiempo comenzaron a suministrar estadísticas de accidentes elaboradas por sus inspectores. Como estas eran insuficientes, parciales y no alcanzaban a brindar un panorama general sobre los accidentes, en DNT debió indagar en torno a los seguros obreros existentes enviando un cuestionario a las compañías aseguradoras para profundizar la información. También se abordó el estado de la jurisprudencia argentina en la materia. Así como se prestó atención al tema de las enfermedades contraídas por los trabajadores por manipulaciones de componentes químicos peligrosos.[213]

---

212 BDNT, N° 6, 30 d setiembre de 1908, pp 347-399.
213 Sólo a modo de ejemplo, resulta interesante el estudio realizado por el inspector Pablo Storni sobre las los riesgos que entrañan y las enfermedades producidas por el empleo del fósforo en la fabricación de cerillas y sobre el uso y manipulación de componentes químicos en la industria de barnices y pinturas, BDNT, N° 13, 30 de junio de 1910, pp 292-300. A su vez, el médico del DNT M. A. Zavaleta investigó sobre la peligrosidad de los polvos industriales que se producen

La inspección de trabajo se constituyó en otra de las inquietudes de los funcionarios del DNT pues se trataba de un elemento indispensable para el conocimiento de las condiciones de trabajo así como para establecer el cumplimiento de las dos leyes laborales existentes. La tarea realizada por los inspectores para obtener información era dificultosa "la repugnancia de los patrones a brindar información que es sustancial para la creación de estadísticas."[214] El *Boletín* publicaba persistentemente informaciones sobre las condiciones de seguridad en fábricas y talleres de Buenos Aires y del interior (fundiciones; fábricas de tejido y tintorerías; aserraderos; herrerías, fábricas de fósforos, vidrio y pinturas). No era menor el espacio dedicado a las múltiples violaciones y los conflictos consecuentes generados por el cumplimiento de las leyes N° 4661 de descanso dominical y 5291 de protección de mujeres y niños. Se cruzaban en este tema los incumplimientos y los pedidos de excepción por parte de los empresarios y comerciantes y las exigencias de acatamiento de los trabajadores de diversas empresas. En el caso de la ley de descanso dominical el conflicto alcanzaba al comercio en general y principalmente a los despachos de bebidas que se negaban a cerrar los días domingos. Con respecto al trabajo femenino e infantil el Boletín le dedicó un considerable espacio pues no se trataba sólo de un problema en tanto trabajadores sino que involucraba cuestiones más delicadas a los ojos de los funcionarios como eran la maternidad y el crecimiento sano de la niñez. Desde la publicación del detallado informe de Celia Lapalma de Emery hasta la reproducción de numerosos juicios a infractores a la ley 5291 no había número en que no se abordara algún aspecto del tema.[215]

Los conflictos y las huelgas ocupaban también un espacio privilegiado en tanto eran el resultado de los desequilibrios de la relación entre el capital y el trabajo. Esta información fue relevante durante toda la

---

en determinadas industrias y saturan nocivamente el aire, BDNT, N° 14, 30 de setiembre de 1910, pp 618-624.

214 José N. Matienzo, "Primera Memoria del DNT", BDNT, N° 5, 30 de junio de 1908, pp 179-191.

215 El informe de Celia Lapalma de Emery abarcó talleres y fábricas de 29 rubros diferentes que ocupaban mujeres y niños. Si bien aclaraba la buena disposición del patrones frente a la inspección pudo observar también "el ánimo de ocultar datos sobre las condiciones de trabajo de las obreras en casos particulares" BDNT, N° 7, 31 de diciembre de 1907, pp 579-610.

existencia del Boletín pues era indispensable para comprender el rumbo del conflicto laboral, sin duda la principal fuente de preocupaciones de las autoridades. Las estadísticas de las huelgas están agrupadas de acuerdo a distintos criterios que le permitían al PE contar con un panorama amplio sobre la naturaleza de los reclamos obreros. Así, se recopilaban mensualmente la cantidad de huelgas producidas y el número de huelguistas participantes, discriminados por sexo y edad (mayores y menores); diferenciaban entre huelgas parciales y generales y suministraban datos sobre su duración; evaluaban los resultados (favorables, desfavorables, parciales) así como las jornadas perdidas y los perjuicios económicos provocados; identificaba y agrupaba los conflictos por rubro industrial (Alimenticias, tabacaleras, químicas, textiles y confecciones, vestido, maderas y anexos, poligráficas, metalúrgicas, construcciones, transporte, cueros y pieles, electrónicas y varias). Los motivos de las huelgas se agrupaban en cinco rubros: salarios, horario (modificación y disminución de la jornada laboral), organización, condiciones de trabajo (especialmente la abolición del trabajo a destajo) y motivos diversos (no comprendidos en los anteriores).

Desde 1907 se publicó una detallada estadística de las huelgas en la Capital Federal así como notas sobre la jurisprudencia nacional en materia de huelgas. También se suministraba información cualitativa de algunos conflictos. Resalta la crónica detallada, impersonal y despojada de juicios valorativos de los trágicos sucesos producidos durante la manifestación convocada por la Federación Obrera el 1° de Mayo de 1909. Allí se informa sobre el carácter de la concentración, el "choque entre algunos obreros y algunos agentes policía del que resultaron varias personas muertas o heridas", la huelga general declarada por los gremios en repudio de la represión y el devenir de la misma día a día, brindando las cifras de trabajadores que se sumaron al paro."[216]

Otros temas de interés publicados: acuerdos industriales y arbitrajes; Agencias de Colocaciones; Previsión social (pensiones para la ancianidad, seguro obrero), Inmigración (movimiento mensual); Habitación obrera; Sociedades de Beneficencia (movimiento de personas por sexo y nacionalidad en distintos establecimientos como Casas de huérfanos, de espósitos, Asilo de mendigos, Asilo de huérfanos, Hospital de alienados,

---

216 BDNT, N° 9, 30 de junio de 1909, pp 295-300. Un informe similar sobre la huelga general de enero de 1908 por la derogación de la ley de Residencia en BDNT, N° 4, 31 de marzo de 1908, pp 86-88.

Hospital de niños, Hospital y Asilo Marítimo, Hospital Oftalmológico, Hospital Rivadavia); Medios de Transporte: descripción del sistema, estado de las calles, reglas de tránsito, cantidad de unidades, las empresas, propietarios o choferes, la cantidad de trabajadores, nacionalidad de los mismos, reglamento de trabajo, condiciones de trabajo, salarios, accidentes, conflictos y huelgas, la característica de cada uno de los rubros: carros, carruajes, automóviles.

El *Boletín* dedicó todo el espacio que consideró necesario para publicar la documentación oficial vinculada a la cuestión obrera, desde mensajes presidenciales a numerosos proyectos de ley sobre mujeres y niños; accidentes de trabajo del diputado Escobar; conciliación y arbitraje (del Barco); Defensa social (Carlos Meyer Pelegrini); casas para empleados públicos (Pedro Luro); Convenios con Italia sobre inmigración, ciudadanía y trabajo (Carlos Saavedra Lamas); casas para obreros; fomento de la inmigración y la colonización. Asimismo dedicó espacio a los proyectos de enseñanza industrial, creación de un Banco Agrícola, regulación cooperativas agrícolas, legislación de tierras, legislación municipal sobre el trabajo así como la ordenanza porteña que establecía un servicio de protección de la primera infancia.

Por supuesto publicó los diversos proyectos de ley orgánica del DNT presentados por Matienzo primero, Marco Avellaneda luego y el diputado Guasch Leguizamón después, todos sin tratamiento legislativo hasta que, por fin, el 30 de septiembre de 1912 el Parlamento, uniendo sendos proyectos presentados por los diputados José Luis Cantilo y Alfredo L. Palacios, aprobó la ley orgánica N° 8999 que ampliaba las funciones del organismo.

III

Ya antes de la sanción de la ley se percibía un cambio en la forma de publicación bajo el impulso de Julio Lezana en la presidencia del DNT, Alejandro Unsain en la dirección de Inspección y Alejandro Ruzo director de Estadísticas y Estudios Legales. Los tres eran doctores en jurisprudencia y conocedores de las cuestiones legales vinculadas a los problemas laborales, en particular Unsain quién fue uno de los impulsores de la creación del derecho laboral en Argentina. Todos parecían dispuestos a desempeñar un rol transformador en el Estado y creían necesario otorgarle al *Boletín* un sesgo más contundente en el planteo de los distintos problemas que afectaban la cuestión laboral.

Con tener efectos benéficos, la sanción de la ley orgánica no le otorgó al DNT poder de policía industrial, ni tampoco le dio independencia económica por lo que debió seguir penando con un escaso presupuesto dependiente de la mayor o menor voluntad del Ministerio del Interior y el esfuerzo de un número restringido de agentes.[217] Sin embargo la ley legalizó al DNT y reformó positivamente su estructura estableciendo formalmente las divisiones de Legislación (a cargo de Alejandro Ruzo) e Inspección (Alejandro Unsain) que ya existían y creando la de Estadística a cargo Alejandro Bunge que incrementó el rigor y el prestigio del organismo.[218] Julio Lezana fue ratificado como presidente del DNT quien en la memoria de 1912 se congratulaba por los beneficios que acarrearía la Ley Orgánica para el Departamento pues "ha venido a dar su carácter propio a esta Institución, determinando sus fines, precisando el alcance de su acción e invistiéndola de la autoridad necesaria para dar eficacia a sus funciones."[219]

Por otro lado la ley revalidaba la publicación del *Boletín* mediante el decreto reglamentario del 2 de enero de 1913 al determinar en el artículo 35 que "bajo la dirección de la presidencia se editará el Boletín del DNT en el que se publicarán las informaciones y estudios efectuados por las divisiones del Departamento en las materias de su peculiar incumbencia y los documentos y actos de los poderes públicos, nacionales y extranjeros, siempre que se relacionen con las cuestiones del trabajo. Se distribuirá gratuitamente a las asociaciones patronales y obreras, y será enviado en canje a los institutos análogos de otros países, como también a los cónsules argentinos en el exterior. El Departamento podrá publicar también folletos, monografías o cualquier trabajo sobre asuntos que se

---

217 Hacia fines de 1911 el DNT había incrementado su personal a 37 miembros: 11 inspectores (seis para Capital Federal y cinco para los Territorios Nacionales). Aunque seguía siendo muy pocos, su labor se multiplicó elevando numerosos informes sobre diversos temas. BDNT, N° 19, 31 de diciembre de 1911, p 1057

218 Daniel, 2012, p. 65.

219 BDNT, N° 25, 31 de diciembre de 1913, p. 733.

relacionen con la cuestión social y cuyo conocimiento y estudio interesen a los industriales y obreros."[220]

La circulación se extendió considerablemente a partir de 1911 y el canje de publicaciones se extendía a la mayoría de los países de Europa y de América. En la memoria del año 1913 Lezana sostenía la necesidad de aumentar el tiraje de cada número, "pues con los 1.200 ejemplares de que hoy se compone la edición, no alcanza a distribuirse en la forma que determina la ley orgánica, porque la mayor parte se manda al extranjero. Los pedidos del Boletín se reciben día a día en el Departamento, y aunque se comprende la conveniencia de su mayor difusión, no es posible atenderlos." A su juicio no solo era insuficiente el tiraje sino también la dificultad que generaba la existencia de varios números agotados. "Convendría hacer una reimpresión de esos números, pues de otro modo es imposible satisfacer los pedidos que obran en el Departamento para las bibliotecas del Congreso y de los diversos ministerios. En estos mismos momentos no ha podido conseguirse, por ningún precio, una colección completa para incluirla entre las publicaciones nacionales que deben figurar en la Exposición de California; razón por la cual este Departamento ha tenido que desprenderse, con ese objeto, de una de las que tenía."[221] De las palabras de Lezana se desprende con nitidez una dosis de optimismo por el aumento en la demanda del Boletín que estaría demostrando un mayor interés público por la cuestión social, pero también se percibe el desencanto por los reiterados problemas financieros que aquejaban al emprendimiento. Como reconocería pocos años más tarde la escasez de recursos obligó a discontinuar la publicación y disminuir el número de páginas e imposibilitó la edición de folletos y monografías sobre la cuestión social.[222] Sólo pudo mantenerse la edición trimestral en 1913 y 14 y entre 1918 y 1920.

El cambio más importante introducido en el *Boletín* desde la publicación del número 20 es el carácter monográfico enteramente dedicado a un tema de la mayoría de los volúmenes. Como aclaraban sus editores "Sin perjuicio de continuar publicando el Boletín en la misma forma en que hasta ahora se ha hecho, se ha creído conveniente reunir en

---

220 BDNT, N° 27, 31 de julio de 1914, pp 30 y 31.
221 Julio Lezana, "Memoria de Departamento Nacional del Trabajo, 1913), BDNT, N° 29, 31 de diciembre de 1914, pp 15 y 16.
222 BDNT, N° 36, enero de 1918, p. 7

un tomo los antecedentes relacionados con una misma cuestión A objeto de presentar monografías relativamente completas sobre estos vastos asuntos que constituyen algunos de los aspectos de la cuestión social."[223] Se percibe también, como se verá, una mayor inclinación (y profundidad en el análisis) a centrar la atención en temas escasamente abordados hasta aquí como las condiciones laborales en el ámbito extra pampeano o a profundizar el estudio de las causas del conflicto obrero.

Se inauguró esta nueva etapa con un número completo dedicado a los accidentes de trabajo que, como se ha visto, era uno de los principales problemas a resolver del mundo del trabajo y había sido una preocupación recurrente del *Boletín* desde su aparición. El trabajo se basó en los informes de Alejandro Ruzo ("Los fundamentos jurídicos del riesgo profesional"), Alejandro Unsain ("Principios generales de la legislación de accidentes"), Federico Figueroa ("La jurisprudencia nacional sobre accidentes de trabajo"), Horacio Santa María "(Protección y seguridad contra los accidentes de trabajo") y un viejo artículo de Juan Bialet Massé ("Los accidentes y el Código Civil argentino"). La elección del tema se justificaba también por la presión existente para sancionar una ley de accidentes de trabajo en el Congreso. La acción del DNT fue importante a la hora de sancionar la ley en 1915: entre 1907 y 1912 el *Boletín* publicó alrededor de 70 notas que incluían informes propios, reproducción de la legislación extranjera y estadísticas de accidentes producidos en el país. Se percibe un marcado interés en centrarse con mayor especificidad y profundidad en la cuestión social a nivel nacional: "Se ha deseado reunir en las páginas que siguen el material más necesario para su estudio desde el punto de vista nacional, compilando los diversos antecedentes argentinos que pueden concurrir a ilustrar el tópico enunciado. Naturalmente, no ha sido posible prescindir en absoluto de la legislación extranjera, tan rica en esta materia; pero en el conjunto de los capítulos siguientes se le ha asignado una menor importancia posible."[224]

Se observa también un salto cualitativo pues los informes publicados fueron de un nivel poco frecuente hasta aquí en tanto eran el resultado de un largo período de investigación, incluyendo en algunos temas como el recién reseñado la recopilación de las investigaciones realizadas

---

223 BDNT, N° 20, 31 de julio de 1912.
224 Idem.

desde la creación del DNT. En esta etapa se amplió y profundizó un corpus de información suficiente para la elaboración de proyectos de leyes de protección laboral. Esa información se basaba en numerosas investigaciones cualitativas y en el avance sustancial de la estadística. En este último sentido deben destacarse los anuarios elaborados por la División de Estadística correspondientes a 1913, 1914 y 1917 con minuciosos datos sobre huelgas, trabajo a domicilio, vivienda obrera, mercado laboral, ocupación y desocupación obrera así como el movimiento migratorio, salarios, precios de artículos de primera necesidad y costo de vida, accidentes de trabajo, causas de defunción y seguros, trabajo infantil, tráfico ferroviario y tranviario, grado de instrucción de los conscriptos, mortalidad, alcoholismo, jubilaciones ferroviarias, infracciones a la legislación obrera y prostitución.[225]

Se dedicaron números monográficos a temas que se venían analizando e investigando desde la creación del DNT como "Leyes y decretos relacionados con la protección obrera";[226] "Trabajo de mujeres y menores en el país";[227] "Contrato colectivo de trabajo" en donde se da cuenta de la gestión iniciada por el Departamento con el propósito de estimular y establecer en el país la práctica de los contratos colectivos de trabajo. Para Unsain, autor del informe, "de acuerdo con la teoría y con la experiencia, los contratos colectivos de trabajo constituirían también otro medio preventivo para evitar cierta clase de conflictos entre el capital y el trabajo, desde que tienden a dar apreciables condiciones de fijeza y estabilidad a la organización económica de la industria en sus relaciones con los obreros".[228] En 1918 se publicó "El mutualismo en la Capital Federal en 1918", un informe del inspector Juan Oscaris que relevó 44 sociedades de Capital con 71.744 socios. Si bien no es completo es mucho más detallado que los informes anteriores realizados por el DNT.[229]

Otro número se centró en la Carestía de la vida reconociendo que se trataba de uno de los problemas más acuciantes de la familia obrera.

---

225 BDNT, N° 30, 30 de abril de 1915; N° 33, enero de 1916 y N° 42, febrero de 1919.
226 BDNT, N° 27, 31 de julio d 914.
227 BDNT, N° 38, agosto de 1918.
228 BDNT, N° 39, octubre de 1918.
229 BDNT, N° 43, Diciembre de 1919.

En la investigación participaron todos los empleados del DNT. Se inicia con interesantes notas de director de la inspección, Alejandro Unsain, sobre dos tipos de dificultades para encarar un diagnóstico certero sobre la carestía de vida; por un lado problemas técnicos por la existencia de estadísticas parciales para elaborar cifras relativamente creíbles; por otro, una observación de carácter cualitativo que representaba "una dificultad máxima: La composición heterogénea de su población obrera impide la generalización. Sería, pues, menester hacer tantos renglones como nacionalidades. Las diferencias del género de vida, y en consecuencia, del presupuesto económico de una familia argentina, española, italiana o siria, son notables." Esa heterogeneidad, producto de la inmigración, generaba conductas diferentes frente al gasto y el ahorro ya fuera por las costumbres originales de cada nacionalidad, el tiempo de estadía, la adaptación o el tiempo de permanencia en el país. "Esta observación – sostenía Unsain- no tiene otro objeto que el de insistir en las dificultades de una generalización sobre las condiciones de la vida del obrero. Si ella es siempre difícil en todas partes, lo es mucho más en nuestro país."[230] La investigación incluyó informes parciales sobre la condición económica de las clases obreras y capítulos dedicados a la habitación, al vestido, a la alimentación y a los salarios. Este último se basó en un informe de Unsain y el de alimentación en las investigaciones de Bialét Laprida, Pablo Storni, Joaquín Ávalos y Rodolfo Godoy. Luego se dedicaba un capítulo a las iniciativas de los poderes públicos. La conclusión era terminante: "Es indiscutible que, desde 1900 hasta 1912, todos los artículos de consumo-sin ninguna excepción han soportado aumentos de mayor o menor consideración."[231]

Unos de los grandes aportes realizados por el DNT en este período fue la incorporación del tema de la desocupación que hasta aquí no había merecido mayor atención de los medios gubernamentales. En 1913 se publicó un número completo con el informe de Manuel Gálvez (h) dedicado al paro forzoso. Gálvez había sido enviado a la conferencia Internacional para la lucha contra el "chomage" realizada en París en septiembre de 1910 para interiorizarse del problema. En base a esa experiencia y a estudios posteriores redactó el informe publicado en el

---

230 BDNT, N° 21, 30 de noviembre de 1912, p. 300.
231 Idem, p.302.

Boletín en donde profundizaba sobre las causas de la desocupación y los medios para combatirla, aun cuando en la Introducción Alejandro Ruzo sostenía que su inclusión era preventiva pues no era una cuestión de atención inmediata en Argentina.[232] Sus cálculos se demostraron demasiado optimistas pues ese año como consecuencia de la crisis económica internacional el fenómeno de la desocupación comenzaría a convertirse en un problema para el país. Precisamente, unos meses después, Alejandro Bunge expresaba que "a mediados del corriente año la desocupación interesó a la opinión pública, afirmando parte de la prensa que la desocupación era excepcional" por eso propuso que la División Estadística, recién creada, debía constatar científicamente el fenómeno denunciado. Después de una puntillosa investigación, Bunge llegó a la conclusión que lo datos obtenidos eran insuficientes y carecía de la exactitud necesaria para determinar con precisión el grado de ocupación en las principales industria de la Capital. De acuerdo a los mismos no podía sostener el aumento de la desocupación. En realidad el fenómeno recién comenzaba y fue el DNT en su conjunto, y la labor de Bunge en particular quien introdujo la importancia de la medición estadística, los que contribuyeron a generalizar y visibilizar la noción de desocupación sin que aun adquirieran rasgos definidos.[233]

Se ha explicado la importancia adjudicada por el DNT al conflicto y las huelgas. Esta preocupación aumentaría a partir del inicio del ciclo huelguístico comenzado en 1916-17 y el comienzo de la gestión de Yrigoyen. Se prestó especial atención a las condiciones en que se desarrollaban el trabajo ferroviario y el marítimo (salarios, condiciones de vida, huelgas, accidentes de trabajo, características de sus sindicatos), tanto por los altos niveles de conflictividad como por el rol central que desempeñaban en la economía agroexportadora. La información se detendría de manera exhaustiva en los duros combates entre las empresas y los sindicatos, especialmente entre los gremios ferroviarios y las empresas extranjeras o entre la FOM y el Centro de Cabotaje Argentino en general y la empresa Mianovich en particular. También prestaba minuciosa atención a los repertorios de confrontación (huelgas, piquetes, boicots

---

232 BDNT, N° 22, febrero de 1913. Sobre el descubrimiento de la desocupación como problema, véase Dimarco, 2016.
233 BDNT, N° 25, 31 de diciembre de 1913, pp 949-962. Al respecto véase, Daniel, 2012.

obreros, lock-outs patronales), analizaba las reivindicaciones (pliegos de condiciones) y las respuestas empresariales. Este fue el motivo por el cual el Boletín publicaría varios números destinados a analizar y comprender las causas de los conflictos obreros, especialmente las huelgas de los trabajadores marítimos.

En el estudio de este tema se destacaron los inspectores Antonio Rouco Oliva y José Elías Niklison quienes redactaron dos informes cada uno publicados en los números 37, 40, 41 y 44 del Boletín. El primero de ellos trató la huelga marítima de noviembre de 1916 cuyo interés radicaba no sólo en el conflicto en sí mismo sino en la importancia estratégica del sector en la economía argentina. Allí se explicaban las causas de la huelga, las gestiones realizadas por el DNT en búsqueda de la conciliación, la solución parcial y el nuevo conflicto que estalló en enero de 1917.[234] Los dos siguientes, redactados por Niklison, se relacionaron al estudio de las organizaciones obreras en Buenos Aires. El primero estuvo dedicado a la FOM con el objeto de reflejar "las finalidades, antecedentes, organización y fuerza de la Federación Obrera Marítima, en momentos en que la poderosa entidad inicia una nueva lucha con las empresas armadoras [por eso se] impone el desglose de dicho capítulo del cuerpo general de la obra, la que aparecerá más tarde, ya sea en conjunto o en boletines sucesivos". Se describe al gremio con un detalle desconocido hasta entonces: sus estatutos, la fundación y los primeros pasos, la forma de organización y sus secciones en todo el país, el número de asociados y cotizantes, la fortaleza excepcional de la organización así como la relación conflictiva con el Partido Socialista.[235]

En el segundo Niklison abordó la investigación e informe sobre la FORA porque además de la estrecha relación con los marítimos, "dentro del movimiento obrero argentino que se desarrolla en el terreno de la lucha de clases, la Federación 0brera Regional Argentina representa a la organización nacional de los trabajadores. Ha alcanzado, mediante

---

234 El inspector Antonio Rouco Oliva tuvo un rol activo en las asambleas de obreros navales impulsando la mediación del PE en el conflicto que la FOM mantenía con el Centro de Cabotaje Argentino. BDNT, N° 37, Marzo de 1918. Un relato pormenorizado en Caruso, 2016.
235 BDNT, N° 40, febrero de 1919. El periódico *La Unión del Marino*, vocero de la FOM, elogió el informe y reprodujo entre 1919 y 1921 varios capítulos del mismo. Véase el artículo de Caruso incluido en este volúmen

diversos factores, un alto grado de capacidad, de poder y de influencia social. Su importancia, bajo tales puntos de vista, es indiscutible. En la actualidad tiene en su seno a dos grandes federaciones de oficio y a 23 sindicatos de la Capital Federal y 41 del interior, con un total aproximado de 63.149 obreros agremiados." De manera similar al estudio de la FOM, se informa sobre sus estatutos, la carta orgánica, los sindicatos adheridos, las federaciones locales y las estructuras de dirección. Encara también su historia analizando el rol de la Federación en las grandes huelgas ferroviarias y marítimas, su relación con el socialismo y los dos grandes congreso realizados hasta ese momento de donde se desprenden su postura en torno al antimilitarismo, los trust, la educación obrera, la inmigración, la huelga general, la guerra, el trabajo a destajo o la desocupación, entre otros problemas.[236]

En el campo del conflicto obrero también se prestó atención al boycott que adquirió notoriedad en la escena local en esta conflictiva coyuntura. El informe estuvo a cargo de Rouco Oliva antecediéndole una larga introducción de Unsain quien planteaba que "el uso que de este medio de lucha entre el capital y el trabajo comenzó a hacerse en este país a fines de 1918 y principios de 1919, justifican un estudio de esta naturaleza en base de recopilación de hechos. Nótese, desde luego, que el empleo del boycott en vasta escala coincide con el período más culminante de las huelgas argentinas, como justificando la afirmación de Lodenet, según la cual el boycott no es otra cosa que la continuación de la huelga mantenida por otros medios que la abstención colectiva y voluntaria del trabajo." (p.5) Luego analiza los vacíos de la legislación argentina con respecto a esta forma de lucha. También los problemas para definir el término. El informe encara primero los antecedentes de esta medida de lucha para afirmar que no se trataba de una herramienta nueva sino que hasta aquí cada vez que se la utilizó no había dado resultados. Luego aborda en detalle los diversos boycotts desarrollados en los últimos años: Cervecerías Quilmes, Bieckert, empresas tabacaleras, elevadores de granos, Gath y Chávez, La Martona. Las apreciaciones patronales y su judicialización.[237]

Las condiciones de trabajo seguían ocupando un espacio sustancial pues se trataba del corazón de la cuestión obrera y el principal problema

---

236 BDNT, N° 41, abril de 1919.
237 BDNT, N° 44, enero de 1920.

a resolver. El gran aporte de esta segunda etapa se centró en el interés puesto en el mundo del trabajo en las provincias del noroeste y el noreste. Era en los obrajes e ingenios en donde se daban las peores condiciones de vida y de trabajo. Ya en 1911 se publicó un corto informe redactado por Federico Figueroa sobre las condiciones laborales en Catamarca en donde se planeaba que las mejoras en las condiciones laborales allí eran apenas visibles.[238] En 1912 el jefe de inspección Alejandro Unsain organizó el estudio de las condiciones de trabajo en los ingenios azucareros de Tucumán, Salta y Jujuy así como en los obrajes del Chaco Austral. El informe de Tucumán fue redactado por René de Zabalía, el de Salta y Jujuy de Luis por Vedia y el delos Obrajes del Chaco Austral por Sebastián F. Raffo. Todos informaban sobre las características del trabajo, la contratación, el salario y coincidían en recalcar las malas condiciones laborales.[239]

Sin duda, los mejores y más completos informes fueron realizados por José Elías Niklison quien, a la manera de un etnógrafo, manifiesta cierta empatía con el sujeto (los trabajadores) de su objeto de estudio pero también siente la obligación de dotar a su trabajo un carácter objetivo.[240] Este informe, y el dedicado a Chaco y Formosa, se convirtieron en las primeras denuncias importantes de las formas de trabajo en los obrajes y yerbales del Alto Paraná, poniendo en locución el problema. Tras varios meses de investigación *in situ* redactó su informe sobre las condiciones de vida y de trabajo del Alto Paraná. En la presentación Unsain detalla los antecedentes previos y se congratula que el DNT estuviera en condiciones de encarar esta investigación y poder publicarla en un volumen único del *Boletín* de 248 páginas. Con respecto a la investigación específica el planteo de Niklison es suficientemente ilustrativo de los sufrimientos de la población obrera de los obrajes. Los peones eran reclutados por los patrones en Corrientes, en las Bajas Misiones y en Paraguay y "se los trató, sin asomo de resistencia o de protesta de su parte, como elementos de producción material, exclusivamente. Se les

---

238 BDNT, N° 18, 30 de setiembre de 1911, pp 496-509
239 BDNT, N° 24, 1 de agosto de 1913, pp 454-480. Al año siguiente se publicó el informe del inspector Vidal sobre la situación del trabajo indígena en los ingenios azucareros de Jujuy. BDNT, N° 28, 31 de agosto de 1914.
240 Niklison, nacido en 1875, se incorporó al cuerpo de inspectores del DNT en 1914. Véase, Soprano, 2010.

condujo por todos los medios, aun por los más violentos, a la producción desmedida, dentro del costo mínimo. Era la manera de amasar grandes fortunas en breve término." Para ello los empresarios pagaban salarios miserables, apenas los alimentaban e imponían abrumadoras jornadas de trabajo. "Poco después, entró también la substracción que se realizó por medio de proveedurías deshonestas, de injustas multas, de evidentes estafas al peón. Por otra parte, las nuevas empresas no requerían capital para acometer sus operaciones, dada la tendencia de los fundadores o directores. Según estos, el trabajo debía realizarse sin desembolso, sin aporte, sin riesgo pecuniario… obligándose a los obreros, como hasta se los obliga, a proveerse ellos mismos de los útiles y herramientas de trabajo." (p. 24) Describe las diferencias entre los establecimientos yerbateros y el obraje; las formas del trabajo, alimentación, salarios, costo de vida, enfermedades, reglamento de trabajo, descanso dominical, trabajo de mujeres y niños y los hechos delictuosos. Se detallan luego los puertos y establecimientos industriales del Alto Paraná en territorio argentino, paraguayo y brasileño, las características del conchabo, el transporte de peones hacia los lugares de trabajo y las causas legales.[241]

Unos años después Niklison redacto el informe que debió publicarse en dos volúmenes sobre las Condiciones de vida y trabajo en los territorios del Chaco y Formosa sobre la base de una investigación realizada en 1915 en una estancia de cuatro meses en la zona recorriendo los distintos establecimientos de la zona y recabando información. En el prólogo Unsain, tras elogiar y resumir el informe, sostiene: "Pienso que el DNT tiene todos los elementos de hecho indispensables para encarar, con perfecto conocimiento de causa, el problema del indígena desde el punto de vista del trabajo" (p. V) Niklison confiesa al comienzo: "He vivido la vida del Chaco y Formosa, haciendo completa abstracción de todo cuanto pudiera apartarme de su influencia directa, de su realidad. Me parece haber sido, durante los cuatro meses de mi permanencia en ellos, un hombre de la región, completamente familiarizado con su medio social. En Resistencia, capital del primero de dichos territorios, planeé la investigación, como lo mandaba el pliego de instrucciones. No salí de allí, mientras no me fueron conocidos todos aquellos detalles

---

[241] BDNT, N° 26, 30 de abril de 1914. Sobre las inspecciones del DNT a obrajes e ingenios, véase Soprano, 2010.

sociales, geográficos, industriales y comerciales necesarios para viajar en el territorio y desempeñar la comisión que se me había confiado, sin mayores dificultades y contratiempos. Al emprender la primera gira de inspección a los obrajes y fábricas, tenía ya una noción clara y precisa de las formas en que se desarrollaba el trabajo en la región, de la situación y de las peculiaridades de cada una de sus empresas, hecha, no por cierto a través de las impresiones reflejas, interesadas y egoístas a que ya me he referido, sino con elementos de juicio recogidos en todos los círculos, en todas las esferas sociales, manifestados, por lo que hacía a la satisfacción de mis deseos, en forma de plesbicito popular o de consenso inequívoco e irrecusable de la opinión." (p. 6) Describe luego los obrajes y las grandes empresas de la región contemplando todos sus factores.[242] El segundo volumen de esta investigación abordó un minucioso informe sobre las misiones religiosas de reducción indígena así como las características, costumbres y tradiciones de los indios tobas.[243]

A raíz del éxito de la precedente investigación y con el objeto de complementarlos el Ministerio del Interior le solicitó a Niklison realizar un estudios sobre las condiciones laborales de los "indios matacos trabajadores" en los ingenios de Jujuy.[244] El interés del Ministerio se debía al malestar de las tribus matacas por su "precaria situación en los establecimientos industriales que los ocupan." Dedica una parte importante del informe a describir las características del pueblo mataco (origen, lengua, costumbres) para analizar luego las formas de reclutamiento de los ingenios azucareros de Jujuy (especialmente San Pedro y Ledesma), el trabajo en los cañaverales, los salarios, el estado de salud de la población mataca, las formas de trabajo en los ingenios y su actitud frente a las empresas. Como ya lo había hecho con los tobas, Niklison plantea su posición desde un comienzo: "a los infelices indios del Chaco se les ha perseguido, señor presidente, por cobardía, por desconocimiento o ignorancia de lo que ellos pudieron dar al país en que nacieron, humanitariamente educados y discretamente dirigidos."(p. 12) Creía (igual que el DNT) que el trabajo era un elemento civilizatorio de primer orden y que Estado debía

---

242 BDNT, N° 32, 30 de julio de 915.
243 BDNT, N° 34, 30 de mayo de 1916.
244 BDNT, N° 35, Diciembre de 1917.

hacer un esfuerzo, a través dela escuela, para incorporar como ciudadanos a los indígenas.[245]

Los informes de Niklison desempeñaron un importante papel en la difusión de las condiciones de vida de las poblaciones indígenas del Chaco y Formosa y excedieron el alcance del *Boletín*. En efecto, en 1916 el diario *La Nación* publicó en entregas semanales con el título de "Los Tobas" una serie de artículos basados en su investigación, mientras la popular revista *Caras y Caretas* editó una nota sobre su investigación en tierras matacas con profusión de fotos.[246] Seguramente sin proponérselo, el *Boletín* abandonaba fugazmente el círculo reducido de lectores especializados para acceder al gran público.

Palabras finales

En noviembre de 1921, sin despedidas, apareció el último número del *Boletín* aun cuando la *Crónica Mensual* se seguiría publicando hasta 1930.[247] En este último número se publicó el proyecto de Código del Trabajo redactado por Alejandro Unsain a pedido del presidente Yrigoyen y elevado a un Congreso que no lo trató y que ciertamente no tuvo premura por sancionar legislación obrera durante los años de existencia del *Boletín*. No obstante, la labor de este fue encomiable puesto que sin duda logró, con escaso presupuesto y personal, convertirse en el único medio específicamente dedicado a investigar las condiciones de trabajo y proponer proyectos de resolución de los aspectos laborales de la cuestión social.

El *Boletín* inició su trayectoria sin un bagaje de conocimientos acumulados y casi sin personal especializado para convertirse pocos años después en un sólido analista de la cuestión social al brindar una amplia y detallada información sobre las condiciones laborales y de vida de los trabajadores, así como información en torno a la legislación obrera internacional. Para comprender mejor la magnitud de esta publicación es

---

245 Sobre las informes de Niklison en torno a los tobas y matacos véase: Giordano, 2011, pp 381-397 y Dalla Corte Caballero, 2013, pp 203-215.

246 *Caras y Caretas*, N° 962, 10 de marzo de 1917. Sobre la preocupación social de *Caras y Caretas* véase el artículo de Mirta Lobato incluido en este volumen.

247 Mientras convivieron las dos publicaciones (1918-1921) se complementaron pues mientras el BDNT publicaba números monográficos, la CMDNT se dedicaba a brindar la información de todos los rubros de la cuestión laboral.

necesario tener en cuenta su carácter oficial, hecho que torna dificultoso distinguir al *Boletín* como un artefacto editorial específico del propio organismo (DNT) del que depende. La publicación era la voz del DNT y de los funcionarios que le daban vida, quienes pretendían construir los proyectos de políticas laborales, transformarlos en ley y convertirse en una suerte de mediador estatal especializado, equidistante entre el capital y el trabajo.

A lo largo de los años no se registran ni alusiones ni opiniones político partidarias, no se publicaron debates y se mantuvo el tono neutro en los informes relacionados al conflicto obrero patronal, aun en el período más intenso de huelgas. Aunque en ocasiones puede percibirse en el discurso de los inspectores una cierta empatía con los trabajadores, quienes en definitiva eran los destinatarios de las leyes de protección social. En este sentido pueden leerse los informes de Niklison reclamando mejores condiciones de trabajo de los indígenas de Alto Paraná, Chaco y Formosa o también la intervención del DNT en el conflicto marítimo.[248] De la lectura del *Boletín* puede inferirse que a través del transcurso de la década de 1910 se fue conformando una suerte de proyecto en donde la construcción de políticas y derechos laborales y el fomento del mejoramiento obrero debía ser una obligación del Estado con el aval de las organizaciones patronales y obreras dialoguistas y menos disruptivas. Aun cuando nunca se hizo evidente, esta orientación no parece haber sido ajena a las aspiraciones del catolicismo social del que importantes figuras del DNT como Unsain, Bunge o Niklison parecían simpatizar.[249]

De alguna manera la decisión de no publicar artículos firmados (ni propios ni externos) va en el mismo sentido de una supuesta neutralidad, sólo se publicaban con los nombres de los autores los informes encargados por las distintas divisiones, especialmente a partir de 1912 siempre antecedidos por notas introductorias del director de la División de Inspección. De allí puede inferirse la importancia que fue adquiriendo

---

248 Como puede observarse en el artículo de Laura Caruso en este mismo volumen varios funcionarios del DNT, incluido el presidente del organismo Julio Lezana, participaron en asambleas de los obreros marítimos y uno de ellos, Julio Villafañe, fue nombrado miembro honorario del sindicato.

249 Son muy claros en este sentido los elogios efectuado por Niklison a las organizaciones obreras católicas en su informe sobre las mismas. Véase, "Acción Católica Obrera", BDNT, N° 46, marzo de 1920.

el grupo de profesionales del derecho que fue conformando una suerte de sector especializado y experto en el derecho laboral (Alejandro Unsain, Julio Lezana, Alejandro Ruzo y otros) al que otorgarían impulso en la Universidad de Buenos Aires. Fueron ellos quienes le otorgaron densidad y profundidad a los estudios sobre la cuestión laboral desde el interior del Estado, pensando al país en su conjunto y proponiendo proyectos de legislación. El *Boletín* fue la herramienta elegida por estos profesionales para delinear y difundir estas ideas.

La cuestión social desde la perspectiva de la *Revista Argentina de Ciencias Políticas* (1910-1928)

Viviana Barry

La *Revista Argentina de Ciencias Políticas* se publicó entre los años1910 y 1928 y se convirtió tanto por su contenido como por los autores que escribían en ella en una publicación referente para cierta intelectualidad política de inicios de siglo así como un instrumento clave para la construcción de ese campo de estudios. Inscripta en la temporalidad del complejo proceso de ampliación del sistema político y de la emergencia y definición de nuevos problemas sociales, el contenido de esta revista orientó su interés precisamente hacia las nociones asociadas con el gobierno representativo, la cuestión electoral y la reforma política. En aquel año 1910, inicial de la publicación y coincidente con la celebración del Centenario, el debate público presionaba por una urgente reforma electoral que diera respuesta a la crisis política. En las páginas de apertura de la revista, su director celebraba la publicación señalando justamente la importancia y relevancia del momento temporal de su aparición:

> "Tal vez comience una nueva era y una vida nueva para el país; y novedad sería un régimen de gobierno para el que algo importaran el estudio científico de los hechos y de los intereses nacionales, bajo la responsabilidad y garantía de quienes firmaron los respectivos estudios. Con esto queda dicho que la Revista Argentina de Ciencias Políticas no será órgano de estudios abstractos o de vagas generalizaciones: ciencia política es ciencia de acción, lo cual es diferente de la acción misma (…) los materiales de la Revista serán de observancia científica de los hechos que más directamente puedan interesar en la formación de la conciencia nacional." [250]

---

250 RACP, Tomo I, 1910, p. 8

Sin embargo, en los ecos celebratorios de aquel Centenario surgieron también publicaciones, grupos de intelectuales y reformadores que comenzaban a interrogarse sobre otros problemas visibles en la emergencia de la cuestión social como en las demandas cada vez más evidentes de la sociedad civil, la acción obrera y la escalada del conflicto social. Así formulaban proyectos y se insertaban en diferentes ámbitos y particularmente en ciertas áreas de un Estado en pleno proceso de autoformación cómo árbitro y regulador de las relaciones sociales.[251] Pese a ello, la Revista Argentina de Ciencias Políticas parecía no asociar la reforma política con las preocupaciones que despertaba la emergencia de la cuestión social y los temas vinculados a ella. El silencio sobre temas asociados a las problemáticas urbanas, de salud, educación o del trabajo, la marginalidad de estas cuestiones en la publicación nos permiten avanzar sobre algunas reflexiones en torno al modo en que la política pensaba los temas sociales, al menos en una publicación central para la construcción de ese campo de ideas y para quiénes pulsaban por una urgente reforma política. La publicación en esos dieciocho años de algunos pocos artículos (fundamentalmente sobre cuestiones vinculadas al trabajo y la legislación laboral) y el perfil de los autores de esos artículos, la mayoría expertos en la materia y destacados funcionarios de las agencias estatales especializadas (como el Departamento Nacional del Trabajo) nos invita a indagar el sentido de su inclusión y el modo en que se fue entramando el debate sobre cuestiones que en la agenda de esos años comenzaba a tomar relevancia. En las próximas páginas matizaremos sobre estos aspectos y trataremos de interpretar justamente este punto de tensión, recuperar justamente el hilo de esos temas sociales en una publicación que proclamaba abiertamente su interés político y contributivo de aquella reforma electoral en marcha. Entonces este artículo propone recorrer la revista desde un postulado diferente al de sus intereses, mirar a colaboradores y lectores desde la perspectiva de su contribución al estudio y análisis de la cuestión social, nos invita a reflexionar sobre el modo en que esta publicación interpretó los problemas sociales y como los vinculó con la acción política de esos años.

---

[251] Para ampliar sobre las políticas reformistas del Estado a comienzos del siglo XX véase Juan Suriano (1989-90), p.109-136.

Perfil de la revista en torno a sus temas de interés y debate

La Revista Argentina de Ciencias Políticas (a partir de ahora RACP) publicó más de 1200 artículos durante sus dieciocho años de aparición. Se editó bimestralmente, tenía unas ciento cincuenta páginas cada una y se organizó en un total de treinta y seis volúmenes de unas mil páginas editados en formato de libro. Cada número de la revista, salvo algunas excepciones, se organizaba en tres secciones: la primera *Crónica y documentos* estaba dedicada al análisis de hechos políticos contemporáneos y los principales debates en artículos con firma (la mayoría del director de la revista) y la inclusión de documentos públicos tanto nacionales como provinciales. En esa sección se publicaron artículos sobre derecho político, derecho civil, política, derecho comercial, penal, legislación industrial, economía, finanzas, sociología, historia y educación. En una segunda sección dedicada a *Legislación y Jurisprudencia* se transcribían documentos legislativos, proyectos de ley comentados como reproducción de jurisprudencia. La última sección, *Ideas y libros*, se orientaba a comentarios bibliográficos relacionados con los intereses de la revista. Todos los artículos y notas eran firmados por sus autores. La revista circulaba por suscripción y no contaba con publicidad ni reconocía ningún financiamiento y sus números eran enviados a suscriptores del todo el país, países limítrofes y Estados Unidos.

Durante sus primeros ocho años, la dirección estuvo a cargo de Rodolfo Rivarola, abogado y jurista con una notable carrera judicial como miembro de la Corte de la Provincia y fiscal, autor de numerosos libros de derecho, filosofía, historia y ciencias políticas. Sin embargo, su actuación más notable fue en el plano universitario no sólo como docente sino como miembro directivo en los años cruciales de la reforma universitaria, pues ocupó el cargo de decano de la Facultad de Filosofía y Letras entre 1913 y 1918, fue titular de cátedras de filosofía y derecho y creador de otra célebre publicación: la *Revista de la Universidad de Buenos Aires*.[252] En 1918 dejó la dirección de la RACP en manos de sus hijos Horacio y Mario Rivarola, quiénes mantuvieron la misma línea editorial, para asumir la dirección de la Universidad Nacional de la Plata en la que

---

252 Buchbinder (1997), cap.II.

había sido colaborar cercano de J.V. González durante su período como decano.[253]

A lo largo de sus años, la RACP contó con unos doscientos colaboradores, abogados en su mayoría, que conformaban un particular cuerpo de escritores de difícil definición pero de fuerte asociación con el mundo intelectual y especialmente universitario de comienzos de siglo. Pese a esta amplia diversidad los autores que participaron más activamente constituyeron un grupo relativamente uniforme como Juan Chiabra, Mariano de Vedia y Mitre, Vicente C. Gallo, Juan B. Justo, Enrique Martínez Paz, Nicolás Matienzo, Leopoldo Maupas, Adolfo Posadas, Rodolfo, Mario y Horacio Rivarola y José León Suárez. Su director había asumido este rasgo de colaboradores intelectuales universitarios casi como necesario desde el comienzo y así lo reconocía:

> "[…] asociando la posibilidad de escribir y editar la revista no sólo con la capacidad que se autoatribuía de ofrecer una visión de los principales problemas que aquejaban a la República, sino también porque esa reflexión lo había 'vinculado a los hombres distinguidos en la ciencia, en la enseñanza y en la política, de quiénes puedo esperar el apoyo que este esfuerzo merece'. Presidido por Rivarola, el comité editorial estaba integrado por quienes en el momento de la fundación eran ya conocidos y prestigiosos intelectuales. Abogados en su mayoría, desenvolvieron su tarea en un contexto cultural inédito y encarnaron un original vínculo entre intelectuales y política, distante de las figuras habitualmente referidas en relación con los publicistas del período."[254]

El contexto de la publicación estuvo marcado por la renovación cultural y diferenciación de las áreas de conocimiento visibles en los renovados movimientos en el plano universitario, en la relativa autonomía de los escritores en vías de profesionalización y en el amplio escenario de la transformación social y cultural que implicó el evidente crecimiento de una población alfabetizada.[255] Esos años fueron también de impulso en la creación de bienes culturales socialmente diversificados en el que convivían una variedad de revistas y publicaciones periódicas que cubrían amplísimos intereses y públicos. Entre las más notables

---

253 Auza (2008) y Cárdenes (2015)
254 Roldán (2006), pp. 10-11.
255 Idem, pp. 11 y 12.

podemos mencionar la *Revista de Derecho, Historia y Letras* (1898-1923) dirigida por E. Zevallos, *Revista de Filosofía, Ciencias de la Educación y Cultura*, dirigida por José Ingenieros (1918-1952) y las clásicas publicaciones como *Caras y Caretas* (1898-1939); *Nosotros* (hasta 1934), *Renacimiento* (1909-1913), *Mundo Agrario* (1915) o revistas como *El Hogar y Atlántida*.

Pese a la dificultosa tarea de reconstruir el público lector de una publicación tanto como medir sus alcances, sabemos que funcionó por suscripción y dado el sesgo del interés sobre cuestiones asociadas al estudio de lo político y del gobierno, fue sin duda una élite intelectual y profesional la que se interesó en sus páginas, intelectuales y profesionales y profesores universitarios así como aquellos hombres de una renovada burocracia estatal y administrativa que comenzaba a ocupar (y muchas veces estrenar) espacios en un Estado que asumía una mayor complejidad y especialización.

La estrecha relación entre los miembros de la revista con el ámbito universitario (no sólo por los cargos que ocupó su director sino también sus colabores) sugieren una reflexión en relación a como pensaban la educación superior como problema político.[256] La visión sobre la estrecha vinculación entre universidad y formación política, universidad y función social así como universidad y la cosa pública está presente entre los intereses de la edición y en la voz de su director:

> "(...) la Facultad tenía que cumplir una tarea de primera importancia en la formación de la opinión pública contribuyendo a formar periodistas y proporcionando fundamentos éticos y filosóficos a todas las actividades del cuerpo social. Creía también Rivarola que a las clases dirigentes les faltaba cultura filosófica en su preparación para la vida política. Esto no significaba aconsejar la entrega del gobierno a filósofos, historiadores y literatos, sino postular que era necesario que aquellos que se interesaban por la «cosa pública» tuvieran suficiente noción de tendencias e ideas filosóficas, de hechos y apreciaciones históricas y de formas literarias. La Facultad debía asumir, entonces, una mayor responsabilidad en la preparación de la clase dirigente.[257]

---

256 Para un análisis de la relación de la RACP y las políticas universitarias y reformistas véase Pablo Buchbinder (2006), p. 237.
257 Ídem, p. 44.

Retomando nuestro interés sobre el contenido de la revista, se hace evidente que la RACP sesgó su interés hacia cuestiones políticas asociadas más que nada a las nociones del gobierno representativo, la cuestión electoral, el problema universitario, los partidos políticos, los derechos políticos y del ciudadano, el rol del estado, el dispositivo institucional, el rol de los municipios haciendo de estos temas el núcleo fuerte de la publicación como un modo de dar respuesta a los interrogantes de la crisis política del Centenario.[258] Si bien la universidad fue un tema central de la publicación, no lo fue tanto la política educativa como problema social y los escasos de artículos ese contenido o que problematicen en torno a la enseñanza pública en sentido más amplio dan testimonio de ello.[259]

En ese sentido los planos de intervención de la revista pueden distinguirse en varias líneas, por un lado el académico, en que el que se aspiró a crear un espacio de expresión de un saber profesional de la ciencia política en un campo universitario en tránsito hacia una mayor profesionalización. Otro plano, más vinculado a una apuesta más bien intelectual se expresó en la intención de un nutrido cuerpo de abogados que escribió asiduamente en sus páginas y que provenía de una élite cultivada con evidentes aspiraciones de realizar una intervención pública. En esa línea, Gabriela Rial mira la publicación en el contexto del Centenario y del momento conceptual del dilema republicano, en tal sentido la preocupación de la revista giraba no tanto – o no solamente – en torno a los mecanismos que garantizaban el sufragio libre sino más bien sobre otras cuestiones relevantes como el presidencialismo, el federalismo y el gobierno local.[260] Como bien lo sintetiza Darío Roldán "Si el lugar que ocupa la RACP en la vida política e intelectual de la Argentina del Centenario hace de ella un testimonio excepcional, ello se debe a que

---

258 Para ver el enfoque que dio la RACP en cada una de estas temáticas véase la notable compilación de Roldán (2006) con artículos de Paula Alonso, Pablo Buchbinder, Eduardo Zimmermann, Fernando Rocchi, Marcela Ternavasio y Jorge Myers.

259 Como ejemplo de artículos vinculados a las preocupaciones universitarias véase Juan Chiabra, *«La función de las Facultades de Filosofía, Historia, Letras y Pedagogía en la educación científica y democrática moderna»;* en RACP, Tomo IX, Buenos Aires, 1914, pp. 235-248. Artículos sobre educación podemos mencionar los de Juan Álvarez, *La escuela argentina y el nacionalismo,* RACP, tomo XII, p. 334-342 de 1916 y Díaz Arana, J.J., *La escuela y la democracia,* t. XXII, p.389-397, 1921.

260 Gabriela Rial, (2015), p. 105-106

expresa una alternativa política e ideológica original en el contexto del debate que caracteriza a esos años".[261]

El año que nació la RACP fue precisamente el de la celebración del Centenario y su aparición coincidió con un contexto de renovación cultural, de especialización de funciones y diferenciación de disciplinas de conocimiento, modificación de los planes universitarios, descenso notable del analfabetismo y consolidación de un mercado de bienes culturales diversificado en el que coexistían revistas, periódicos tradicionales, diarios, folletines y publicaciones periódicas. Pero también, era un momento político en el que se ponían en perspectiva los cambios de los últimos años del país así como la necesidad de dar impulso a una serie de intereses reformistas, entre los que el electoral fue uno de ellos y que permitió el giro político con el ascenso del radicalismo al gobierno. Reforma institucional, revisión de la legislación electoral, reforma del régimen presidencialista como refiere R. Rivarola en su "Crónica de Febrero" de 1911 frente a la crisis política de esos años:

> "(…) el remedio debe buscarse en la reforma institucional que limite la omnipotencia presidencial, igualmente apta para el mal y para el bien y que abandone el fetiche del sufragio universal como le llamo Miguel Cané, [que] suprima la pluralidad de gobiernos, que dificultan y retardan el "del pueblo de la nación" y [que] permita la organización de partidos nacionales, únicos posibles, y se llegue así al Gobierno Representativo, de régimen parlamentarios, que supone necesariamente la existencia bien definida de aquellos y sin los cuáles es también imposible el mismo régimen." [262]

Como mencionamos al comienzo, identificamos en la revista una serie de artículos asociados a la cuestión social, fundamentalmente a temas de legislación laboral y problemas en torno al trabajo, muchos de ellos escritos por notables expertos en la materia o funcionarios de las áreas reformadoras del Estado de los que pretendemos llamar la atención. Pero también, el silencio en torno a otras problemáticas asociadas a lo urbano, la salud o la educación pública son llamativos. Como señala Darío Roldán, el moderado interés que la RACP manifiesta por la "cuestión social" en temas asociados a la salud o a las condiciones de trabajo,

---

261 Roldán (2006), p.20.
262 RACP, (1911), Tomo VI, p. 821

ya sea ante el escaso número de artículos destinados a estos temas, lo diferencia de quiénes habían hecho de esas problemáticas el aspecto central del reformismo.[263] En las próximas páginas recuperaremos los escasos artículos detectados sobre estos temas para avanzar en una interpretación sobre del porqué de su inclusión, pues como veremos, muchos de ellos supieron detectar con lúcida precisión problemas y enfoques fuertemente contributivos para su debate.

El problema del trabajo y la legislación laboral en la RACP

En sus más de 1200 artículos la RACP destinó una escasa cantidad a temas asociados a las consecuencias sociales, materiales y urbanas de la modernización, incluidos en la emergencia de la cuestión social de comienzos de siglo. Como ya dijimos sesgó su mirada sobre la cuestión política y dejó una notable ausencia en temas vinculados a los salarios, la salud, la vivienda o la educación pública. Sin embargo en esa larga serie de documentos políticos detectamos un conjunto de artículos que abordaron las cuestiones en torno al trabajo y la legislación laboral específicamente y que definen con notable precisión los temas y debates del mundo del trabajo. Bajos salarios, malas condiciones de trabajo, desocupación atraviesan la cuestión social y son centrales para su discusión.[264] Por otro lado, los autores de esos artículos eran fuertes referentes en temas laborales y muchos de ellos funcionarios de las áreas especializadas del Estado, como el Departamento Nacional del Trabajo. Así aparecen los nombres de Alejandro Unsaín, Carlos Saavedra Lamas o Eduardo Maglione, entre los colaboradores que introdujeron problemas y visiones novedosas para el perfil de la publicación política.

En la primera década del siglo XX el *trabajo* se fue convirtiendo en una cuestión problemática. En consecuencia, como señalan Lobato y Suriano, el Estado fue creando organismos especializados que surgieron como resultado del entrecruzamiento de las demandas de los actores involucrados y el interés de individuos y grupos que se ocupaban de

---

263 Roldán (2006), pp. 11-13 y Zimmerman (2006), pp.269-297.
264 Para comprender la construcción del concepto de "cuestión social" véase Suriano (2000), p. 1-21.

las temáticas sociales y que comenzaban a volcar sus conocimiento y experiencia en la creación de esas instituciones.[265] En ese contexto se inscribe la creación de organismos como el Departamento Nacional del Trabajo, como consecuencia casi directa de la implicancia del Estado en temas laborales, con gran apoyo del socialismo, especialmente de A. Palacios. Este organismo creado en 1907, surgió como desprendimiento del frustrado proyecto de la Ley Nacional del Trabajo y fue creado bajo la órbita del Ministerio del Interior. Su estructura y presupuesto eran muy reducidos, sus funciones limitadas así como su capacidad de accionar en temas obreros.[266] Sus problemas centrales estaban asociados a la falta de legislación – y más bien una errática legislación al calor de fracasos de proyectos- y la ausencia de una potestad legal. Este organismo no contaba con el marco legal suficiente y su tarea central se fue construyendo en la acción de observar, armar estadísticas y tomar nota del estado de situación de las condiciones de trabajo. A nivel nacional, sin embargo su espectro de intervención estaba más limitado al espacio municipal y de Buenos Aires, especialmente. Pese a ello, en el devenir de su funcionamiento, en el despliegue de sus funciones, intercambios con expertos extranjeros, circulación de publicaciones o de la acción directa en el campo de intervención y observación formó un nutrido núcleo de funcionarios especializados en cuestiones laborales.[267] Su primer director entre 1907 y 1909 fue de J. N. Matienzo, abogado y destacado jurista, ex decano de la Facultad de Filosofía y Letras y profesor de Derecho Civil en la Facultad de Derecho de la Universidad de Buenos Aires. Durante su gestión defendió la orientación del organismo hacia la tarea de observación y formulación de estadísticas y datos que sirvieran como base para la legislación y resistió de algún modo ampliar el DNT hacia una función más de policía de trabajo.[268] En su afán de elaborar estadísticas impulsó una publicación propia del organismo, el Boletín del Departamento Nacional del Trabajo, una valiosa publicación que informaba sobre la situación del trabajo en diferentes provincias, publicaba estadística socio-laborales así como los avances en materia de legislación laboral.

---

265 Lobato-Suriano (2014), p. 10.
266 Ídem, p.10.
267 Lobato-Suriano (2014), p. 23.
268 Lobato (2007), p. 149.

J.N. Matienzo fue uno de los colaboradores de la RACP en sus primeros años, publicó un total de diez artículos entre los años 1910 y 1915. Estas contribuciones que escribió inmediatamente después de su desvinculación del DNT, llaman la atención justamente por la ausencia de referencias a esa función y la desconexión absoluta de temas asociados a cuestiones del trabajo. En cambio sus artículos, se interesaron en temas de teoría política, teoría constitucional y de democracia participativa.[269] Al respecto, en un artículo que analiza el rol de Matienzo en esta publicación, Eduardo Zimmerman advierte justamente que

> "Si sus intentos por intensificar la acción estatal en el campo de las relaciones laborales no alcanzaron mayores éxitos, las aspiraciones reformistas de Matienzo tendrían mayor peso en el campo político institucional y su crítica de las instituciones y de las prácticas políticas argentinas de comienzos de siglo, ejemplificada en los artículos publicados en la RACP, sería una de las líneas de pensamiento en que se apoyó el proceso de reforma que culminaría en 1912" [270]

Es evidente que Matienzo no halló en la revista un espacio donde continuar ensayando sus ideas en torno a la oficina laboral ni intentó recuperar allí algunos de los problemas relacionados con su gestión, marcando un corte abrupto con las tensiones vividas en le DNT. [271]

En 1915 la revista le propuso al dirigente socialista Alfredo Palacios que escribiera un artículo en el que ensayara una suerte de balance de su tarea legislativa.[272] Allí, el por entonces ex diputado nacional por el Partido Socialista, se asumió como el responsable del pulso que dio lugar a una nutrida legislación obrera y de las primeras líneas legales de protección de mujeres y niños. Se dedicó a fundamentar tanto el proyecto como las ideas que dieron forma a la *Ley de Seguro de Trabajo*. Palacios promocionó esas ideas, promovió su urgente sanción (que se dará meses más tarde) e

---

269 Los artículos más destacados en la RACP son "La política americana de Alberdi (1910, T.1); "La función constitucional de los ministros" (1911, Tomo III), "La ampliación de la justicia federal" (1912, Tomo IV); "El gobierno de la opinión pública" (1915, Tomo X).
270 Zimmerman (2006), p. 271.
271 Sobre el rol de J.N.Matienzo en el DNT y la impugnación de los socialistas véase Lobato-Suriano (2014), p.19-20
272 Alfredo Palacios, *Legislación del trabajo. Seguro obrero argentino,* en RACP, tomo X, 1915, p. 560-599.

involucró en ese mismo espíritu al DNT y a funcionarios destacado de ese organismo, fundado para ello en sus estadísticas y su boletín. Rescató las voces de Alejandro Unsaín y de J.N.Matienzo en materia laboral y destacó la urgencia que veían esos funcionarios en avanzar en una sanción de la ley: "Velemos por las víctimas de la industria, sancionando la ley insistentemente reclamada. Demos seguridad a la familia proletaria, y así habremos trabajado notablemente por la patria".[273] En ese mismo artículo, Alfredo Palacios incluyó la discusión sobre maternidad y trabajo, identificó aquellos aspectos que no quedaron incluidos en el proyecto anterior pero que velaban por el derecho al descanso de las mujeres embarazadas antes y después del parto y lo documentó con lo avanzado en ese sentido en la legislación europea y norteamericana.

Unos meses después, Alejandro Unsain, en su carácter de Jefe de División del DNT publicó un extenso artículo comentando la ya sancionada *Ley Argentina de Accidentes de Trabajo* a la que consideró la más importante e influyente hasta ese momento en materia de legislación obrera, incorporando a la RACP en el debate sobre las ideas en torno a la legislación laboral.[274]

Unsain era un viejo miembro del DNT, principal impulsor de la cátedra de derecho laboral en la Facultad de Derecho de la UBA y activo

---

273 Idem, p. 599. La ley 9688 se sancionó al poco tiempo, en octubre de 1915.
274 La trayectoria de Alejandro Unsain fue muy extensa y fundamental en la construcción de las áreas estatales de especialización en temas laborales. Fue Presidente interino del DNT desde 1918 hasta septiembre de 1922, estuvo a cargo de ese organismo en el contexto de lo calientes acontecimientos desatados entre 1917 y 1922. Estos acontecimientos generaron una profunda preocupación en el gobierno radical reactivando la legislación social, entre lo que se destacó el impulso al proyecto del Código Nacional del Trabajo en 1921, que el gobierno encargara al propio Unsain. De alguna manera el gobierno radical encontró en ese organismo y en sus hombres un saber útil para dar fundamento a sus proyectos legislativos. En 1919 fue delegado del gobierno argentino ante la Conferencia Internacional del Trabajo convocada para la creación de la OIT y que dada su activa participación en ese encuentro quedó como integrante del consejo directivo en 1920. Sobre la filiación entre el radicalismo y el DNT véase Lobato-suriano (2014), p. 26; sobre los proyectos de Códigos de Trabajo de 1904 y 1921 en perspectiva comparada, véase Ricardo Falcón (1996); para una biografía de Unsain y su relación con la construcción del derecho laboral en la Argentina Caterina (2010), Sobre el rol de Unsain en la Conferencia Internacional del Trabajo, véase Stagnaro (2016, en prensa).

promotor de la justicia laboral en la argentina, se convirtió en esos años en una suerte de *expertise* en materia laboral y referente activo para estos temas y surgió como activo colaborador de la RACP si bien por esos años sus artículos aparecían también en muchas publicaciones.[275] Unsain retomó en el artículo mencionado más arriba la problemática en torno a seguridad en el trabajo y las formas de resarcimiento en casos de accidentes o lesiones, ley vital – como señala- para el orden público, por el carácter del orden social del accidente. En el artículo recorrió los antecedentes de esa ley, señaló el apoyo político que tenía, describió los diferentes proyectos formulados y la discusión parlamentaria. También realizó un comentario de la ley señalando aquellos aspectos positivos y negativos así como advirtiendo de sus falencias.

Pero también, en el artículo, avanzó en definiciones más amplias en relación al carácter de la legislación obrera para pensarla más allá de sus implicancias directas en los accidentes y compensaciones. Con la propuesta de pensar el carácter público que incluía la misma:

> "¿Podríamos calificar a nuestra ley de accidentes de trabajo como una ley de orden público? El interrogante no aparece como aventurado o antojadizo. La ley de indemnización de los accidentes de trabajo, no interesa exclusivamente a las partes, patrón y obrero, entre los que crea vínculos de obligación jurídica. Es una ley cuyos efectos repercuten en la sociedad entera. No es lo mismo para ésta que los 15.000 obreros que cada año se accidentan en la ciudad de Buenos Aires reciban o no reciban indemnización. No es lo mismo que los hogares cuyos jefes desaparecen por un accidente fatal, sigan contando con recursos o carezcan de ellos en absoluto, desde el instante mismo en que el obrero murió. En el conjunto de la masa obrera, la ley proyecta sus benéficos efectos; ley de previsión y utilidad social, rige algo más que relaciones particulares o privadas. Por eso el Estado no se limita a sancionarla. Hace algo más: toma a su cargo el cumplimiento de las obligaciones que consagra, vigila su marcha en la práctica, y castiga a los transgresores con las penas que para los casos de inobservancia contiene."[276]

---

275 Lobato Suriano pg. 28 y ss. La prolífica producción escrita de Unsain fue publicada en diversas revistas especializadas como *Revista Derecho del Trabajo*, en el *Boletín Mensual*, del Departamento Nacional del Trabajo, en la *Revista de Trabajo, Seguro y Previsión Social* y en la *Revista Social*.

276 Alejandro M. Unsain, *La ley Argentina de accidentes de trabajo*, RACP, Tomo XII, 1916, p. 390. De algún modo, el análisis del contenido de la ley que hizo Unsain retomó la preocupación que atravesaba el propio derrotero del DNT en

El artículo de Unsaín generó un curioso episodio sobre la paternidad del proyecto y una celosa discusión originada por el propio A. Palacios. Este reclamó ser reconocido como autor del proyecto – dato que omitió mencionar el propio Unsain- y desató un intercambio epistolar entre ambos donde la intención de Palacios era rastrear los orígenes y evolución del proyecto, ser reconocido como autor intelectual de la ley que habían sido anticipadas en la misma revista.[277]

Unos años más tarde, dentro de la sección de *"Artículos originales"* A. Unsain publicó otra contribución, esta vez sobre *"El carácter experimental de la legislación social"*. En el que reflexionó sobre la legislación del trabajo y su valor experimental y salió un tiempo antes de asistir como representante de la argentina a la Conferencia Internacional del Trabajo en Washington, que sentaría las bases para la creación de la OIT en el marco de la Sociedad de Naciones.[278] La relevancia de la publicación de este artículo está relacionada justamente con la importancia de la participación de la Argentina en dicha conferencia, el clima de ideas en torno a la delegación y el rol central que cumplió el propio Unsain así como las expectativas de la delegación argentina por otorgar legitimidad a su área del saber.

Siguiendo a Andrés Stagnaro, los objetivos para la creación de la OIT, institución dependiente de la Sociedad de las Naciones, fue la de

---

su limitada influjo básicamente urbano mencionando a la ciudad de Buenos Aires en particular, con excepción de la provincia de Córdoba como las receptoras de los beneficios legislativos dada la ausencia de "federalismo en materia de legislación obrera" por la lentitud en la reglamentación de la leyes nacionales.

277 El intercambio epistolar que inició A. Palacios se reproduce en la RACP (1916), Tomo XII, pp.375 y ss.: *"Amigo Unsain: acabo de leer su artículo sobre la ley argentina de accidentes del trabajo, que publica la revista del Dr. Rivarola. En la página 233, dice usted "autor del proyecto sancionado es el Dr. Bas". Por varias razones quiero rectificar su error. En primer lugar porque en la misma revista publiqué el año pasado un trabajo afirmando que yo era el iniciador del proyecto..."*. A partir de allí continúa una larga argumentación y documentación en defensa de la autoría de esas leyes.

278 La conferencia se desarrolló entre octubre y noviembre de 1919 y fueron por la Argentina los Dres. Leónidas Anastasi, Alejandro Unsain, el Dr. Felipe Espil –jefe de la delegación junto a Anastasi y embajador argentino en Estados Unidos-, Hermenegildo Pini –representante patronal-, Américo J. Baliño –representante obrero, secretario gerente del gremio La Fraternidad-, y Alejandro Joseph Hayes quien acompañó a la delegación con el mismo propósito que Unsain siendo un asesor técnico. Stagnaro, (2016, en prensa), p. 14.

hacer evidente la preocupación sobre las contradicciones que el capitalismo y su sistema de producción industrial generaba en los diversos países, en la búsqueda de cambios en las condiciones de trabajo que mejorasen la vida de parte importante de la población en el particular contexto político de entreguerras

> "Con eje en la Justicia Social la OIT se propuso que los estados miembros llevasen adelante una serie de medidas tendientes a institucionalizar el reclamo obrero e impedir de algún modo que la pauperización de sus condiciones de trabajo y la organización de los trabajadores se tradujese en situaciones revolucionarias."[279]

De todos modos, lo relevante para Stagnaro de la participación de la Argentina en dicha conferencia, fue más bien el efecto refractario local. La importancia de esa participación estaba más bien ligada a la habilitación de un debate que legitimara en el campo del derecho laboral argentino a un grupo de académicos y expertos en derecho que les permitiera consolidar localmente las bases de un saber compartido y con status internacional:

> "La realización de la Conferencia Internacional del Trabajo impulsada por la OIT en Washington en 1919 fue también significativa por los delegados que asistieron a ella como representantes argentinos. Implicó su realización un impulso significativo para el grupo de académicos que seguían con atención el desarrollo de la legislación laboral y propugnaban la autonomización del campo en la Argentina."[280]

Allí, los delegados argentinos – quienes se habrían destacado en las comisiones dedicadas a la falta de empleo - pudieron comparar los avances dados en su propio país y hacer un análisis de perspectiva de lo avanzado localmente en derecho laboral:

---

279 Stagnaro, (2016, en prensa)., p. 13.
280 La delegación argentina enviada a Washington dio la posibilidad de lucimiento a dos figuras de relevancia del campo del derecho laboral Anastasi, como jefe de la delegación, reconocido abogado y fundador de la revista La Ley, y al mismo Unsain, miembro del DNT, autor de diversos artículos sobre legislación laboral y referente local en derecho laboral. Idem, pg. 13

> "En el recorrido por los informes que los delegados gubernamentales y uno de los delegados técnicos realizaron de la Conferencia de Washington se buscó reconstruir de qué manera la forma de reflejar lo allí acontecido respondió a la necesidad de enfrentarse a los que disputaban la importancia del campo en el caso argentino pero al mismo tiempo bajo la tensión de tener que presentar un campo constituido. Esta tensión fue evidente en los casos en que se buscó colocar a la Argentina frente al espejo de la OIT: si por un lado los debates de Washington eran utilizados para reforzar el campo en la Argentina el carácter de representantes gubernamentales e incluso cierto chauvinismo los llevaba a rescatar el avance legislativo argentino."[281]

Por todo esto, toma mayor relevancia el artículo que publicó Unsain en la RACP unos días antes de su participación en la Conferencia y queremos analizarlo bajo esa perspectiva. La utilización de la revista como una suerte de ensayo preliminar en el que se desarrollaron los temas y preocupaciones que llevaría la delegación argentina para debatir en Washington, la interpretación de las problemáticas del trabajo como el despliegue de un incipiente campo de desarrollo al que justamente se quería consolidar y legitimar. Si como dice Stagnaro la delegación argentina se jugaba en su participación en Washington la construcción de legitimidad y el reconocimiento local de un campo de saber específico en materia de derecho laboral, la RACP cumplió una función estratégica en la elaboración de documentos de soporte para esa participación y de visibilidad y difusión de los temas a debatir.

Así, en el artículo son fácilmente detectables las ansiedades que despertaba el contexto político mundial de entreguerras, el rumbo de la política europea en ese contexto de paz como las alarmas ante las primeras señales del avance revolucionario en Rusia en plena guerra civil:

> "(…) la legislación del trabajo es eminentemente experimental. No hay en toda ella sino contadas verdades absolutas. Los hechos han demostrado que Rusia, sin leyes de protección al trabajador, ha llegado a un período de anarquía, y que las grandes naciones industriales, no sólo sin detrimento, pero con ventajas para su industria, han concedido al obrero, por medio de leyes, el salario razonable, la jornada humana,

---

[281] Idem, pp. 20-27.

el seguro social, el derecho de asociación, la protección a la salud, y el contrato colectivo, etc."[282]

Con la intención de avanzar en la legislación y probar en los hechos su eficacia, Unsain defendía en su artículo los modelos legales de los países más industrializados y con organizaciones obreras más sólidas para avanzar en la teoría de la validez de experimentar con la legislación, al tiempo que aprovechaba para denunciar de qué modo en la Argentina las múltiples trabas para la sanción de leyes se hacía en nombre de las vagas teorías:

> "(…) en la República Argentina se emplea menos que en otras partes y que se aceptan o rechazan sistemas o reformas, no tanto por consideración a los "hechos" sino en nombre de "teorías". El prejuicio venga de donde venga siempre es un obstáculo y el obstáculo no puede removerse sino con la demostración […] la experimentación, nos parece, ha demostrado todo lo contrario. En nuestro propio país, no muchos años atrás se consideraba como indispensable la jornada de sol a sol. En nombre de la teoría, al sancionarse la ley 5291, se borró del proyecto la cláusula que fijaba en 8 horas, no sólo para las mujeres sino para adultos. Vale decir, pues que el hecho ha demostrado la sinrazón de la oposición teórica."[283]

Otro funcionario del DNT que también publicó en la revista fue Eduardo Maglione, con antecedentes como funcionario de ese organismo desde los años veinte, fue designado presidente del DNT en 1930 por el gobierno de facto de J.F. Uriburu y durante su gestión concretó la vieja idea de celebrar el Primer Congreso Nacional del Trabajo que se realizó en Buenos Aires a comienzos de 1931.[284] Representante del clima de ideas de esa década, antiliberal y anticomunista, difusor de las doctrinas nacionalistas y corporativistas fue activo detractor de la política obrera del radicalismo y crítico de la forma de su implementación.[285] Sus

---

282 RACP, Tomo XVIII, 1919, p. 344.
283 RACP, Tomo XVIII, 1919, p. 342-343.
284 Lobato (2007), p. 149.
285 Para ampliar sobre la función de Eduardo Maglione en el DNT especialmente en los años treinta y su visión crítica de la política obrera radical véase Rubinzal (2014), p. 224 y ss.

contribuciones a la RACP fueron sólo dos "*La función del Estado después de la guerra*" publicado en 1918 y "*El sueldo de los concejales*" en 1926.[286]

Hacia finales de 1921 la RACP reprodujo en un mismo número una extensísima serie de conferencias tituladas "*La Legislación del trabajo*" dictadas en la Facultad de Derecho y Ciencias Sociales por el jurista y célebre especialista en derecho laboral Carlos Saavedra Lamas, del prestigio de Alejandro Unsain.[287] En esa serie de charlas abordó un amplio abanico de temas atravesados fundamentalmente por la crisis política de la primera posguerra y sus efectos en materia económica y social pero centrando su interés en las condición obrera y de la legislación laboral: "[me centraré] en los factores determinantes de la actual evolución obrera, es decir en el orden económico, social e industrial después de la guerra"[288] También habló sobre la difusión de la cultura jurídica y el rol de la universidad en la difusión de la legislación obrera, la evolución política en materia de protección del trabajo, la crisis de las fuerzas sociales, la evolución del socialismo y del sindicalismo y las consecuencias de estos temas para nuestro país. En una de sus partes señaló la importancia de la universidad y de las actividades de extensión para difusión de la legislación laboral entre los trabajadores proponiendo su ingreso en las aulas como una suerte de instancia instructiva de sus propios derechos: "(…) la materia que se presta al ensayo necesario de la extensión universitaria es precisamente la legislación del trabajo que debía llenar las aulas hoy día estrechas, mañana amplias, en su instalación definitiva de masas de obreros (…)"[289]

La propuesta era que la cátedra de derecho laboral fuera un instrumento de instrucción obrera, cumpliendo la universidad algo así como una función social en la que se convirtiera en un instrumento útil para la difusión de la legislación así como de las herramientas para hacer efectivos los derechos:

> "(…) a las acciones que con que las leyes del trabajo pueden ser puestas en ejercicio y en movimiento; a los procedimientos por los cuales se hace efectivo el amparo que ellas establecen. Creo, pues, que no

---

286 RACP, Tomo XVI, 1918, pp. 384-390 y Tomo XXXI, 1926, pp. 384-392.
287 Stagnaro (2016, en prensa), p.13.
288 RACP, Tomo XXIII, 1921, p.257.
289 Ídem, p. 267

debemos estudiar solo las leyes, por decirlo así, substantivas de la legislación, sino también la parte adjetiva de esas leyes; no sólo los derechos que se reconocen y consagran, sino las formas de hacerlos valer; no sólo la organización de las autoridades que amparan esos derechos, sino la faz administrativa en que se puede recurrir a ellos y ponerlos en ejercicio y movimiento, dando al obrero la instrucción práctica de utilizar, ora las acciones administrativas o las acciones judiciales que amparan los derechos que se les otorgan y en que pueden hacerlos efectivos (…)"
290

En otra parte sustancial de la conferencia analizó la evolución de la protección del trabajo y el estado de situación de la legislación social en Francia, Inglaterra y Estados Unidos en los que sintetiza como la ampliación de leyes protectoras del trabajo, la acción del Estado interviniendo en el consumo, en el monopolio de las industrias y en los precios, la protección, en la creación de organismos internacionales para el control y estímulo al progreso de la legislación obrera, derivas de los tratados de paz y de la liga de las naciones y " (…) en la solución del antagonismos entre el capital y el trabajo impulsado por los obreros, en la expansión cada vez más penetrante de su intervención en la gestión y en el control de las industrias y las fábricas y en la acción del Estado patronal tendiente a quebrar ese mismo antagonismo haciendo socio al obrero del patrón en la participación de los beneficios".

La relevancia de la inclusión de este artículo que ocupó setenta y seis páginas de ese número de la revista la pensamos en varios sentidos. Por un lado su publicación revela la importancia de los análisis globales en torno a los efectos políticos de la posguerra pero focalizando puntualmente en la cuestiones en torno al trabajo y a la necesidad de avanzar en la legislación laboral, el rol del movimiento obrero y la acción de los Estados en ese sentido. Por otro lado, evidencia nuevamente la centralidad de la universidad en esta publicación y sus colaboradores, pues su autor figura destacada del ámbito universitario con una visión sobre la educación superior no sólo como productora de un saber políticamente útil sino en su relación con la función/utilidad social. La novedosa propuesta de llamar a los obreros a la universidad para interiorizarlos sobre sus derechos y sobre los mecanismos para hacerlos efectivos son prueba de ello.

---

290 Ídem

Pero por otro lado, y quizás más relevante aún, sea el hecho de la contemporaneidad de esta publicación con la elaboración y presentación en el Congreso de la Nación por parte del gobierno de Hipólito Yrigoyen del proyecto Código Nacional del Trabajo. El gobierno radical promovió la elaboración de un Código como consecuencia de unos años críticos atravesados por numerosos conflictos y fue encargado al propio Alejandro Unsain, quien tomó como antecedentes el proyecto de 1904 de J.V. González y lo avanzado en legislación laboral durante el gobierno radical en la que el propio Saavedra Lamas había contribuido activamente.[291] El espíritu de algunas de las ideas de la conferencia mencionada estuvo incluido en el proyecto de 1921 así como en las líneas más generales de la política laboral radical posterior a la Semana Trágica.[292]

Otra contribución que podemos destacar en materia laboral son los artículos de Enrique Feinmann, promotor a principios del siglo de ideas para la creación de establecimientos especializados en el tratamiento de temas de salud y trabajo, escribió dos artículos sobre "*Medicina Social La defensa social de la maternidad obrera y la legislación Argentina*" y "*El derecho social al trabajo*".[293] Feinmann, en estos textos manifestó su preocupación en torno a los problemas sociales del trabajo en la legislación argentina y la necesidad de impulsar políticas de protección legal en los accidentes de trabajo y enfermedades profesionales, la importancia del amparo del Estado en el trabajo de mujeres y niños en las industrias para avanzar en la idea de establecer una prevención social, una suerte de profilaxis estatal contra la desocupación a través del impulso de medios asistenciales, de colocación, seguro y ahorro. Influenciado por el contexto crítico de los meses finales de la guerra y sus efectos económicos y sociales con su dramática evidencia en el desempleo alimenta la idea que "*se impone arbitrar los medios de dar trabajo*".[294]

---

291 Para ampliar sobre la relación entre la elaboración del Código 1921 y las instituciones laborales véase Lobato (2007), p.148.

292 Para un análisis ampliado y comparativo de los proyectos de Códigos del Trabajo de 1904 de J.V. González y el de 1921 de A. Unsain así como de los lineamientos de la política laboral del radicalismo véase Falcón (1996).

293 RACP Tomo IX, 1916 y tomo XIII, 1917. Para ampliar sobre los proyectos de Feinmann en los años veinte para la construcción de establecimientos (hospitales) especializados en el tratamiento de problemas y afecciones en la salud relacionado con el trabajo véase Ramacciotti (2015).

294 Enrique Feinmann, "El derecho social al trabajo", en RACP, Tomo XIII, 1917.

No es el primer artículo sobre la problemática de la desocupación en la que se ocupó la RACP. Unos meses antes y poco antes de morir apareció una colaboración de Francisco Netri, el abogado italiano de influyente participación en la formación de la Federación Agraria Argentina luego de los conflictos de 1912, con el sugerente título *"El fenómeno de la desocupación"*. Allí Netri desarrolló diferentes teorías que planteaban la necesidad de resolver el problema de la desocupación (así lo refiere) y buscar formas de contención de sus efectos negativos. Algo así como una red de beneficios que pudieran crear no sólo trabajo para quién lo hubiera perdido sino casas de trabajo, espacios y ámbitos de prevención y alivio de sus efectos:[295]

> "En el estudio de las providencia tendientes a aliviar la desocupación, no se pueden dejar de un lado las distintas formas en que se manifiesta la desocupación, tanto con respecto a las causas que la determinan como respecto a las diversas condiciones en que puede encontrarse el obrero desocupado, según su edad, habilidad, estado económico en tiempo normal de trabajo, y como consecuencia de esta variedad de manifestaciones del fenómeno de la desocupación, no puede aceptarse el remedio único, sino que debe recurrirse a todos los demás que puedan mejor conducir el alivio deseado."[296]

Lo relevante sin duda de esto radica en la contribución hacia la conceptualización del problema de la falta de trabajo y lo novedoso del planteamiento. Los efectos negativos de la falta de empleo o la caída de la demanda de trabajo en contexto de crisis forzó una definición conceptual en torno a esa situación y sobre todo a la ocurrencia de los efectos sociales del desempleo, al impulso de políticas necesarias para revertir sus efectos que comenzaban a visibilizarse como problema social.[297]

Otras inclusiones que queremos mencionar son aquellas las de colaboradores extranjeros que ilustran en temas como "El contrato de trabajo" o "Los tribunales para niños", ambos de España o "Huelgas, Paros

---

295 Francisco Netri, *"El fenómeno de la desocupación"*, RACP, Tomo. X, 1915, pp.5-33.
296 Ídem, p. 15.
297 Para ampliar sobre el proceso de construcción e historización del concepto de desocupado así como de la recepción política frente a la falta de trabajo a comienzos del siglo XX véase Dimarco (en prensa).

y colaciones" y "Conciliación y arbitraje" de Uruguay o él texto "El problema de la reorganización de los seguros obreros en Alemania". También en la parte de *Crónicas y Documentos* encontramos publicados documentos como *Las huelgas,* legislación sobre vivienda y sobre trabajo de mujeres y niños, puntualmente sobre el trabajo nocturno como alguna otra referencia suelta de legislación sobre accidentes de trabajo.[298]

Algunas ideas de cierre

En síntesis, del análisis de esta publicación política desde la perspectiva de los problemas y políticas sociales concluimos que la RACP incluyó de modo muy marginal y circunstancial artículos, notas y referencias a temas especialmente vinculados con el mundo del trabajo y la cuestión social en emergencia a comienzos de siglo. La escasa sensibilidad sobre estos temas, no anula sin embargo la posibilidad de analizar la relevancia de aquellos artículos que sí fueron incluidos e interpretar el sentido de los mismos.

La inclusión de notas vinculadas a los problemas del trabajo o del análisis de proyectos legislativos funcionó como una suerte de fundamento teórico para el debate y diseño de políticas de regulación del mundo laboral a través de leyes o instituciones. Pero también contribuyeron, a pesar de su limitada densidad, al armado de un material bibliográfico para la filiación de un campo de saber específico y profesionalizado de un conjunto de intelectuales y nóveles funcionarios (las contribuciones de Unsain claramente se pueden pensarse en ese sentido).

Por otro lado el silencio sobre otros temas sociales y la necesidad de la promoción de políticas vinculadas a problemas concretamente urbanos o sanitarios en una publicación que proclama sus interese políticos, nos advierte sobre lo poco que la política pensaba la cuestión social, el espacio acotado para el despliegue y discusión de esos temas y la nula proyección de políticas concretas en eses sentido (las intervenciones de Matienzo expresan ese rasgo). Pero también, la mirada sobre la sociedad del trabajo en la posguerra con artículos sobre la discusión de las condiciones laborales en esos años, la inclusión de una mirada más amplia sobre la política mundial orientada a resolver los temas del trabajo y el desafío de esos

---

[298] Estas referencias aparecen en un rango amplio de años que revisamos especialmente

tiempos políticos nos indican la trascendencia de ese mundo de ideas de la escala nacional y la participación de la revista en ese universo.

Finalmente, el desarrollo de estos temas escritos en su mayoría por destacados referentes intelectuales y universitarios de un amplio abanico de universidades nacionales son también contributivos de ese fuerte vínculo entre la RACP y el saber universitario férreamente sostenido por la publicación.

La circunstancial aparición de los escasos artículos analizados no impide valorar la precisión y calidad de esos textos, la alineación con el debate de temas más bien vinculados al mundo del trabajo como la destacada contribución de quienes los firmaban.

El *Boletín del Museo Social Argentino*: examinar y organizar la sociedad (1910-1930)

Malena Becerra Solá

Este trabajo aborda el análisis del *Boletín del Museo Social Argentino*, publicación periódica del Museo Social Argentino. Esta institución se fundó en 1911 y se presentaba como instituto de Economía social, centro de estudios e investigaciones sobre la cuestión social con miras puestas en la intervención y en la divulgación de los conocimientos producidos entre un público amplio. Enunció la existencia de una "cuestión social" y un enfrentamiento de clases en Argentina negados por buena parte de las élites. En abierto enfrentamiento con esta lucha social y las alternativas colectivistas, sostuvo la necesidad de la investigación científica de la realidad social y del diseño de mecanismos de previsión social que incluían la regulación estatal de ciertos aspectos. Propuso además una organización social basada en la asociación libre entre individuos en cooperativas de producción y consumo para el desarrollo económico, y en sociedades mutuales como órganos de previsión, que construirían un bienestar que se entendía debía ser común para el conjunto de la sociedad nacional. La Economía social aportaría el sustento teórico y práctico del instituto, además de vincularlo con instituciones europeas similares, insertas en redes reformistas internacionales.

El intenso tráfico internacional de ideas y prácticas reformistas, de las décadas anteriores a la primera Guerra Mundial, ha llevado a proponer la existencia de un espacio transnacional de producción de conocimiento social.[299] Las redes de personas, instituciones y asociaciones extraparla-

---
[299] Zimmermann, 2009, Saunier, 2004. Rodgers, 1998, Wagner, 1991, Topalov, ed., 1999.

mentarias y extraestatales de reforma, documentadas abundantemente en Europa y Norteamérica pero en las que también se incluyeron formaciones sudamericanas,[300] tuvieron un significativo papel en la emergencia del Estado social, como intermediarias entre el conocimiento especializado y la creación de dispositivos de gobernabilidad en los Estados modernos en construcción, aportando definiciones de problemas sociales, diseños administrativos, modelos legislativos y prácticas institucionales. Entre las formaciones sociales activas en estos espacios ocupan un lugar destacado tanto los "lugares de pensamiento, de documentación y de acción, *think tanks* o laboratorios de reforma",[301] como las revistas.[302] El Museo Social Argentino y su *Boletín* se insertaron en estos circuitos internacionales, y junto a otras personas e instituciones locales, los conectaron con el debate público local, en tanto lugares de encuentro e intercambio entre grupos de la élite de diversas sensibilidades políticas, que desarrollaban su actividad profesional en la Universidad, la administración pública, la política o los negocios y que se implicaron en la reflexión sobre la cuestión social y la elaboración de propuestas de intervención con herramientas provistas por la nueva ciencia social.

* * *

El Museo Social Argentino se concebía en gran medida como centro de documentación e información, esta área –que además del *Boletín* y otras publicaciones incluía una nutrida Biblioteca- concentró los esfuerzos de sus autoridades y fue una de las de mayor estabilidad si atendemos a su desarrollo en el tiempo y los recursos dedicados.

El *Boletín del Museo Social Argentino* (en adelante *BMSA*) fue una herramienta privilegiada para el cumplimiento de los objetivos que se planteaba el Museo Social frente a su lectura del "momento social argentino" tras el Centenario: la nación entraba "impetuosamente en el campo del examen social" y era ya "imposible negar evidencia y realismo a ciertas cuestiones [los problemas sociales]" que "absorbían casi absolutamente las actividades políticas y científicas del orbe civilizado",

---

300 Julia Rodriguez, 2004, Becerra Solá, 2016.
301 Rueschemeyer y Skocpol, eds., 1996, p. 16.
302 Zimmermann, 2009.

convenía entonces "encararlas con decisión, inteligencia y serenidad".[303] Se entendía que sólo el método y las herramientas científicas que proveía la ciencia eran capaces de hacer frente a la cuestión social: diagnosticando los problemas derivados de la transformación económica mundial, a través de la observación empírica de los "hechos sociales" y la recopilación y análisis de información local, y de "antecedentes europeos y norteamericanos"[304] que permitieran generar propuestas concretas de intervención. Se evidenciaba un afán de centralización y coordinación de toda información referida a "hechos y actividades sociales" de cualquier ciudad, provincia o país. La máxima de reunir lo disperso, por su procedencia geográfica pero también política, social o filosófica –al menos en las intenciones declaradas-, replicaba el ideal de conseguir la armonía a través de la cooperación entre grupos sociales. El propósito de influir en la actividad del Estado y dirigir la organización social del país, como parte de la misión práctica que se otorgaba a la ciencia social, debía apoyarse en un sólido corpus de documentación y una cantidad de profesionales y especialistas informados. La revista fue el soporte que fomentó la producción y permitió la recopilación de informaciones, el debate y la puesta en circulación de ideas, proyectos e iniciativas sociales de Argentina en el país y el extranjero, y del exterior hacia el sur del continente americano. Además, contribuyó a afianzar una legitimidad cuasi exclusiva de especialistas y profesionales para proponer definiciones e intervenciones en lo social, que además de propiciar la obtención de recursos simbólicos o materiales en o para sus propios campos profesionales o académicos, pudo utlizarse políticamente para impugnar decisiones o mecanismos democráticos. El *BMSA* fue la carta de presentación del Museo Social, lo que tenía para mostrar y ofrecer, y constituyó así una vía de acceso a instituciones e información.

El impulsor y secretario general del Museo Social Argentino, Tomás Amadeo,[305] se reservó el puesto de director de la revista. Amadeo

---

303 *Boletín del Museo Social Argentino* (en adelante, *BMSA*) 1912, 7, pp. 270-271.

304 Juan Suriano constata esta inquietud en los sectores preocupados por dar respuesta a la cuestión obrera en Suriano, 2013.

305 Tomás Amadeo (1880-1950): Nacido en Dolores, provincia de Buenos Aires. Se graduó como ingeniero agrónomo por la Universidad de La Plata en 1903 con una tesis sobre cooperativas agrícolas, estudió Derecho en la Universidad de Buenos Aires, presentando la tesis *Los sindicatos profesionales en la República*

era ingeniero agrónomo y doctor en Jurisprudencia, desde 1909 era funcionario de la División de Enseñanza agrícola del Ministerio de Agricultura, y se desempeñaba como profesor en la Facultades de Agronomía y Veterinaria de la Universidad de Buenos Aires y de Ciencias Sociales y Jurídicas en La Plata. Pedro Franco, bibliotecario del Museo Social, fue nombrado redactor, por ambas tareas recibía un salario (sólo su puesto y el de un administrativo eran remunerados). Franco fue discípulo de Federico Birabén – también socio de la institución- y promovía desde su puesto de trabajo la Clasificación Bibliográfica Decima del Instituto Internacional de Bibliografía de Bruselas, introducido en Argentina por su mentor.

El *BMSA* comenzó su andadura en 1912 y, exceptuando un corto período de tiempo en 1922 y durante 1927, acompañó el desarrollo del instituto durante toda la etapa estudiada. Posteriormente, en 1948, pasó a denominarse *Revista del Museo Social Argentino* y en 1956, al transformarse en universidad privada, fue reemplazado por una nueva publicación periódica. Se publicó en formato de 20 x 26 cm, con una extensión muy variable que osciló entre las 16 (en su período quincenal) y las más de 100 páginas, sin contar con los volúmenes dedicados a los más de quinientos congresos organizados. De aparición mensual en la mayor parte de su trayectoria, en la segunda época, inaugurada en 1921, se publicó quincenalmente durante un año, y en 1928 sólo se editaron cinco números.

Argentina y en el extranjero. En 1905 colaboró con el presidente del Senado en un proyecto de crédito agrícola, y fue posteriormente comisionado por el gobierno nacional en Europa para continuar con el estudio de las cajas rurales de crédito, así como la enseñanza y experimentación agrícola. Ingresó en 1909 como inspector a la División de Enseñanza agrícola del Ministerio de Agricultura, y posteriormente dirigió dicha división, impulsando las Escuela del Hogar Agrícola. Fue el creador de la cátedra de Economía rural de la Facultad de Agronomía y Veterinaria de la Universidad de Buenos Aires (1908-1945). Se desempeñó también en la Universidad de La Plata, creando la cátedra de Legislación agraria en la Facultad de Ciencias Jurídicas y Sociales. También fue miembro del directorio del Banco Hipotecario Nacional y presidente durante 15 años de la Cámara Argentina de Comercio; presidió igualmente el Centro Nacional de Ingenieros Agrónomos, fue miembro de la Academia Nacional de Ciencias Morales y Políticas, la Academia Nacional de Agronomía y Veterinaria y de la Sociedad Rural Argentina. Participó del Partido Demócrata Progresista, se unió más tarde a la Liga Patriótica.

El diseño y la estructura interna se modificaron con el cambio de época pero podemos apuntar algunas notas generales. La carátula con el nombre de la publicación en grandes caracteres del primer período, dio paso en la segunda década a una tipografía más pequeña que dejaba lugar también al índice de cada número. Durante la dirección de Tomás Amadeo, su nombre junto al del redactor se incluyó también en el exterior de la publicación. En el retire de carátula y contracarátula se encuadraba información institucional: la composición del consejo superior, la lista de socios honorarios y miembros correspondientes (todos ellos extranjeros), la síntesis histórica de la "obra del Museo Social", y sus publicaciones junto a información práctica sobre el servicio de biblioteca. En el interior, los artículos monográficos abrían cada número, seguían las diversas secciones de crónica o memento y las muy diversas informaciones y reseñas sobre instituciones, actividad asociativa y científica o actualidad legislativa, se sucedían sin continuidad temática. Luego se especificaba la propia actividad del Museo Social: las actas de sesiones del Consejo Superior, parte de la correspondencia y la reseña de las tareas emprendidas por las secciones de estudio. Cerraba la revista la sección de bibliografía donde se actualizaban las listas bibliográficas de la biblioteca, se reseñaban brevemente algunas obras de reciente aparición y se publicaban resúmenes de los contenidos de las revistas recibidas. Anualmente se publicaban índices por materias, autores y clasificación siguiendo el sistema de Clasificación Bibliográfica Decimal.

Las materias de sus índices analíticos revelan la concepción amplia de la Economía social, considerada como ciencia social general, sustentada por Amadeo y que buscaba afianzar en el país. El contenido se distribuía en secciones temáticas: las que tuvieron mayor presencia, con algunas variaciones en sus nombres, fueron las de Asistencia y beneficencia, Colonización y agricultura, Cooperación y mutualidad, Trabajo y Trabajadores y Enseñanza. Las secciones de Higiene e Infancia tomaron fuerza con la creación de las respectivas secciones de estudios después de 1925. El espacio consagrado a temas de Derecho y legislación, Crónica nacional e internacional, Economía, Estadística, Obras e instituciones sociales, Habitación, Urbanismo, Feminismo (en períodos concretos), Inmigración, Movimiento Internacional, Previsión y seguros, Sanidad, Servicio Social, Política y Tendencias sociales contemporáneas fue también significativo. En menos números de la revista encontramos secciones de

Administración municipal, Alcoholismo, Caminos, Biografías, Ciencias penales, Consumos, Cultura, Industrias, Medicina o Puericultura.

El universo textual del *BMSA* era igualmente amplio: se publicaron estudios monográficos –originales y republicaciones-, informes, respuestas a consultas, actas de congresos, encuestas, transcripción de conferencias, ensayos, proyectos legislativos, traducciones, correspondencia, entre otros. La mayor parte de los textos limitaban las disquisiciones teóricas y se abocaban a la presentación y análisis de datos, a proyectos de ley o de intervención, o a la descripción de iniciativas ya en funcionamiento. Como trabajos originales, sobresalen las encuestas realizadas por el propio Museo Social. Por la metodología de la *enquête*, por entonces "un procedimiento auxiliar de la observación directa actualmente muy en boga" según Juan José Díaz Arana, se enviaba un cuestionario a intelectuales, funcionarios, políticos, publicistas o especialistas para que aportaran su opinión o experiencia sobre una cuestión específica y se compilaban todas las respuestas; [306] el *BMSA* dio lugar a las encuestas sobre el hogar agrícola,[307] la inmigración después de la guerra,[308] la participación en los beneficios en la Argentina,[309] la publicidad excesiva de los delitos,[310] la situación social y económica de la Patagonia,[311] y las encuesta de la Comisión de estudios pro infancia desvalida.[312] Se difundieron igualmente las respuestas a las consultas formuladas al Museo Social por organismos de la administración pública nacional o internacional (especialmente la Organización Internacional del Trabajo), que eran encargadas en general a funcionarios de responsabilidad de oficinas públicas más o menos vinculados al instituto; como ejemplo, el mencionado estudio sobre la carestía de la vida en Rosario,

---

306 Díaz Arana apuntaba "las encuestas son de un valor apreciable, si han sido imparcial, detenida y oportunamente realizadas y si las deposiciones han sido inspiradas por la sinceridad. Esta última condición no se llena comunmente, cuando se sabe uqe se está tramitando alguna reforma o medida que afectará los intereses de los interrogados" Díaz Arana, 1908, p. 541.
307 Miatello, 1914, pp. 541 y ss.
308 *BMSA*, 1919, pp. 3 y ss.
309 *BMSA*, 1921, pp. 177-180.
310 *BMSA*, 1923, pp. 117 y ss. *BMSA*, 1916, pp. 327-379.
311 *BMSA*, 1928 y 1929.
312 *BMSA*, 1929, pp. 483 y ss.

elaborado por Domingo Bórea,[313] director de la sección de Estadística y Economía Social del Ministerio de Agricultura. Se publicaron estudios sobre condiciones sociales del país, en general no originales: carestía de la vida en Rosario,[314] salarios y horarios de los obreros de la capital,[315] accidentes de trabajo, inmigración, huelgas, tuberculosis, entre otros.

Como en otra revistas de la época, fueron abundantes los proyectos de leyes nacionales y extranjeros y los comentarios a los mismos: de protección de la mujer y el niño, de accidentes de trabajo, de sociedades mutuales, de previsión social, de seguros sociales, de cooperativas, de la jornada de trabajo y salario mínimo, sobre colonización agrícola, de pensiones, de casas baratas, etc. Igualmente frecuentes resultan los proyectos de instituciones o reseñas de su funcionamiento - escuelas agrícolas, penitenciarías, asilos de mendigos, hospitales, patronatos, casas para maestros, bancos agrícolas-; de asociaciones mutuales y cooperativas -cajas de ahorro, cooperativas de consumo, cooperativas de producción agrícola, federación mutualista, montepío ferroviario, mutualidad escolar, mutualidad antituberculosa- o de la sociedad civil en general -club de madres, consorcios vecinales de caminos, cantinas maternales, liga contra el cáncer, tanto del país como de América y Europa

El programa de la publicación excluía los artículos de opinión y los textos "doctrinarios o partidistas"[316] por oponerse a una neutralidad que suponía acorde con su base científica y su espíritu de conciliación social. Pronto emergieron las excepciones a la norma, y las convicciones personales aparecieron con mayor o menor vehemencia de acuerdo al período. La transcripción de conferencias o la reunión de la obra de consocios fallecidos fue la manera más habitual en que aparecieron textos explícitamente políticos. De las primeras son algunas "el presidente argentino",[317] la "crisis del parlamentarismo",[318] "hacia la democracia social",[319] "la inmigración y la defensa social",[320] en general firmadas por socios no activos

---

313 Borea, 1914, pp. 3-41.
314 *BMSA*, 1912, pp.305-326
315 Stach, 1914a, Satch, 1914b.
316 *BMSA*, 1912, p. 6.
317 Amadeo R, 1917, pp. 527- 553.
318 Bott, 1915, pp. 260-285.
319 Amadeo R., 1917, pp. 230 y ss.
320 Stach, 1916, pp. 361 - 390

del Museo. Por ejemplo, durante la guerra, destacan por su número los escritos de Enrique J. J. Bott. La actualidad y acción gubernamental solía ser reseñada brevemente -elecciones, presupuesto, situación económica, extensión de ferrocarriles, territorios nacionales. También se replicaron algunos artículos de la prensa internacional y nacional, especialmente los firmados por integrantes del Consejo Superior del Museo Social. Los discursos y conferencias de intelectuales, funcionarios o políticos extranjeros de visita en el país – a veces invitados por el propio Museo Social- fueron publicadas y abrieron también las páginas del *BMSA* al texto político.

La actividad científica y académica fue seguida atentamente, informando detalladamente sobre congresos y plasmando a veces sus resoluciones; se reseñaron congresos de la infancia, de eugenesia, de medicina, ingeniería, agronomía, política social, beneficencia, habitación, organización científica del trabajo, sociología, urbanismo, higiene pública, accidentes de trabajo, femeninos, educación, higiene mental, trabajadores intelectuales, entre otros. Se siguió de cerca el movimiento de asociaciones nacionales e internacionales reformistas que el Museo encontraba cercanass: el Museo del Bienestar Obrero de Charlotenburgo (Berlín), el Museo Social Húngaro, el Museo Social del Litoral, el Instituto Agrícola de Chile, la Sociedad Humanitaria, las Oficinas de Trabajo, el Instituto de Reformas Sociales y por supuesto el Museo Social parisino. Se tradujeron artículos de las Asociación Internacional por la Lucha contra el Paro Forzoso, la Asociación Internacional por la Protección Legal de los Trabajadores y la Asociación Internacional de Seguros Sociales.

Las actividades del propio instituto fueron descritas con detalle en las páginas del *BMSA*. La sección "Crónica y Archivo" permitía seguir el día a día de la institución. Se incluían las actas completas de las reuniones semanales del Consejo Superior y se resumían las de cada sección de estudios. Se publicaba también la correspondencia. La ausencia de un archivo organizado para cotejar estos registros, impide estudiar los criterios de selección en la publicación de estas cartas; en todo caso, la muestra da cuenta del intercambio con instituciones y personas muy diversas, argentinas y extranjeras. La presentación epistolar del instituto de Economía social a figuras del reformismo internacional, solicitando la opinión experta sobre la iniciativa recién puesta en marcha, dio paso a una serie de reseñas de voces reconocidas que al hacerse públicas apuntalaron la legitimidad del MSA, contribuyeron también a la circulación internacional de un lenguaje de lo social sobre el que se desarrolló el instituto. Las diversas solicitudes a los poderes públicos –de recursos monetarios o patrocinio de eventos- se acompañaban de exposiciones de la historia y objetivos de la institución, construyendo un relato que servía tanto hacia fuera como hacia dentro, dando cohesión a los distintos grupos e iniciativas cuyo centro de acción era el MSA. Las cartas publicadas permiten igualmente seguir los procesos de intercambio y recopilación de documentación y materiales para la biblioteca y las exposiciones de Economía social. Pero el intercambio postal no era siempre así de grandilocuente, decenas de consultas y solicitudes se atendían –y se publicaban- cada año; muchas provenían de modestas asociaciones culturales o sociales en demanda de documentación sobre algún tema en concreto, la suscripción, donación o canje del *BMSA* o de consejo técnico.

El proyecto inicial de la revista reservaba una sexta parte de su extensión a ilustraciones o fotografías para que "con su fuerza exhibitiva, ayuden mejor a la documentación de los hechos".[321] Esta proporción sólo se mantuvo el primer año para ir disminuyendo progresivamente hasta 1916, y aparecer en años posteriores sólo como retratos de semblanzas y notas necrológicas de miembros del MSA o de visitantes extranjeros. Sin duda, son las series fotográficas de una variada tipología habitacional– especialmente rural- las que se destacan como estudio social. Parte de las fotografías exhibidas en las Exposiciones internacionales en cuya organización participó el Museo Social fueron publicadas también: imágenes del hotel de inmigrantes, los ferrocarriles o explotaciones agrícolas, se incluyeron fotos de las exposiciones mismas y a veces también de museos o instituciones extranjeras similares. Las escasas ilustraciones corresponden casi exclusivamente a planos arquitectónicos y urbanos.

La presencia de la firma resulta problemática en el *BMSA*. "Siempre que sea posible, se eliminará del *Boletín* todo trabajo firmado, limitándose, en los casos que se publiquen informaciones originales, a hacer constar por una nota explicativa el nombre de la persona que ha proporcionado dichas informaciones",[322] se anunciaba con el afán de garantizar una supuesta neutralidad y dotar a la revista de un lenguaje científico.

---

321 *BMSA*, 1912, n°1, p.7.
322 Idem.

Efectivamente muchos de los textos aparecieron sin firma, aunque a veces la referencia a sus autores se encontrara en los primeros párrafos o en una nota a pie de página; esto fue especialmente notorio en la segunda época de la revista, a partir de 1921, donde a la ausencia de la firma se contrapuso una mayor visibilidad del trabajo del redactor que transcribía, resumía o comentaba las conferencias, artículos, proyectos de ley, respuestas a consultas, etc. Pero no fueron pocos los nombres propios aparecidos en la publicación y de hecho se elaboraron catálogos de autores.

La revista se remitía a los socios activos, adherentes y honorarios, a los delegados y corresponsales. Aunque escasas se permitían suscripciones desde el extranjero. Fue su envío gratuito a diversas instituciones y el canje de publicaciones lo que llevó al *BMSA* a atravesar las fronteras nacionales y a asegurar la actualización de su biblioteca. Recibieron el *BMSA* Universidades, departamentos de trabajo o agricultura de diversos estados, sociedades científicas y de comercio, asociaciones culturales y bibliotecas populares, federaciones sindicales, cooperativas o sociedades históricas. En el ámbito internacional la Biblioteca de la Universidad de California, la OIT, el *Musée Social* de París, el Instituto de Reforma Sociales de Madrid, la Sociedad Humanitaria de Milán, el Instituto de Agricultura de Roma, el Instituto de Higiene, Previsión y Asistencia social de Roma, el Instituto de Economía social de la Universidad de Kiel, la Biblioteca Nacional de Munich, el Instituto Iberoamericano de Hamburgo, Universidad Real de Christianía, la Sociedad de Geografía y la Sociedad Científica Noruega, la Biblioteca Nacional de Chile, el Real protectorado de la Federación sindical de obreros de Barcelona, la Sociedad Científica Alemana, la Liga Municipal Nacional de EE.UU, la Asociación Internacional Americana, o la Institución Smithsoniana son una mínima muestra de las numerosísimas instituciones que lo conservaron –y lo conservan en muchos casos- en sus repositorios. No conocemos cual fue la recepción del Boletín en cada una de estas instituciones, todo lleva a imaginar que la publicación periódica tuvo un alcance más amplio y diverso que la acción del Museo Social en sí misma.

* * *

Alicia Novick propuso una periodización de las primeras décadas de existencia del Museo Social Argentino a partir del contenido de los textos publicados en el *BMSA*, la seguiremos parcialmente,[323] ampliando el período en estudio hasta 1929. El recorrido por las distintas etapas nos permite reconocer algunos nudos temáticos sobresalientes de la publicación y conocer a su dirección y algunos autores.

Una primera etapa se extiende entre 1912 y 1914 y el interés radica en enfocamos en la existencia de un espacio reformista y la conformación de un lenguaje de lo social. Los primeros años del MSA estuvieron marcados por la heterogeneidad de sus miembros y de las sensibilidades políticas que estos representaban –siempre dentro del seno de la élite-, la "preocupación por mantenerse a la vanguardia del movimiento intelectual del país"[324] y la presencia de mujeres en el Consejo Superior (Elvira Rawson, Elvira López y Margarita Losson). Es un periodo de interés frente a iniciativas de gestión de lo social propuestas desde distintos sectores tanta nacionales como extranjeras. En el *BMSA* se encuentran saberes formulados desde disciplinas, formaciones e instituciones bien diferentes que abarcan un amplio espectro de aspectos sociales: vivienda, trabajo, higiene, infancia o producción agrícola.

Las secciones previstas inicialmente para la revista fueron Obras e instituciones, Legislación, Educación, Economía y Estadística, Progreso urbano y rural, Moral e higiene, Ideas y proyectos, Tendencias sociales contemporáneas, Crónica y Archivo y Bibliografía. El interés por el "movimiento y las tendencias sociales" del momento, cuya manifestación y "arraigo en el alma de las muchedumbres" como "aspiraciones colectivas" se consideraban signo del progreso, abrió las páginas del *BMSA* al feminismo y la cuestión de la mujer, el sindicalismo y el socialismo; sin dejar de advertirse sin embargo, que se incluían en tanto crónica social "con abstención absoluta de toda crítica, afirmación o comentario tendencioso que repugnaría al espíritu fundamentalmente liberal del instituto".[325] Apareció por tanto en este primer momento una efímera sección llamada Feminismo, que se retomó en 1928, en donde se publicaron varios artículos de autoras miembros del Museo y se incluyeron además informaciones sobre huelgas y otras formas del repertorio de la protesta obrera.

---

323 Novick, 1998, pp. 345 - 348.
324 Girbal de Blacha y Ospital, 1986, p. 614.
325 *BMSA*, 1912, p. 70.

El trabajo intelectual y profesional de algunas de las primeras mujeres universitarias del país, muy activas en diversas instituciones, asociaciones y publicaciones,[326] tuvo su espacio también en la revista del MSA. En general, compartían la mirada cientificista y "moderna" del Instituto sobre cómo se constituía "lo social" y formulaban más claramente demandas de regulación e intervención de la administración pública en cuestiones como la higiene, la educación, la previsión social y el trabajo. Evidenciaban igualmente un ávido interés y un conocimiento actualizado del movimiento científico y reformista internacional. Elvira Rawson, médica e inspectora del Departamento Nacional de Higiene, aportó una memoria oficial sobre los centros educativos de Mendoza, en el que evaluaba el grado de adecuación de los edificios a su función educativa, su amplitud, "la luz, aireación, higiene" que concluía deplorando la ausencia de alguna "institución o repartición técnica encargada de la higiene en las escuelas" y de "legislación al respecto".[327] En otro informe sobre la asistencia pública y hospitalaria de esta ciudad realizaba una crítica demoledora a la previsión social municipal.[328] Por su parte, el artículo de Ernestina López "Nuevos ideales filantrópicos. No el arte de curar, sino la ciencia de prevenir" participaba en la confianza positivista de que científicamente podían encontrarse las causas y las soluciones a los males sociales.[329]

Su hermana Elvira López, publicó reseñas de temas muy diversos: el eugenismo, el trabajo femenino en bibliotecas y la mutualidad maternal, reseñando la organización francesa –coincidiendo con las visitas de Leopold Mabilleau a Argentina. Para la filósofa, esta última iniciativa tenía la doble ventaja de proteger el cuidado del niño y la recuperación de la madre, y de "asegurar elementos sanos y bien constituidos" a la sociedad en general;[330] reemplazaba además la beneficencia por la previsión mutual de base solidarista, con una financiación mixta de mutualistas,

---

326 Consejo Nacional de Mujeres, la Asociación de Mujeres Universitarias, el Centro Feminista del Libre Pensamiento, Liga pro Derechos de la Mujer y del Niño, la organización del I Congreso Femenino Internacional y desde el ámbito de la militancia socialista el Centro Feminista y la Union Gremial Feminista.
327 Rawson de Dellepiane, 1912a, p.171.
328 Rawson de Dellepiane, 1912b, p. 440.
329 López de Nelson, 1914.
330 López, 1912.

industriales, comunas y Estado. Aún así, en el modelo propuesto seguían siendo necesarias "las damas generosas" que darían el impulso inicial a este tipo de iniciativas y serían intermediadoras e inspectors del funcionamiento de la obra. López incorporaba la especificidad de la protección a la mujer que debía complementar la previsión social genérica.

Otra propuesta práctica de Economía social era presentada por Carolina Muzilli, militante socialista, que provenía de la clase obrera y no formaba parte del reducido grupo de mujeres que habían pasado por la Universidad. Describía la cooperativa de vivienda y trabajo "El Hogar obrero" proyectada por los socialistas Juan B. Justo y Manuel T. López y presidida Nicolás Repetto, la "única experiencia de cooperación libre" del país, "elogiada por hombres como Rafael Altamira, Adolfo Posada y Leopoldo Mabilleau".[331] Recurriendo a una cita de autoridad, Muzilli refería al juicio de los mismos intelectuales ovetenses y del mutualista francés -ninguno de ellos de adscripción socialista- que invitarían los promotores del Museo Social para avalar la institución (ver más adelante). En los mecanismos de legitimación, los clivajes ideológicos eran muchas veces atravesados, en este caso por el peso de la internacionalidad.

En este sentido es también interesante el restante artículo de Muzilli – *El trabajo femenino*- y su contexto de producción: como parte de la reunión de material y documentación a exhibir en el salón de Economía social de la Exposición Internacional de Gante de 1913, Emilio Frers y Tomás Amadeo le encargaron la elaboración de "informaciones estadísticas lo más completas posible" sobre el trabajo de las mujeres en las industrias de la Capital.[332] Como ya han señalado Ana Lía Rey y Mirta Lobato y se comprueba con la publicación de sus trabajos en el *BMSA*, se reconocía de esta manera la capacidad de esta mujer no universitaria para producir información social rigurosa y científica[333]. Muzilli compartía con la dirección del Museo Social el apego a los datos estadísticos complementarios a la investigación en el campo[334], y había recorrido fábricas, talleres y tiendas para desarrollar su estudio. El texto

---

331 Muzilli, 1913b, p. 14.
332 Ya el año antes el vicepresidente del Museo Social, Agustín Alvarez, había mostrado interés en la publicación de los trabajos de Carolina Muzilli. Ver Rey, 2012, p. 173.
333 Lobato, 2013, Rey, Idem.
334 Lobato, 2013, p. 147.

fue premiado en Gante, publicado más tarde como monografía y adquirido en número de cincuenta ejemplares para la biblioteca del Museo Social.

La atención hacia la cuestión de las mujeres continuó en los años posteriores, con reseñas de congresos, el seguimiento de los proyectos socialistas de reglamentación del trabajo femenino presentados por Alfredo Palacios y de derechos civiles de Del Valle Iberlucea, y los ensayos de Amadeo sobre la función social de la mujer. Pero la producción femenina enmudeció en 1914 hasta la década del '30 en que las mujeres volvieron al Museo Social con la creación de la Escuela de Servicio Social y el Secretariado de Previsión e Higiene social, reservándoseles entonces un rol bien distinto al que habían tenido en el origen como vocales del órgano director.[335]

Otros ejes temáticos destacados en las secciones del *BMSA* fueron Trabajo y Trabajadores y Colonización y Agricultura. En el proyecto para un Museo Social de Buenos Aires, Tomás Amadeo afirmaba la existencia de una cuestión obrera análoga a la europea en Argentina, contradiciendo a quienes consideraban la cuestión social ajena a la realidad del "país nuevo" y reclamaba atender estos asuntos con la realización sistemática de estudios que fundaran intervenciones rigurosas y preventivas. La sección Trabajo y Trabajadores fue consecuentemente amplia durante estos años, además de incluir a la organización y protestas obreras dentro de las "tendencias sociales" o reseñar el conflicto obrero en las "noticias del país", se exploraron aquellas intervenciones posibles publicando proyectos de leyes o estudios destinados a fundarlos -contrato de trabajo, accidentes, jubilación de los empleados ferroviarios- y numerosas reseñas de legislación extranjera -arbitraje industrial, inspección de trabajo, protección de los trabajadores-. El seguimiento de la legislación laboral incluyó la traducción completa del *Seguro Obrero del Imperio alemán*,[336] y los trabajos de Francisco Stach sobre horarios y salarios de obreros de la capital,[337] así como el ya mencionado de Carolina Muzili.

Las cuestiones agrarias, por su parte, fueron incorporadas por un grupo de hombres del Consejo Superior del MSA fuertemente vinculados

---

335 Becerra Solá y Becerra, 2009, pp.139-158.
336 *BMSA*, 1914, p. 264, *BMSA*, 1914, p. 268, *BMSA*, 1914, p. 342. *BMSA*, 1914, p. 392. *BMSA*, 1914, p. 275 *BMSA*, 1914, p. 403.
337 Stach, 1914, pp. 44-193.

con el mundo rural como profesores, políticos, productores o funcionarios como Emilio Frers, Florencio T. Molinas, Miguel F. Casares- y al propio Amadeo, indiscutible impulsor.[338] Se ha señalado que desde la creación del Ministerio de Agricultura en 1898 –con Frers a la cabeza- se produjo un "avance del accionar gubernamental en la conformación de un corpus de saberes útiles para el avance tecnológico, y en la difusión del mismo a través de recetas prácticas y accesibles"[339], con el objetivo de promover la pequeña y mediana explotación agrícola diversificada, concretado en gran medida en el accionar educativo sobre las familias agrícolas. También desde las Facultades de Agronomía y Veterinaria de la Plata y Buenos Aires se atendía a la "cuestión agraria", incorporando a los análisis técnicos y económicos la dimensión social. El Museo Social fue un espacio más desde el que promover este patrón y Amadeo un agente destacado en la producción y circulación de estos saberes. El modelo por que el que se apostó para las nuevas tierras a colonizar fue el de las familias productoras arraigadas –"alejadas del nomadismo del gaucho y la inestabilidad del sembrador argentinos"-[340] organizadas en cooperativas, para poner freno a la migración a la ciudad y evitar la "agitación agraria" como el Grito de Alcorta. En esta propuesta que incluía aspectos productivos y reproductivos, la mujer era considerada como un agente clave.[341]

En la sección se reseñaron también experiencias extranjeras de desarrollo rural. Buena parte de los artículos eran resultado de las iniciativas de Amadeo desde la División de Enseñanza del Ministerio de Agricultura, impulsando la encuesta y el proyecto de Escuela del Hogar Agrícola que

---

338 El propio Amadeo tenía una fuerte vinculación con la elite terrateniente de la Provincia de Buenos Aires, como su suegro y presidente del MSA, Emilio Frers que había sido director de Tierras y Colonias de la Nación, el primer ministro de Agricultura, presidente de la Sociedad Rural Argentina y organizado la Exposición Internacional de Agricultura del Centenario, formaba parte de la Comisión de Agricultura de la Cámara de Diputados, y era productor ganadero. Miguel T. Casares, era agrónomo, productor lechero y miembro de la misma sociedad terrateniente y Florencio T. Molinas, un funcionario del Ministerio de Agricultura que se había graduado como ingeniero agrónomo con una tesis sobre Cooperativas agrícolas.
339 Djenderdjian, 2014, p. 77.
340 *BMSA*, 1912, n° 2, pp. 97-99.
341 Amadeo, 1923, pp. 143-155, sobre el tema ver Gutiérrez, 2007, para una perspectiva desde la biopolítica ver Sánchez y Amuchástegui, 2015, y Nari, 2004.

se concretaría en la Escuela de Tandil en 1915 para formar maestras de enseñanza agrícola. Ambas cuestiones tendrán continuidad en los años inmediatamente posteriores.[342] Destacan la reproducción de la respuesta a la encuesta del agrónomo Hugo Miatello acompañada con una larga serie de fotografías de tipología de viviendas y familias rurales; el proyecto de colonización del italiano Marcelo Conti; y el estudio de Graciela Rood de Rueda para una escuela de maestras agrícolas, que apuntaba a la figura de la mujer del agricultor incorporándola como fuerza de trabajo para el autoabastecimiento y el comercio en pequeña escala como estrategia frente a la despoblación de los centros rurales de producción.[343]

Como se ha adelantado, en esta etapa hubo una particular atención a las ideas y prácticas institucionales de reforma social desarrolladas en el extranjero antes del estallido de la guerra cuando las redes reformistas internacionales y los congresos, exposiciones y asociaciones eran muy pujantes. En 1913 el MSA organizó la sección Argentina en la Exposición Universal e Internacional Gante de 1913 (lo haría también en San Francisco en 1915), dedicándola por primera vez a la Economía social.[344] Como resultado de los intercambios durante la Exposición se publicaron en el *BMSA* trabajos del francés Léon Burgeois –teorizador del solidarismo-, y los belgas Louis Varlez - figura emblemática entre los profesionales de la reforma, creador del Sistema de Gante de fondos municipales contra el desempleo y artífice de la Asociación Internacional para la Lucha contra el Paro Forzoso- y Félix Landrien sobre la organización internacional de la previsión social, la bolsa de trabajo de Gante y las cajas de ahorros de Francia, entre otros. Fue allí además donde se convino el canje de publicaciones periódicas con diversas instituciones reformistas, culturales o de propaganda europeas. En 1912 y 1913 el MSA recibió en Buenos Aires a Leopold Mabilleau- presidente del Museo Social francés y de la Federación Nacional de la Mutualidad Francesa- sus conferencias y las reseñas de los actos en los que participó en el país ocuparon un espacio destacado en la revista, reforzaron la legitimidad del recién

---

342 R. Durand, 1915, pp. 75-96. Sánchez, 1915, pp. 97-103.
343 Miatello, 1914, pp. 541-584 ; Graciela Rood de Rueda, 1913, pp. 41-49 ; Marcelo Conti, 1914, pp. 511-523 ; Gutierrez, 2015.
344 Becerra Solá, 2009, pp. 209-237.

creado Museo de Buenos Aires y fueron un espaldarazo para la difusión de la mutualidad.³⁴⁵

La segunda etapa del *BMSA* cubre el período entre 1915 y 1917, marcado por la Gran guerra y la realización en Argentina de las primeras elecciones con el sufragio universal masculino, obligatorio y secreto, lo que se tradujo en una mayor presencia de problemas políticos y económicos en los artículos de la revista. La opinión de los expertos se realzaba frente a la de los políticos, en un momento en el que, señala Novick, hubo un cambio de óptica frente a la legalidad democrática que creó serias rupturas en las filas de los reformadores.³⁴⁶

Buena parte de la revista estuvo dedicada estos años a la intensa campaña "El aislamiento pacífico de América y la neutralidad del cabotaje interamericano". El Panamericanismo, con su versión corregida de la doctrina Monroe y el nuevo papel asignado a los países del ABC (Argentina, Chile y Brasil) encontró en el MSA seguidores entusiastas. Las élites argentinas veían allí una fuente de legitimidad para un proyecto de hegemonía regional, Emilio Frers se contaba entre ellos y la campaña lo tuvo como su más activo promotor.³⁴⁷ La doctrina elaborada desde el Museo Social tras el estallido del conflicto fue acompañada por una intensa acción de difusión entre gobiernos y asociaciones de los países americanos principalmente, pero también europeos. El proyecto proponía que el comercio marítimo de los países americanos entre sí fuera considerado como cabotaje interamericano siempre que se efectuara directamente entre puertos de países americanos no beligerantes y que las embarcaciones no se apartasen de las rutas determinadas dentro de las aguas continentales de América; en esos casos los barcos debían ser considerados como neutrales aunque navegasen bajo bandera de países beligerantes.

Además del comercio, la guerra había interrumpido la actividad de las asociaciones reformistas europeas y las comunicaciones e intercambio de publicaciones. Para superar este aislamiento con respecto a Europa la institución decidió replicar en la revista una serie de textos bajo el título *"El Museo Social Argentino según…"* editado anteriormente como folleto de propaganda del Museo con las firmas de Enrico Ferri, Lépold

---

345 *BMSA* 1912 y 1913.
346 Novick, 1998, p. 347.
347 *BMSA*, 1922, pp. 81-87.

Mabilleau, Enrique Moreno, Max Nordau, Adolfo Posada, Theodore Roosevelt, José M. Salaverría y Leo Rowe.[348] Los artículos no habían sido escritos bajo la forma en que se publicaron ni habían respondido a un mismo encargo, algunos eran la respuesta a la misiva que había enviado Amadeo en 1910 presentando su proyecto para un museo social en Buenos Aires, otros eran fragmentos de discursos pronunciados en las visitas a Argentina o transcripciones de encuentros en el extranjero. Si algunos de sus autores pertenecían claramente al reformismo internacional, Mabilleau por ejemplo, otros estaban en las antípodas, como José Salavarría; en la recopilación de escritos primó nuevamente el "recurso a la internacionalidad".[349]

A partir de 1917 el MSA cambió de dirección, también el *Boletín* y con ello su estructura y orientación. La presidencia del Museo recayó en Juan José Díaz Arana, profesor de Economía política en la Facultad de Derecho y Ciencias Sociales de la Universidad de Buenos Aires, y de Economía, Finanzas y Estadística en la Facultad de Ciencias Jurídicas y Sociales de la Universidad de La Plata (en 1919 lo sustituiría Enrique Ruiz Guiñazú, también profesor de Economía política). Se ensayó entonces una nueva organización de la revista con cuatro secciones que pretendían ser meramente informativas: Memento, Estadística, Actividad del Museo Social Argentino y Bibliografía. El nuevo diseño se mantuvo durante un año y se retomaría en la segunda época del *BMSA*.

Movilizado por la nueva coyuntura nacional -gobierno nacional radical- e internacional -Revolución Rusa, Primera Guerra Mundial- el MSA replegó su apertura inicial siguiendo con mayor atención los problemas políticos y económicos del país y emprendiendo iniciativas que se orientaron explícitamente a la intervención en la vida pública y la acción estatal. Así, se organizaron conferencias de expertos y reuniones entre los socios en los que se evaluaban proyectos de ley en tratamiento en el Congreso de la Nación y se promovían otros. "Es necesario que el Museo Social Argentino realice alguna acción pública en el sentido de facilitar a los hombres de estudio, de la prensa y del gobierno, que contribuyan efectivamente a la solución de problemas económicos de actualidad,[350] señalaba Díaz Arana al inicio de su mandato. Las conferencias y reuniones

---

348 Museo Social Argentino, 1915.
349 Bayly, 2004, p. 21.
350 *BMSA*, 1917, p. 210.

fueron transcritas en el *BMSA* para amplificar "una expresión pública de las opiniones extra-oficiales más autorizadas".[351] Con este espíritu, por ejemplo, se organizó la concurrida discusión sobre la reforma financiera de 1917 y se publicaron los debates sobre "Creación de nuevas escuelas elementales en la Capital Federal. Análisis crítico del proyecto contra el analfabetismo del Consejo Nacional de Educación" animado por Ernesto Nelson; "La municipalización de servicios" por Enrique Ruiz Guiñazú; "Los proyectos sobre pensiones de vejez" por Horacio Beccar Varela; "La reforma a la ley del trabajo de mujeres y niños" por Alfredo Palacios; "La situación financiera del país" por Emilio Frers; "Organización del crédito y los proyectos financieros", por Eleodoro Lobos, "La reforma de ley sobre accidentes de trabajo" por Alejandro Unsaín; "Los derechos civiles de la mujer" por Enrique del Valle Iberlucea ; "Salario mínimo", por Alejandro Unsaín; "Asistencia pública y previsión social" por Gregorio Aráoz Alfaro, "Legislación sobre asociaciones gremiales" por Alejandro Ruzo, "La defensa de la producción nacional" o "Población total de la Argentina; razón de su crecimiento" por Alejandro Bunge, entre muchas otras.[352]

En el período comprendido entre 1918 y 1921 el MSA realizó una serie de congresos nacionales sobre los temas que concentraban las preocupaciones de sus miembros más activos y en 1924 se sumó el Congreso Internacional de Economía social. La agudización del conflicto social y los sucesos de la Semana trágica en 1919 "destruyeron definitivamente el consenso reformador",[353] y supusieron una reorganización de los grupos conservadores en el país de la que no fue ajeno el Museo; algunas de sus autoridades –el propio Tomás Amadeo- formaron parte de asociaciones como la Liga Patriótica y la Asociación del Trabajo. La organización de grandes congresos durante este lustro buscó así contrarrestar las tensiones internas y los números del *BMSA* estuvieron dedicados cuasi exclusivamente a la documentación derivada de estos encuentros, pasando a un

---

351 *BMSA,* 1917, pp. 366 -427.
352 Nelson, 1917, pp. 177 -180; Ruíz Guiñazú, 1917, pp. 352; Beccar Varela, 1917, pp. 360-363; Palacios, 1917, pp. 363-365; Frers y Peña, 1917, pp. 366-377; Lobos, 1917, pp. 290 y ss; Unsain, 1917, pp. 561-571; Del Valle Iberlucea, 1918, pp. 418 – 479: Unsain, 1917b, pp.561-571; Áraoz, 1917, pp. 589-602; Ruzo, 1916, p. 516-526; Uriburu, 1916, pp. 274-285.
353 Novick, 1998, p. 347.

segundo plano temporalmente aquella actualidad nacional candente de la revista de 1917.

Precedidos por amplias encuestas, con financiación externa y con el apoyo de la prensa se realizaron varios congresos (Mutualidad en 1918, Cooperación en 1919 y 1921, Habitación en 1920 y Economía Social en 1924). Los congresos se habían consolidado como lugar por excelencia de intercambio intelectual, especialmente en el campo científico pero no exclusivamente; de hecho los congresos de cooperación y mutualidad presentaron como fortaleza la reunión de la dirigencia del mundo asociativo, legisladores y profesores universitarios bajo el paraguas del MSA. Las encuestas de la fase preparatoria, las ponencias presentadas, los debates y conclusiones de los mismos y los proyectos de ley que resultaron de estos encuentros fueron publicados en la revista, generando un volumen inédito de documentación sobre estos asuntos que se convirtió en antecedente y material de consulta obligada en el país para legislar, reglamentar y poner en marcha sociedades productivas o de apoyo mutuo.

El I Congreso de la Mutualidad convocó "a todas las asociaciones mutualistas (292 asociaciones) del país a fin de considerar un programa de interés fundamental para el desarrollo de la mutualidad".[354] Las conclusiones votadas incluyeron una resolución que impulsaba al MSA para presentar en el Parlamento nacional los resultados del encuentro en la forma de dos anteproyectos de ley (seguros sociales y sociedades mutuales), elaborado por el diputado socialista Augusto Bunge, funcionario del Departamento Nacional de Higiene y socio del MSA. El I Congreso Argentino de Cooperación era complemento del Congreso de Mutualidad, se celebró en octubre de 1919 tras un amplio trabajo previo de consulta, realizado entre cooperativas, facultades, bancos e instituciones públicas. Entre los trabajos presentados se destacaron los referidos a cooperativas y crédito agrícola.   En 1920 se organizó el I Congreso de la Habitación en un contexto de aumento del costo de la vida y deterioro del clima social provocado por la ley sobre alquileres. Los debates y conclusiones sobrepasaron la cuestión del alojamiento extendiéndose a la necesidad de previsión en materia de trazado urbano, espacios verdes y circulación automovilística, sugiriendo diversas modalidades de intervención estatal. Hasta entonces, las cuestiones de alojamiento

---

354 *BMSA*, 1918, p. 3.

y de trazado urbano habían sido tratadas de manera independiente, por eso este congreso es el punto de partida del desarrollo del Urbanismo en Argentina.[355]

Se destaca en este período la realización de la encuesta "La inmigración después de la guerra" coordinada por Alejandro Bunge, ingeniero y economista, profesor suplente de la cátedra de Estadística en la Facultad de Ciencias Económicas de la UBA y director de la División Estadística del Departamento Nacional del Trabajo.[356] Durante el conflicto bélico los saldos migratorios habían sido negativos, las razones del regreso a sus países de muchos inmigrantes, el intento de prever si volverían o no tras la guerra y las maneras de retenerlos, eran las preguntas que se planteaba la encuesta. También fue abordado el posible arribo de nuevos trabajadores europeos a las ciudades que, tras el crecimiento exponencial de la desocupación en los primeros años de la guerra, despertaba el temor a una nueva subida del desempleo. Desde el MSA no se había abandonado la idea de poblar las zonas rurales del país con personas extranjeras, pero el hincapié estaba puesto ahora en su selección. Sin embargo, en el prólogo de la encuesta, Bunge lamentaba que la mayoría de las respuestas sonaran "con timbre semejante (…) al del lenguaje, si bien inteligente, bárbaro y rudimentario, [del] estanciero" y que repitieran los esquemas decimonónicos "en demanda de inmigrantes 'sanos y robustos'".[357] La respuesta de otro funcionario del DNT, Alejandro Unsaín, se desmarcaba de esta visión ruralista y se mostraba en consonancia con la de los técnicos y las asociaciones internacionales que sostenían la necesidad de armonizar una forma internacional de lucha contra el desempleo para controlar los flujos de personas reclamando la acción estatal a la par de instituciones privadas.[358] Unsaín afirmaba que "la inmigración [podía] ser atraída por una sabia legislación protectora de los trabajadores" y que, en una época de rápidos transportes y comunicaciones, podía evitarse el desajuste "entre la inmigración y las necesidades reales y locales con un buen

---

355 Novick, 1998, p. 331.
356 *BMSA*, 1919, p.3, para análisis detallados sobre la encuesta ver, entre otros Senkman, 1990, Armus, 1985, Biernat, 2007.
357 *BMSA*, 1919, p. 3.
358 Asociación Internacional para la Lucha contra el Paro Forzoso, Asociación Internacional para la Protección Legal de los Trabajadores y Asociación Internacional de Seguros Sociales.

servicio informativo consular".[359] El MSA y el DNT eran instituciones de naturaleza diferente -una privada, otra pública- y tenían funciones y fines también alejados; compartían sin embargo un lenguaje científico de lo social y, en este caso específico, el discurso, que hacían propio, de la Asociación Internacional para la Lucha del Paro Forzoso y otros foros internacionales. Bunge y Unsaín eran miembros de ambas instituciones y se movían (sobre todo el segundo) en una y otra fluidamente utilizando las herramientas que les ofrecían; en este sentido el *BMSA* ofrecía la posibilidad de encuentro con otras visiones y un público amplio.

El año 1921 inauguró la segunda época del *BMSA* con nueva diagramación –similar a la de 1917- con periodicidad quincenal que se mantuvo solo un año. El MSA, tras una presidencia de transición de Carlos Acevedo, volvía a estar encabezado por Emilio Frers, manteniéndose Amadeo en la secretaría general y en la dirección de la revista. La evolución conservadora del propio MSA era ya evidente y se hacía explícita en la selección y presentación de contenidos en el *BMSA*. Se redujeron los artículos firmados y los estudios originales, que cedieron espacio a crónicas, reseñas y transcripciones de conferencias, artículos de prensa, proyectos, instituciones o estudios de terceros que se encargaron al redactor de la revista, Pedro Franco. Escuetamente, aparecieron temas variados: regulación laboral (salarios, accidentes, jubilaciones, entre otros), precios, alimentación, medicamentos, asistencia social, habitación, economía, eugenesia, infancia e iniciativas de Economía social variopintas. En la sección de Estadística se publicaron datos elaborados por el DNT y se recogieron también los producidos por las comisiones de cooperación y mutualidad formadas tras los congresos. Aunque la atención por la infancia no era nueva en la revista, se intensificó con el debate que suscitó la aprobación de la ley del Patronato de menores en 1919; además de los "menores delincuentes", se siguió la modificación de la ley de trabajo de mujeres y niños, se promocionaron las "semanas del nene" y se dedicaron algunos artículos a la puericultura.

Entre 1924 y 1930 las secciones de estudio del MSA se consolidaron y tuvieron un espacio propio en la sección institucional del *BMSA* Las propuestas sobre los distintos ámbitos de la realidad social en la que buscaban operar se acotaron y diferenciaron, además, la relativa autonomía

---

359   Idem, pp. 58-59.

de estos órganos permitió que se desarrollaran en direcciones no siempre convergentes. Bajo la dirección de Tomás Amadeo, y tras su visita al *Istituto di Diritto Agrario Internazionale e Comparato* de Florencia creado por Gian Gastone Bolla, se puso en marcha el Laboratorio Argentino de Derecho rural comparado. El freno en la incorporación de nuevas tierras a la producción y los cambios en los mercados económicos, estaban causando conflictos en el mundo rural y poniendo en cuestión las formas en que se había organizado la explotación agrícola hasta el momento. Esta nueva sección funcionó en gran medida atendiendo a estas cuestiones inmediatas.[360] En 1929 se realizó y publicó la encuesta sobre el territorio patagónico "El estado jurídico y económico del territorio de la Patagonia" que fue objeto de varias conferencias referidas al régimen de propiedad, la extensión del ferrocarril o la colonización.[361] Un trabajo más pequeño se realizó para los territorios del Norte y aún otro más sobre la "unificación del Derecho rural".[362] Otros temas presentes fueron el crédito agrícola, el régimen de arrendamiento, los problemas del agua, la educación agrícola, los sindicatos rurales, la industria del azúcar, o las vías de comunicación.

En 1926 el *BMSA* volvió a modificar su estructura aunque por poco tiempo ya que dejó de aparecer con la incorporación del Museo Social la UBA en 1927. Retomó su actividad al año siguiente, una vez recuperada la autonomía del instituto.

Hasta entonces –y aunque la mirada del higienismo hubiera estado presente en temas como el urbanismo o la educación- la higiene social como tal no se contaba entre las cuestiones con mayor espacio en el Museo ni en las páginas de la revista. Pero durante su inclusión en la UBA, un grupo de médicos higienistas de la Facultad de Ciencias Médicas había elaborado de un proyecto y reglamento para conformar una sección de estudios específica. Julio Iribarne -Decano de la Facultad y director de la *Revista Médica Latinoamericana*- junto a Manuel Carbonell - director del Instituto de Higiene de la Facultad-, Germinal Rodríguez y algo más tarde, Alberto Zwanck - titulares de la cátedra de Higiene y Medicina social- compusieron el núcleo de la sección. Ese sería el origen de la Escuela de Servicio Social inaugurada en 1930.

---

360 Ver Graciano, 2003.
361 *BMSA,* 1928, nº 69-70, 71-72, 77-78 y *BMSA,* 1928, nº 89 y 80
362 Amadeo, 1928, pp. 115-135.

En los años posteriores a la guerra, el *BMSA* siguió poniendo en circulación textos e información provenientes del extranjero. Simultáneo al I Congreso Internacional de Economía Social de 1924, tuvo lugar en Praga el I Congreso de Política Social, primer gran encuentro del mundo reformista europeo después de la guerra, que retomaba sus actividades en un contexto y bajo unas premisas diferentes a las del período anterior. Los organismos intergubernamentales creados por los Tratados de Versalles marcaron el inicio de un mayor protagonismo de los gobiernos en la gestión de lo social. La OIT y su primer presidente, Albert Thomas, fueron modelando el ambiente en el que habrían de actuar a partir de ese momento. Argentina envió representantes a las Conferencias Internacionales del Trabajo desde su primera edición en 1919 en Washington. Dos de los integrantes de la primera delegación eran miembros activos del Museo Social: Leonidas Anastasi, representante gubernamental y Alejandro Unsaín, funcionario y entonces presidente interino del DNT. Unsaín volvió a participar en sucesivas conferencias durante la década del '20 y se integró en el Consejo de Administración de la OIT, convirtiéndose en una figura clave de las relaciones de esta organización con Argentina.[363] Entre los objetivos del organismo se contaban la ratificación parlamentaria de las resoluciones aprobadas en las conferencias, la formación de comisiones en cada país, y el recoger información. El DNT y el propio Unsaín asumieron como propias estas tareas, y el *BMSA* funcionó como tribuna suplementaria puesta en acción en la búsqueda de estos fines.

En 1925 Thomas visitó Argentina en el marco de su gira internacional por América del Sur, fue recibido en el MSA y publicados sus discursos y recepción.[364] Tres años después la visita de Émile Vandervelde y Jeanne Beeckman reavivó los lazos del Museo con el reformismo internacional; el prominente socialista belga había sido presidente de la II Internacional y había tenido una participación destacada en la Comisión de Legislación Internacional del Trabajo reunida durante las Conferencias de Paz de 1919 que dieron origen a la OIT. El viaje de la pareja mereció un número completo y gran parte de otro del *BMSA*, reseñó su gira por el país y reprodujo las conferencias de Vandervelde sobre política europea,

---

363 Caruso, 2014.
364 Bayetto, Unsaín y Amadeo, 1928, pp. 161-168.

democracia, sindicatos agrícolas, la Sociedad de Naciones y los Tratados de paz tras la primera Guerra Mundial, el Partido Obrero Belga o la interpretación económica de la Historia, así como sobre feminismo y la mujer en el movimiento social belga, de Beeckman, que propiciaba la reapertura de la sección de Feminismo en la revista. [365]

Notas finales

En el período de definición de lo social en el país, el *Boletín del Museo Social Argentino* publicó estudios sobre condiciones de vivienda, trabajo o higiene, proyectos de instituciones de gestión de lo social como las oficinas de trabajo, de servicio social o de agricultura, modelos extranjeros para la elaboración de legislación, prácticas que tenían en su base a instituciones de Economía social (cooperativas, sociedades mutuales, cajas de crédito o ahorro, etc.), proyectos de ley, estadísticas, encuestas, reseñas de la actividad científica, de exposiciones internacionales y del movimiento reformista internacional. Su peculiaridad frente a otras revistas que abordaron parcelas específicas de la realidad social (*Boletines del Departamento Nacional de Trabajo e Higiene, Revista Argentina de Ciencias Políticas, Revista del Círculo Médico*) fue la cobertura y reunión en las mismas páginas de una amplia gama de aspectos sociales que se buscaba conocer y sobre los que se quería intervenir. También fue diversa la procedencia de los artículos y de las firmas, lo que permitió un diálogo entre autores - con distintas posiciones sociales, desempeños profesionales y tendencias ideológicas- y espacios de producción varios – la universidad, la administración pública, el ámbito político-. Se distingue la construcción desde sus páginas de un relato propio y la difusión de una forma institucional específica y novedosa en el país –la de los museos sociales- que el Museo Social Argentino buscaba instaurar en el ámbito local. Es su dirección, especialmente Tomás Amadeo, quien está detrás y permanece con pocas modificaciones en el tiempo. También es una apuesta del Museo Social la promoción de la cooperación –especialmente agrícola- y la mutualidad. La identificación de otros colaboradores o grupos de colaboradores nos reenvía inmediatamente a lugares de producción distintos al Museo Social– los funcionarios del Departamento Nacional de Trabajo, algunos médicos higienistas del la Facultad de Medicina, la

---

365 *BMSA*, 1928, nº 73-74, 75-76 y 77-78.

cátedra de Economía rural de la Facultad de Agronomía y Veterinaria, las mujeres universitarias- y hace de la revista un punto de encuentro, un nodo entre redes. Las temporalidades propias del Museo y del *Boletín*, se entrecruzan aquí con las de otras instituciones.

Si en el campo de la reforma social, el Museo Social Argentino cumplió un papel de bisagra entre el ámbito internacional y la realidad local, especialmente en cuanto a experiencias concretas de intervención con instrumentos producidos en el ámbito reformador, el *BMSA* fue el soporte que permitió esta circulación de textos y documentación, que inspiraron el trabajo de sus secciones, fundamentaron proyectos de sus miembros y estimularon la demanda de información local y de estudios específicos de la realidad nacional abriendo espacios de acción reservados a especialistas. En la otra dirección, puso en circulación información sobre el país en el exterior. Su materialidad permitió el contacto e intercambio con instituciones y formaciones extranjeras, a través de los acuerdos de canje o simplemente por su envío gracioso, y llevó el discurso del Museo Social Argentino a destinos lejanos, con resultados en gran parte desconocidos por nosotros, pero contribuyendo sin duda a la formación -y a la inserción del Museo Social y algunos de quienes escribieron en su *Boletín*- en circuitos internacionales de reforma social.

La Unión del Marino: la prensa gremial marítima, una lectura obrera sobre la cuestión social, la ley y los derechos, 1911-1928

Laura Caruso

Introducción

En el año del Centenario de la Revolución de Mayo surgía en Buenos Aires el primer sindicato marítimo que unificó las diversas categorías de trabajadores embarcados, la Federación Obrera Marítima (FOM). Con su estructura federativa, sus secciones diseminadas por el curso de los ríos interiores, sus miles de asociados y su enorme capacidad de paralizar la circulación de mercancías, este gremio se convirtió en, si no el más importante, al menos uno de los principales impulsores del conflicto obrero. Su relevancia se aprecia hoy en la aparición de no pocos trabajos históricos que abordan sus acciones y organización, una producción novedosa que da cuenta tanto de la experiencia laboral, sindical y política de esta particular comunidad laboral, así como también de sus tensiones y jerarquías, sus demandas y su vinculación con el Estado.[366] Este último tópico ha sido el centro del debate historiográfico en las décadas precedentes.[367]

Como todo gremio, la FOM buscó dotarse de una prensa periódica sustentable, de amplia circulación y con un fuerte mensaje aglutinador en torno a ciertas ideas que sustentaban una identidad colectiva propia. *La Unión del Marino* (*LUM*) se convirtió así, no sin dificultades, en una

---

366 Caruso, 2016; Monserrat, 2011.
367 Horowitz, 2014; Falcón 2000; Adelman 1993; Rock, 1990.

herramienta sindical, constructora de solidaridades, nociones e identidades, rasgo propio de la prensa gremial en general, muy prolífica en el Río de la Plata como ha demostrado el trabajo de Mirta Lobato.[368] En la Buenos Aires finisecular, dicha prensa formó parte del conjunto de periódicos que, en tanto instituciones metropolitanas, coadyuvaron en la construcción de una cultura letrada urbana, un mundo diverso y vasto conformado por revistas, diarios y otras publicaciones, que encarnaban disímiles estrategias narrativas y contenían una poderosa propuesta de una particular visión de mundo.[369] En Argentina, el amplio campo de la prensa periódica vivió un proceso de expansión y modernización en las décadas previas.[370] Dentro de esta vasta esfera, la prensa gremial definió su perfil y encontró su lugar en el mundo de lo escrito. En esos precisos años en que la lectura en sus diversas formas – individual, colectiva, introspectiva o en voz alta- se volvía un hábito para gran parte de la población trabajadora, se constituyó un campo de lectores ávidos y anónimos, que vivenciaron una época de irrupción, primero, y de explosión después, de la prensa periódica como fenómeno cultural de proyección masiva.[371] Así, la prensa gremial se constituyó en un elemento vital tanto para el desarrollo de la opinión pública como para la intervención socio política de las mayorías obreras de la época.

En el mundo de lectores y productores de textos, los trabajadores marítimos fueron un conjunto particular y visible, dotado de una gran experiencia de organización y trabajo. El periódico *LUM* fue producto de la voluntad del sindicato por construir una visión propia, por plantear sus críticas, sus demandas y sus ideas en torno a una realidad social y política que les proponía distintos desafíos, además de condiciones de trabajo y de vida hostiles. Se indaga aquí la prensa marítima como soporte esencial de las ideas y expectativas de este conjunto obrero sobre la intervención estatal en el conflicto laboral, las leyes y derechos, en un período donde la construcción de una política social, el desarrollo de una legislación laboral y la intervención estatal misma en la protesta obrera estuvo en el centro del debate público y de diversas iniciativas políticas e instituciones

---

368 Lobato, 2009.
369 Fritzsche, 2008, p. 19
370 Saitta, 1998, cap. 1.
371 Prieto, 2006, p. 34.

estatales.[372] A través de este lente, en un periodo que va desde su inicio en 1910 hasta fines de la década de 1920, este trabajo pretende escudriñar la particular posición fomista expresada en las páginas de *LUM*, cómo se transformó -si así lo hizo -, cuáles nociones o ideas la organizaron, que lugar ocuparon en ella la ley y la demanda de derechos y cómo, efectivamente, se vincularon con la presencia estatal en el espacio del conflicto marítimo.

La Federación y la prensa

En la ciudad de Buenos Aires en torno a la primera mitad del siglo XX circularon más de 50 periódicos obreros y 174 publicaciones sindicales.[373] Dentro de este extenso campo, la prensa marítima ocupó un lugar de importancia, no restringido a *La Unión del Marino*, aunque fue allí donde sin duda encontró su auge constructor. Antecedida por *La Aurora del Marino* y la *Voz del Foguista*, periódicos de sociedades con menor continuidad y alcance, la prensa de la FOM vino a materializar la existencia de un gremio único, el cual trascendía fronteras laborales y jerarquías, aglutinando a marineros, foguistas y todo aquel tripulante a bordo. El titulo mismo elegido para la publicación revelaba la centralidad que tenía la unidad como matriz identitaria; los embarcados, superando distinciones laborales, de oficios, calificaciones y tareas, orígenes y edades, habían logrado una construcción transversal plasmada en la FOM. La constitución de gremio único a bordo estuvo íntimamente vinculada a la militancia del sindicalismo revolucionario, cuyo énfasis en la unidad y el sindicato como forma social de organización para la vida proponía una construcción gremial modernizadora, en sus formas federativas y su proyección nacional. La creación de la federación en abril de 1910 aglutinó al conjunto de los trabajadores embarcados de manera perdurable. Desde entonces, la FOM y *La Unión del Marino* constituyeron un binomio indisoluble y potente de construcción gremial. [374]

Dicho periódico fue el órgano de difusión, propaganda y construcción gremial de los trabajadores embarcados por décadas.

---

372 Lobato y Suriano, 2014; Suriano 2000.
373 Lobato, 2009, p. 37.
374 Caruso, 2016.

Diversos militantes obreros de la corriente *sindicalista* escribieron en sus páginas, y al mismo tiempo en varios otros pasquines de centrales obreras o de la corriente política *sindicalista*. Junto con *La Organización Obrera*, publicado por la central *sindicalista* Federación Obrera Regional Argentina del 9º Congreso (FORA IX) entre 1915 y 1920, formó parte del mundo más acotado de la prensa gremial *sindicalista*. Su salida fue incluso financiada por la FOM, que sostuvo su regularidad mediante un préstamo realizado a mediados de 1917.[375] En el periodo aquí abordado, otros periódicos hicieron su aparición en el mundo gremial marítimo ante la creación de nuevas organizaciones. Así ocurrió con la Unión Obrera Marítima en 1925 y *El Marino*. Sin embargo, ninguno tuvo la relevancia, circulación y continuidad de *LUM*. La centralidad de la prensa en la vida sindical marítima se aprecia incluso en el surgimiento de un periódico por iniciativa patronal, el que, publicado entre 1919 y 1922 por la Asociación del Trabajo y sugestivamente titulado *La Concordia*, buscaba contrarrestar los efectos de la prensa obrera en años de alta conflictividad en el puerto de la ciudad.[376] El peso significativo de la palabra escrita en la construcción gremial fue tal, que a comienzos de la década de 1920 dos dirigentes gremiales, uno de ellos el reconocido Fortunato Marinelli, el otro Silvestre Somoza, debieron comparecer ante la justicia. El fiscal, que los acusaba de apología del crimen, leyó las notas que habían publicado para justificar la solicitud de dos meses de prisión. En su referencia al suceso la *LUM* citaba la argumentación del abogado defensor, que resaltaba el papel de actor de la lucha de clases del periódico y sus colaboradores.[377]

Fue en ese mundo poblado de mensajes, consignas e imágenes que el periódico *LUM* se constituyó en la voz de la FOM, el gremio hecho papel. Su centralidad en el debate y la formación sindical y política ha quedado también plasmada en los relatos sobre las giras gremiales por la región fluvial para la sindicalización de sus trabajadores. Por sobre los periódicos que no pocas veces editaron las seccionales de diversos puertos, la prensa fomista constituyó un elemento vital para la ampliación

---

375 Boletín DNT Nº 40, febrero 1919, p. 72. Antes, *La Organización Obrera* había salido esporádicamente, con tan solo 7 números entre abril de 1915 y septiembre de 1917.
376 Rapallo, 1997.
377 LUM 102, noviembre 1923, "La Unión del Marino ante la Justicia".

y consolidación de la federación. En sus páginas se insistía: "Marítimo: cuando hayas leído este periódico no lo tires. Trata de que lo lean otros compañeros de trabajo. Así contribuyes a su difusión." A la vez convocaba a que los propios trabajadores escribieran a la redacción si presenciaban alguna injusticia.[378] Tal centralidad de la prensa, de su función aglutinadora y de combate también fue percibida con claridad por los propios militantes fomistas, quienes sostuvieron una iniciativa, que por trunca no deja de ser significativa: la campaña para solventar la creación de un diario obrero.[379]

La redacción del periódico *LUM* se ubicó en el corazón del barrio portuario de la Ciudad de Buenos Aires, La Boca, antigua jurisdicción de San Juan Evangelista. Durante dos décadas cambió varias veces de locación, en un radio de 700 metros. De los altos de la calle Olavarría 363, la sede del gremio, se mudó en 1919 al nuevo local sindical de la calle Necochea 1109. Entre julio y noviembre de 1921 la redacción se mudó a Tunuyán 108, calle que cambió de nombre por ordenanza municipal a Juan Manuel Blanes. Ya en 1924 pasó a ubicarse a unas pocas cuadras, en Benito Pérez Galdós 240. Para mediados de 1925 se instaló en Aristóbulo del Valle 456, y hacia fines de la década se alojó en Brandsen 199, a escasos 100 metros del local anterior.

Como todo emprendimiento obrero, la edición de las páginas sindicales por la joven FOM dependía de múltiples factores económicos y políticos, los cuales no pocas veces resultaron adversos. Su regularidad se vio amenazada y alterada, por las particulares coyunturas de la política nacional y por la escasez de recursos propios, dado que su financiación solo dependía del gremio, sus federados y colaboradores. Así sucedió en 1910, cuando la dificultad de salir al ruedo con una prensa propia se debió en gran parte a la coyuntura represiva del Centenario. Entonces, la represión desatada impidió que la FOM, creada semanas antes, siquiera pudiera conformar un cuerpo dirigente estable, ya que muchos de ellos, de origen extranjero, fueron expulsados ante la aplicación de las Leyes de Residencia (1902) y Defensa Social (1910), como, por ejemplo, el español Fernando Aldao, su primer secretario general, exiliado en Barcelona.[380] Muchos fueron detenidos durante las

---

378 LUM 122 mayo 1928.
379 LUM 57, noviembre 1919 , "Por un diario de la clase obrera".
380 *La Organización Obrera*, 1º mayo 1918. Sobre las citadas leyes, ver Suriano, 1990.

asambleas realizadas en el local gremial de la calle Olavarría, allanado y clausurado.[381] En esta situación, el grupo de delegados gremiales con ciudadanía argentina que emprendió la reorganización logró publicar esporádicamente el periódico entre 1911 y 1916. A partir de ese año la prensa marítima logró sostenerse mensualmente, incluso en momentos donde aún se sentían los efectos de la guerra mundial y la crisis económica. Durante los primeros meses de aparición *LUM* tuvo una tirada de 2 mil ejemplares.[382] La publicación contaba con 4 hojas a 6 columnas, y publicó 123 números entre 1910 y junio de 1928. Tras la prolongada ausencia ocurrida entre septiembre de 1911 y junio de 1912 -relacionada con la fallida huelga general marítima- el periódico perduró, no sin interrupciones, durante varias décadas, alcanzando en 1919 una tirada de 12.000 ejemplares.[383] Esta cifra parece abultada y necesaria para un gremio con tal proyección regional, si consideramos su circulación y su vínculo con asociaciones similares de países limítrofes y del otro lado del Atlántico. Sin embargo, resulta al menos escaza -sino insuficiente- si se tiene en cuenta la cantidad de afiliados y su incremento a lo largo del periodo. Luego de la exitosa huelga general marítima realizada a finales del año 1916, el crecimiento de los tripulantes federados fue exponencial: de 2 mil trabajadores en 1916 en la sección Buenos Aires, ascendió a 9.100 en 1918, sólo en el puerto porteño. Junto a nuevas secciones en el interior sumaban 12.336 federados en todo el país, llegando a 16 mil a comienzos de 1920.[384]

El esfuerzo por publicar y mantener una prensa propia se solventaba básicamente con los desembolsos de los trabajadores. El periódico carecía de publicidad comercial. En la lucha por su supervivencia, sobre todo en los años iniciales, *LUM* enfrentó una situación de escasos e inciertos recursos, viéndose obligada a desplegar diversas iniciativas para recaudar fondos, tener suscriptores, mantenerlos, y para concretar el cobro efectivo. Tales condiciones no fueron originales, regían para la prensa gremial en general, incluso de otras ciudades latinoamericanas.[385] Entre el costo para el lector – tomado como parte de un aporte, un compromiso y un

---

381 Troncoso 1983, p. 81.
382 LUM 7, 23 agosto 1911.
383 Boletín DNT Nº 40, febrero 1919.
384 LUM 43, octubre 1916; LUM 60, febrero 1920.
385 Ferraz Peterson, 2010.

deber solidario – y el costo de los insumos para imprimir y materializar la palabra fomista, se encontraba algún equilibrio posible que viabilizaba la existencia del periódico. Para asegurar su circulación en el mundo obrero, además, la prensa obrera en general, y *LUM* en particular, desarrolló un sistema de canje con otros gremios instituciones y sociedades de la ciudad, el país y el exterior; en más de una ocasión el listado de "Nuestros canjes" se reproducía en las páginas interiores del periódico.[386]

La amplia variedad de secciones y columnas que componían *LUM* albergaba temas, noticias y extensas reflexiones político-sindicales sobre la realidad obrera a bordo, la situación política nacional e internacional. En sus páginas es posible encontrar informes por vapor o embarcación, donde se narran las condiciones y demandas particulares de cada tripulación, muchas veces reunidas bajo la sección "Notas de la vida a bordo".[387] También se encuentran relatos por sección laboral (marineros, foguistas, mozos, patrones) y por aquellas otras secciones a lo largo del país (Concepción del Uruguay, Rosario, Posadas, Barranqueras, entre muchas otras), sus asambleas, debates y solicitudes. Abundan los escritos sobre la necesidad y centralidad de la organización obrera, el sindicato y su lugar vital en la sociedad actual y futura, en línea con la visión *sindicalista*.[388] Las citas y notas de autores extranjeros emblemáticos fueron variadas y caóticas: a Lenin,[389] Trotsky[390] y Máximo Gorki[391], se sumaron los *sindicalistas* Victor Griffuelhes[392] y Antonio Labriola[393], el comunista

---

386 Por ejemplo, LUM 60, febrero 1920. Allí puede leerse el canje realizado con otros gremios de la Capital, por ejemplo, ferroviarios, metalúrgicos, madereros, confiteros, joyeros, gráficos, telefonistas, entre muchos otros.

387 LUM 7, 23 agosto 1911 "Por la nave Almirante vapor Berlin" y "Vapor Madrid"; LUM 43, octubre 1916, "Notas y comentarios de la vida abordo"; LUM 44, noviembre 1916; LUM 54, agosto 1919.

388 LUM 7, 23 agosto 1911 "La acción instructiva de las sociedades", "Carácter de la acción obrera"; LUM 8 al 12, junio 1912 "La organización obrera y sus fines"; 61 marzo 1920 "Acción obrera", y siguientes.

389 LUM 55, octubre 1919, "Democracia burguesa y dictadura proletaria"; LUM 60, febrero 1920.

390 LUM 58, diciembre 1919 "Tiempos trascendentales", N° 71, enero 1921.

391 LUM 59, enero 1920 "El Soviet Ruso y los pueblos del mundo"; 87, julio 1922, "Asesinos."

392 LUN 69, noviembre 1920, "La Huelga."

393 LUM 83, febrero 1922, "La utopía de la ley"; LUM 90, octubre 1922 "Fragmentos."

Henri Barbusse[394], y los libertarios Rudolf Rocker,[395] Ricardo Mella[396] y Rafael Barret,[397] o Guy de Maupassant.[398] La lista, no exhaustiva ni completa, muestra la polifonía de un periódico supuestamente marcado con la impronta del sindicalismo revolucionario, pero políticamente informado por un mundo ideológico-cultural más amplio.

Las crónicas internacionales y las relaciones con otros gremios y federaciones del país, la región y el mundo, así como con la Federación Internacional del Trabajo, ocuparon un lugar no menor en la publicación obrera, eso sí, cuando la urgencia de la situación local y la huelga se había disipado, o al menos, podía relegarse a unas pocas columnas, dejando espacio y tiempo para mirar al mundo y a otros trabajadores.[399] Estos vínculos y eventos formalizaron secciones, "Crónica Internacional" por ejemplo, inaugurada en mayo de 1920 como sección extranjera de utilidad para los socios.[400]

Mención aparte merece la existencia de la "Sezione Italiana", una columna idiomática en italiano que reproducía en versión resumida algunas de las noticias generales del gremio y del país. Esta se mantuvo esporádicamente, pero con persistencia, a lo largo de más de dos décadas, como indicio de la importancia de dicha comunidad en el seno del mundo laboral portuario y embarcado.[401] En el año 1916 el Departamento Nacional

---

394 LUM 72, febrero 1921, "Humanidad contra Nación."
395 LUM 122, mayo 1928, "Lo que es la racionalización y como se manifestó en Alemania."
396 LUM 86, junio 1922, "La esclavitud moderna."
397 LUM 90, octubre 1922, "La gran cuestión."
398 LUM 123, junio 1928, "El vagabundo."
399 LUM 43, octubre 1916, "El delegado de la American Labuor Federation y los trabajadores en Mejico": LUM 44, noviembre 1916 "De la Sociedad Fluvial de Foguistas del Paraguay"; LUM 54, agosto 1919 "Acción sindical internacional" y ·Huelga portuaria en Montevideo"; LUM 56, octubre 1919 "Los delegados de la FORA en Europa" y "El Congreso de Trade Unions en Glascow"; LUM 58, diciembre 1919 "Relaciones Internacionales. Notas cambiadas con las organizaciones de España, Francia y Bélgica"; LUM 60, febrero 1920 "La FOM Uruguaya"; y siguientes.
400 LUM 63, mayo 1920.
401 LUM 7, 23 agosto 1911, "Apello al 'lanchero'"; LUM 8, 1º junio 1912"Al compagni"; 88, agosto 1922 "Sección italiana"; LUM 110 julio 1924, "Il canto dei Laboratoti dei Mare", Pietro Gori", LUM 113 agosto 1925, "Sezione italiana" y LUM 114, septiembre 1925 "Sezione italiana"

del Trabajo (DNT) informaba que, de 5.000 tripulantes censados en el puerto de la Capital, la mitad eran italianos.[402] El interés por los sucesos de los trabajadores marítimos en Italia y el avance del fascismo también hallaron eco en las páginas fomistas.

La disputa político ideológica con otras corrientes de izquierda presentes entre los trabajadores era frecuente, pero solo el debate con los anarquistas de la FORA V y el periódico *La Protesta*, llamados "quintistas" o "lepra divisionista"[403], dio lugar a una sección. Así, "Las perlas del quintismo" relataba diversas tensiones y debates con coyuntura con la central libertaria y con varios gremios de tal filiación.[404] En este variado conjunto de tópicos y secciones se destacó aquel espacio destinado a señalar a los "enemigos" y los "traidores" de la federación, un "ellos" diferenciado y resaltado para potenciar la lealtad y compromiso de los propios.[405] Los dibujos e ilustraciones fueron un medio recurrente para representar a dichos enemigos de la federación: rompehuelgas, asociaciones patronales, son ridiculizados y condenados en las páginas sindicales como carneros de fotomontaje,[406] caricaturas de capitalistas robustos enriquecidos por la sangre obrera[407], serpientes, zombies y otras bestias representado al gobierno, a la Asociación del Trabajo y la Liga Patriótica o al capitalismo,[408] o aristocráticas señoras encarnando los diarios *La Prensa*, *La Nación* y *La* Razón al lado de la patronal naviera,[409] son algunos de los más peculiares ejemplos. Tal recurso se utilizaba como forma visual de impugnación o deslegitimación de estos actores en la vida político-sindical, algo muy común en la prensa obrera de la época.[410] Al mismo tiempo, estos dibujos conjugaban representaciones positivas de la unidad gremial y la acción fomista, del poder creador del trabajo y de la

---

402 Boletín DNT N° 40, febrero 1919.
403 LUM 59, enero 1920 y siguientes.
404 LUM 60, febrero 130 "Perlas del quintismo".
405 LUM 54, agosto 1919 "A los escribas y fariseos de la patria" y "Habilidades amarillas."
406 LUM 77, julio 1921.
407 LUM 106, 1° mayo 1924; LUM 102, noviembre 1923;
408 LUM 60, febrero 1920; LUM 90, octubre 1922; LUM 95, marzo 1923.
409 LUM 69; noviembre 1920.
410 Lobato, 2009, p. 181

fortaleza de la organización.[411] Además de los dibujos se destacó el uso de fotos, las que, precisamente por no abundar en las páginas fomistas, llamaban la atención del lector de manera contundente y provocadora. Estas mostraban a los trabajadores federados ante su desaparición física o en plena acción colectiva. Aparecían allí fotos como la del foguista Aquilino López, víctima de un naufragio, quien de cuerpo entero y traje es recordado ante su muerte en noviembre de 1916; o cómo la de Ciríaco Oriandini, quien falleció a los 28 años, tras ser un militante gremial activo.[412] Un cuadro poderoso fue la foto de "Los héroes de la Federación O. Marítima" que, en mayo de 1921, ocupó la primera plana del periódico.[413] En ella aparecen José Serrano y Pablo Spíndola en primer plano, detrás Antonio Poldrugavach y Francisco Velázquez, quienes, habiendo sido condenados y encarcelados en diversas circunstancias, fueron liberados por la movilización obrera, tal como destaca el texto al pie de la imagen. La foto del mismo Pablo Espinola (sic), enmarcada en arte de tapa junto a otra del momento de su concurrido sepelio, se destacaron en enero de 1922 como parte de la sensibilidad fomista ante la trágica y confusa muerte de uno de sus más activos militantes.[414] De modo similar, el retrato de José Rogelio Ramírez, junto a la foto de su viuda y sus cinco hijos, denunciaba directamente la acción de la Liga Patriótica.[415] Otras fotografías reforzaban la movilización y la identidad obrera: imágenes de las columnas obreras del 1º de mayo[416], de asambleas masivas convocadas en los teatros del barrio portuario[417], daban debida cuenta de un nosotros vivo y vigoroso. Otras veces las fotografías fueron puestas en tapa para destacar hechos como la huelga de peones y la posterior masacre obrera en la provincia de Santa Cruz, dando un nuevo uso, tal vez más informa-

---

411 LUM 123, junio 1928; LUM 122, mayo 1928; LUM 114, septiembre 1925; LUM 113, agosto 1925; LUM 93, junio 1924; LUM 96 mayo 1923; LUM 54, agosto 1919.
412 LUM 44 noviembre 1916; LUM 57, noviembre 1919.
413 LUM 75, 1º de mayo 1921.
414 LUM 82, enero 1922.
415 Por ejemplo, Luis Roselli de Posadas, Misiones, LUM 92, diciembre de 1922; el marinero correntino Miguel Veron, LUM 116, julio 1924; el Capitán José Gregorio Garibaldi, LUM 123, julio 1928.
416 LUM 86, junio 1922.
417 LUM 72, febrero 1921; LUM 95, marzo 1923; LUM 99, julio 1923; LUM 104, septiembre 1923;

tivo, a la imagen. Allí conviven los retratos de algunos de los fusilados, del perpetrador Tte. Coronel Varela y otros agentes, junto a la foto de la sede gremial local y de algunas manifestaciones.[418]

Entre las notas sobre problemas propios del trabajo a bordo, de la situación obrera en la ciudad, el país y el mundo, junto a imágenes e ilustraciones de los enemigos y los héroes, secciones en italiano y críticas al anarquismo, la prensa gremial marítima puso en primera plana no solo la noticia de tal o cual proyecto de ley laboral, sino, sobre todo, el debate en torno a la legislación, a la intervención estatal, y a la lucha por derechos del propio gremio, nociones constitutivas de una visión obrera sobre la cuestión social.

Percepciones constituidas: el derecho sin ley (o la fuerza del derecho obrero)

En varias oportunidades las preocupaciones y aspiraciones del gremio marítimo, transmitidas en sendas notas que podrían considerarse editoriales, discurrían sobre el devenir de las leyes presentadas, las deseadas, las existentes y no cumplidas, como la ley de cabotaje nacional y sus proyectos de modificación[419], o sobre la aplicación polémica de algunas como la que sancionaba el descanso dominical, y las repudiadas leyes de Residencia y Defensa Social.[420] Dejando de lado estas últimas leyes, que enmarcaron y potenciaron el accionar represivo estatal, y frente a las cuales la oposición por parte de la prensa marítima y los gremios en general supuso una acción sostenida de rechazo y movilización por su derogación, vale detenerse en las consideraciones en torno a la legislación que afectaba los modos del trabajo y las formas de resolución de los conflictos. Para el caso marítimo, una idea fecunda entre los trabajadores fue la existencia de derechos aún en ausencia de la ley, en una relación no lineal y ni directa entre ambos. Por un lado, la demanda y lucha por derechos asociados a su condición de trabajador no supuso la petición de leyes particulares, incluso convivió con el rechazo de distinta índole ante ciertos proyectos en danza. Pero al mismo tiempo, la oposición a

---

418 LUM 85, 1º mayo 1922.
419 LUM 43, octubre 1916,
420 LUM 8 al 16, junio 1912;

cierta legislación no admitió un rechazo al Estado, su presencia e intervención en el mundo laboral. La idea predominante de que los derechos se obtienen, consagran y mantienen por la lucha gremial y la movilización permanente caló hondo en la experiencia marítima, y constituyó uno de los pilares de su potencia sindical, sobre todo en los años de la Primera Guerra.

Con pocas expectativas en el "peticionistmo", el periódico fomista consideraba, por ejemplo, a la ley de descanso dominical 4661, sancionada y promulgada en agosto y septiembre de 1905 respectivamente, como un "aborto como todas (las leyes) que legislan derechos del pueblo." Así, el derecho existente no era creado por la ley, e incluso podía deformarlo o alterarlo. Al reproducir una nota del periódico libertario *La Antorcha* de 1911, inspirada en el pedido del sindicato de pasteleros por reglamentar y cumplir la ley del descanso el día domingo, para lo que solicitaban el nombramiento de inspectores e incluso se ofrecían ellos mismo para la tarea, la prensa marítima hacía propia la consideración negativa de dicha ley, aunque veían con agrado que su discusión trajera a la palestra pública el reconocimiento de la existencia de conflictos multisectoriales en ese terreno.[421] Aún peor era la valoración de la actitud del gremio pastelero, un verdadero colmo, ya que la posición de oficiar como inspectores de los pasteleros agremiados era intolerable. Años después es posible observar cambios en la consideración de dicha ley. En mayo de 1920 la sección Crónica Internacional se dedicó a reseñar las leyes sobre la jornada de 8 horas y el descanso dominical imperantes en varios países, desde Uruguay a Checoslovakia, revisando puntualmente las de Estados Unidos, Bélgica, Italia y Rusia, con sus diferencias cualitativas. Allí, los miembros de la redacción de la FOM informaban también, aprobatoriamente, como la OIT se encargaba de vigilar y ejecutar tales regulaciones. No podía ser de otra manera, ya que la federación había participado desde la primera conferencia marítima de aquel organismo internacional. (Caruso, 2011) Con una nueva mirada, la legislación sobre los días y tiempos del trabajo en la marina mercante fue retomada como tema ya no de debate, sino de diagnóstico, en varias oportunidades. La reproducción de los estudios pormenorizados de la OIT, que circulaban a partir de su revista y eran publicados en las páginas de *LUM*, daba cuenta de una preocupación

---

421 LUM 7, agosto 1911, "Ley de descanso dominical. Comentarios".

global con un carácter diferente. Así, en septiembre de 1922 nuevamente se analizaba esta cuestión, llamándose la atención sobre la situación en Argentina, donde la costumbre aún imponía los tiempos del trabajo.[422] En los diez años que median entre ambas posiciones expresadas en la prensa fomista, una poderosa experiencia sindical y la construcción de un diálogo con el Estado y sus instituciones marcó la visa sindical marítima, mediado por la dirección política *sindicalista* de la federación. (Caruso, 2016; cap. 5) Esto explicaría la publicación en enero de 1919, en plena contemporaneidad con los sucesos de la Semana Trágica, de la editorial titulada "Año nuevo. Gratas perspectivas", donde se propone como horizonte del trabajo gremial dos tareas prioritarias: la eliminación de intermediarios en la proveeduría de alimentos a bordo, la cual debía pasar a manos del sindicato, y la "reglamentación del trabajo y el estudio prolijo de los sueldos de acuerdo con la categoría."[423] Pasar de la costumbre (entendida como cotidiana explotación, injusta y opuesta al universo de la ley) a la regulación por la ley se presentaba así, hacia el final de la Gran Guerra, como una lucha prioritaria en la acción sindical marítima, en al cual la FOM volcó sus herramientas y direccionó su estrategia, en la "constante brega en defensa de nuestras aspiraciones de libertad, mejoramiento y bienestar."

Eduardo Pereyra, destacado militante del gremio marítimo y miembro de la corriente *sindicalista*, así lo entendía, y en aquellas páginas gremiales enfatizaba la necesidad de suplantar las costumbres establecidas por una reglamentación clara que ordene el trabajo, ya que "nada hay establecido al respecto: sólo está en vigencia el criterio de cada tripulante".[424] La ausencia de reglas era el terreno propicio para acciones abusivas y consuetudinarias. La arbitrariedad entendida como el fundamento de la "costumbre" laboral a bordo finalizaba allí donde la federación ordenaba las relaciones, o donde la ley imponía un marco.

Así como el caso de la ley de descanso dominical permite considerar los cambios en la percepción fomista de la ley y el poder estatal de regular y dar forma legal a los tiempos laborales, otros casos, como el debate en torno a la personería jurídica para los sindicatos o la ley de jubilaciones, permiten complejizar el panorama. Estas vienen a resaltar los matices de la posición

---

422 LUM 89, septiembre 1922.
423 LUM 59, enero 1919, p. 1.
424 LUM 65, julio 1920, "Necesidades en nuestra organización."

de un gremio con múltiples vínculos con el Estado, el que incluso por sobre tal acercamiento, acrítico por momentos, intentó sostener algunas de sus posiciones más potentes y doctrinariamente *sindicalistas*. Bien interesante resulta al respecto la polémica desatada con La Fraternidad ante el problema de la obtención de personería jurídica.[425] En varias de las notas dedicadas a este tema *LUM* contrapone la personería sindical a la personería jurídica demandada por La Fraternidad, un particular gremio ferroviario empeñado en obtener este estatus en el año 1922. Tal personería jurídica, la cual habían obtenido los gremios marítimos de maquinistas y capitanes, por ejemplo, no garantizaba en sí misma mejores condiciones ni derechos. Asumiendo su caso como ejemplo, la redacción fomista afirmaba que los decretos de oficialización de 1919 emanados del Poder Ejecutivo Nacional le habían dado a la FOM un lugar en la negociación con el Estado y los armadores, sin tener personería jurídica alguna, solo por la fuerza de su organización y su lucha. A la personería jurídica oponían así la pujanza y amplitud de la acción gremial que todo sindicato debe tener para llegar hasta los poderes públicos con voz propia; esa fuerza era garante y constructora de derechos.[426] Frente a la "metafísica del jesuitismo político corporativo de los burócratas de La Fraternidad"[427], o, en otras palabras, la personería jurídica, *LUM* defendía la acción reivindicativa de clase. En palabras de su secretario general, Francisco García, y en respuesta al gremio ferroviario, aceptar un arbitraje estatal -como ocurrió en la huelga de 1916- era solo un medio para imponer condiciones y no una forma de sometimiento, como sostenía la prensa ferroviaria. En aquel caso quien restó valor a la acción estatal y al laudo resultante no fueron los trabajadores sino los empresarios.[428] Sostenía García que la reunión mantenida con el Pte. Yrigoyen no había sido un pedido de protección, sino una exigencia de derechos, estando dispuestos a "imponerlos con la fuerza de la organización". Los trabajadores federados podían mostrar allí su personería sindical, aquella que gozan quienes han logrado la "exclusividad del trabajo y el contralor a bordo de las condiciones impuestas a los armadores", y la que no tenían ni maquinistas y ni capitanes, carentes de hegemonía

---

425 Sobre este gremio ver Badaloni, 2010, Suriano, 1991 y Gordillo, 1988.
426 LUM 87 julio 1922, p.1.
427 LUM 89, septiembre 1922.
428 LUM 44, noviembre 1916.

entre sus trabajadores, aunque tuvieran personería jurídica. La extensa nota del líder fomista denunciaba el "corporativismo legalitario" de La Fraternidad, y lo contrastaba con la acción de la federación marítima, presentada como adalid de las reivindicaciones de clase y la solidaridad. Tal acción obrera, de protesta y movilización, no se contraponía en la visión fomista, sino que venía a consolidar la demanda por leyes. Como cuestión de fondo se planteaba de una manera pragmática el lugar del Estado y su acción como un territorio a ser ganado para los intereses obreros. En la cosmovisión fomista la personería jurídica se presentaba como una falacia de resguardo frente a la competencia sindical, al interior del movimiento obrero y sus tendencias, y en segundo plano, frente a los ataques crecientes de organizaciones patronales y sus brigadas.[429] Como resguardo era un error, sostenía la prensa marítima, ya que concebían como única puerta real para la institucionalización la movilización y la organización masiva, es decir, la fuerza.

El caso del debate y movilización en torno a la ley de jubilaciones también es iluminador acerca de las nociones fomistas de la ley y los derechos. Otros autores que estudiaron la huelga general posterior a la existencia de la ley que reclamaba su suspensión, han privilegiado diversas dimensiones de aquel evento. Mientras para Joel Horowitz, la huelga de 1924 constituyó un episodio valioso para examinar fortalezas y debilidades del gobierno de Alvear y su política hacia los trabajadores, reforzando la idea de cierto obrerismo del partido gobernante en particular con los gremios marítimos y ferroviarios; para Cristian Aquino la campaña de agitación y la huelga constituyeron un momento en el que resurgieron componentes anticapitalistas dentro del sindicalismo revolucionario, expresadas en prácticas concretas, en oposición a la ley. Al repudio sindical generalizado se sumó el de todas las corrientes políticas de izquierda, incluido el mencionado *sindicalismo* y el anarquismo. Luciana Anapios ha mostrado como, para el caso libertario, detrás de esta oposición aparentemente monolítica, existían diferentes visiones.[430] La ley provocó dentro del movimiento obrero organizado, y particularmente al interior del anarquismo, diversas posiciones que, como la autora muestra, no fueron ni homogéneas ni meramente doctrinarias, desplegando variados

---

429 LUM 99, julio 1923, p.2, personería sindical y personería jurídica
430 Anapios, 2013

y novedosos argumentos. Así como la oposición de las centrales obreras explica el fracaso de la ley, al mismo tiempo hablita interrogantes en torno a la construcción histórica de un consenso favorable a la intervención del Estado entre los trabajadores y sus organizaciones, cuya configuración no fue ni lineal ni acumulativa, y merece un estudio que relea y contemple matices y temporalidades diversas.

En el caso marítimo, el debate en torno a esta ley fue extenso y profundo. Durante varios meses ocupó páginas y primeras planas de la prensa fomista, columnas de opinión e intervenciones de corta extensión incitando a tomar posición. De hecho, el debate se inició aún antes que las centrales obreras de la ciudad tomaran nota, ya que en agosto de 1922 el diputado por el partido gobernante Leónidas Anastasi presentó en la Cámara de Diputados un proyecto de Jubilaciones, Pensiones y Retiro para la Marina Mercante. Exhibido en el número de *LUM* de noviembre de 1922, dicho proyecto planteaba, entre varios elementos, que los fondos provendrían de los aportes salariales que mensualmente debían realizar los trabajadores, un 5% aquellos que cobraran más de $100; quienes estaban por debajo de esa cifra aportarían un 2 %.[431] A esto se sumaba el aporte de un mes de salario de aquellos con menos de 15 años de antigüedad, y de dos meses los que excedieran esos años. La administración de esta Caja de Jubilación estaría a cargo de una suerte de triunvirato conformado por tres representantes empresariales, tres gremiales y un presidente designado por el PEN y aprobado por el Senado. La proyectada Caja de Jubilaciones Marítimas fue puesta en consideración del gremio, e inició un arduo y extenso debate que se amplió al conjunto de los trabajadores con el proyecto gubernamental de la Ley de Jubilaciones, sancionada en 1924, y posteriormente suspendida y derogada tras la huelga general de ese año.

Por diversos motivos, la ley generó resistencias y oposiciones entre los trabajadores marítimos, que acudieron a la prensa. Algunos directamente llamaban a oponérsele sin reparos; otros, como su secretario general, mantenían la necesidad de discutir la ley, aun en su oposición. Así, el periódico fomista mostró una polifonía de ideas y argumentos en torno a la ley, signo del campo tenso, difuso, en plena construcción, en torno a la injerencia estatal y los derechos de los trabajadores. Precisamente

---

431   LUM 91, noviembre 1922, pg. 1.

Francisco García, en diciembre de 1922, reiteraba en torno al proyecto de ley jubilatoria: "como todas las leyes dictadas con fines de beneficiar a los trabajadores, no resuelven ni resolverán jamás el problema fundamental de sus reivindicaciones de clase." Pero al mismo tiempo llamaba a conocerla, debatirla, para consolidar la posición fomista y sus sentidos.[432] Preocupada por la constitución de la Caja y el origen de los fondos, y su disponibilidad la prensa marítima sostuvo, una vez más, el interés y plena incumbencia gremial en el debate y conocimiento en torno a la ley proyectada; esto era clave: "por bien de nuestra clase debe de ser estudiada". Si bien se esperaba todo de la acción sindical y nada del parlamentarismo, según reiteraban otras notas de tono doctrinario, el debate que la ley desató en las páginas del periódico muestra que tales expectativas no eran tan nulas ni estaban del todo ausentes. Así, se dedicaron número a número al estudio y crítica de la ley, entendida como una realidad a ser reformulada, apropiada, influida y, por último, puesta bajo la órbita de los propios intereses, claro está, mediando la acción y la movilización. Aun sosteniendo que tal ley no era otra cosa que "una de las tantas tretas del capitalismo para hacer creer que se preocupa por la felicidad de sus víctimas", la prensa marítima convocaba a informarse y debatir sobre los derroteros de la ley, para evitar que se "diete en la forma que más pueda perjudicarnos".[433]

El hecho de que la ley no haya surgido del sindicato sino de los "cabildeos partidistas" del radicalismo, la convertía en una iniciativa ajena a las tripulaciones, sus tareas y trabajos a bordo.[434] Así, una de las críticas más fuertes se refería al desconocimiento de los legisladores de aquel mundo laboral. Por ejemplo, la ley preveía 30 años de trabajo, pero ningún trabajador los alcanzaba y menos aún sin interrupciones. Llegar a los 30 años de trabajo era una "lejana e inalcanzable utopía", ya que la edad de 60 años era una expectativa de vida inalcanzable a bordo. A los 15 años de trabajo, relataba la prensa, un foguista o cualquier tripulante era un "hombre inutilizado", un "desecho". Tales apreciaciones muestran el nivel de preocupación y debate en torno a la ley, entendida como limitante de sus derechos, "torniquete" o "coto a nuestras aspiraciones de mejoramiento colectivo". Aunque la práctica sindical la

---

432 LUM 92, diciembre 1922, pg. 1.
433 LUM 99, julio 1923, p.5.
434 LUM 94, febrero 1923, p. 3.

FOM había logrado el control a bordo, su conquista más significativa, sin mediar la ley o reconocimiento institucional como garante de derechos, su experiencia hacia los primeros años de la década de 1920 hace evidente una incorporación tentativa, un conocimiento y discusión de la ley como herramienta gremial, en cuyo desarrollo la prensa gremial fue clave.

Al avanzar el debate jubilatorio en el conjunto de los trabajadores, y tras la promulgación de la ley, la prensa marítima publicó en febrero de 1924 en primera plana, una carta enviada por su Secretario General García al gobierno nacional.[435] En ella se comunicaba que, en asamblea extraordinaria, los trabajadores fomistas había rechazado la promulgación de la ley por unanimidad, por considerarla perjudicial, e iniciarían una etapa de gestión ardua por su suspensión y modificación, en particular los descuentos previstos al salario, ya que en el caso del primer buque en zarpar y aplicársele la ley, los salarios de la tripulación en viaje se habían reducido en un 18%. Con múltiples objeciones, la carta dejaba constancia que los trabajadores marítimos no eran adversos al principio de la jubilación, pero que debían rediscutirse sus formas y fundamentos, comprometiéndose a que el costo sea totalmente a cargo de las empresas. Y culminaba: "Sr. Presidente, consideramos la jubilación como un derecho, máxime los tiempos que corren, que son de revisión de valores, creadores de nuevos derechos consecuencias de luchas gigantescas, sostenida por la clase productora". En dicha asamblea, realizada en la mañana del día 20 de enero en el salón del Teatro Verdi del barrio portuario, el mismo García había sostenido que tal ley solo se combate con una huelga general, y no con resistencias personales como negarse a cobrar con descuento; así había comenzado a ocurrir en los barcos que zarpaban del puerto.[436] Una comisión especial del gremio había realizado un informe, leído y discutido en la asamblea, sobre las fallas y fundamentos de la ley, desarrollándose un intenso e interesante debate sobre si la ley presentaba "fallas" o su basamento mismo era equivocado. En este último sentido, la posición de Primitivo Fernández, que presidia la reunión obrera, ponía en cuestión el lugar de la ley en la vida de los trabajadores, en oposición al rol del sindicato garante de su trabajo y su vida.

---

435 LUM 105, febrero 1924, pg. 1.
436 Idem, pg. 3.

Desde aquella asamblea y por semanas el periódico fue una tribuna de debate. En una de las notas, firmada por el marítimo Ojeda, este afirmaba que la ley de jubilaciones, y las leyes en general, constituían una barrera impuesta por el Estado y las empresas a la acción obrera, a la que solo puede responderle la huelga y luchar por su derogación.[437] En cambio, Antonio Aguilar, en otra columna, afirmaba "pienso ºque el obrero una vez que haya forjado cierto tiempo su vida en la usina del trabajo, debe haber un derecho que le ampare en su vejez", y se preguntaba si así sería en la sociedad futura. Si bien criticaba la forma de la ley en discusión, la consideraba -de ser modificada – como única salida viable para evitar que se vieran "como se ven hoy tirados por las calles a cientos de hombres vencidos por el trabajo".[438] Sumando a esta multiplicidad de voces y argumentos, una carta en la misma página del periódico alzaba su denuncia contra la ley, que "lejos de proteger al obrero, le ocasiona una difícil situación, en espera de ser 'algún día' jubilado"; sostenía que tal como los lobos no hacen leyes para proteger a los corderos, la ley denigraba al productor. En el mismo sentido Blas Catania, otro federado, afirmaba: "Debe dársele el más franco repudio a esa ley por el hecho de ser tal, pues siendo ley tiene que irremisiblemente ser mala." Francisco Yodas, desde el territorio del Chaco, opinaba que la aplicación de la ley significaría la muerte de los sindicatos, tendiendo a "crear una fábrica de borregos serviles". El federado Ferreiro, en sintonía escribía "somos enemigos de esa ley y de todas las leyes burguesas y estatales que nos imponen", concluyendo su extensa nota con la siguiente idea: toda ley que favorece al Estado, genera consensos e impuestos, y al mismo tiempo no perjudica al capitalismo, debe ser abolida. El debate en torno a los sentidos de esta ley y de las leyes se hizo presente así en la prensa fomista en la segunda mitad del año 1924, no por primera vez, pero si con inusitada intensidad, construyendo un mosaico opiniones que por momentos parecían irreconciliables.

Al mismo tiempo, la enorme movilización obrera en contra de la ley mostró el rol crucial que la prensa obrera en general, y en el caso marítimo *LUM*, tuvo como herramienta de movilización, debate y argumentación. La íntima relación entre prensa y construcción de una movilización y

---

437 LUM 105, febrero 1924.
438 LUM 111, 20 julio 1924, pg. .1

lucha por derechos (en este caso por el derecho al bienestar en la vejez y en contra de costearla con los propios salarios) queda de manifiesto en las páginas fomistas. Si bien esta relación entre la prensa y la movilización callejera y urbana no fue privativa de la prensa gremial, la misma encontró allí una potencia inusitada.[439] Los sentidos puestos en juego en la prensa marítima se trasladaron así a la acción de rechazo por la ley tal cual estaba. Declarada la huelga general contra la ley jubilatoria, llamada "ley aborto", "calote", robo o infamia por *LUM*, el debate de la misma en el sector marítimo tuvo severas consecuencias para la FOM y su alianza estratégica con otros sectores, como los capitanes de bordo, quienes apoyaron la ley. (Horowitz, 2001) Su relación con el Centro de Capitanes se vio erosionada de manera tal que su acción conjunta tardaría décadas en reeditarse.

El caso de la ley de jubilaciones, una vez más, aparte de visibilizar la vitalidad del debate obrero y el lugar nodal de la prensa en la constitución de las nociones sobre la ley, quien la propone y para qué, y su relación con los derechos, también permite problematizar los desfasajes entre las ideas doctrinarias que sustentaron la organización sindical y la práctica concreta, las variadas consideraciones entre los trabajadores afiliados, las disputas políticas en torno a la ley. Así, entre la derogación de la ley burguesa y la búsqueda de bienestar en la vejez en función de aportes patronales, el caso marítimo muestra la constitución polisémica del sentido de la ley, cuya multiplicidad tal vez será menos intensa en las décadas venideras, lo cual potencia la necesidad de conocerla en toda su extensión.

Voces a coro: Estado y *LUM*

Como elemento reiterado en la experiencia obrera marítima, su lucha gremial y de protesta se dio de manera simultánea e imbricada con la negociación y diálogo con el Estado. La reconstrucción de la intervención estatal en el conflicto marítimo realizada en otro trabajo permitió llamar la atención acerca de la impronta que el Estado Nacional tuvo en esa experiencia y en su sindicato.[440] De forma temprana y múltiple el Estado se hizo presente ya en las primeras huelgas de marineros

---

439 Para el caso de la prensa política ver Rojkind 2012.
440 Caruso, 2014

de fines del siglo XIX. Esto no evitó el carácter eventual de su acción, carente de respaldo legal. Anclada en la Policía de la Ciudad y en ciertos Ministros como Marina e Interior, la voz del Estado amplio su polifonía en el mundo marítimo con la aparición del DNT, organismo que desde 1907 colaboró en la configuración del mundo laboral a bordo como un campo de acción pública, incentivando la participación de gremios y empresas en negociaciones colectivas y en la aceptación de la acción estatal.[441] A pesar de sus diversas limitaciones, la intensa vinculación de este departamento con los gremios marítimas, en particular en el período fomista, contribuyó a formar un vínculo entre estos trabajadores y el Estado, favoreciendo la predisposición mutua.

Las primeras sociedades de marineros y foguistas mantuvieron múltiples y diversos diálogos con dependencias estatales portuarias y laborales, y con miembros del gobierno nacional. En épocas de conflicto bregaron por la mediación de las autoridades estatales. Al constituirse la FOM, esta recogió una experiencia gremial en la que los trabajadores marítimos acudieron a Prefectos y Ministros en busca de apoyo a su causa, y solicitaron muchas veces su presencia e intervención. Si se considera que en los primeros años del siglo XX el trabajo marítimo se constituyó en un campo de acción pública, siendo éste uno de los primeros ámbitos donde se desarrollaron, por ejemplo, la mediación policial y formas de negociación colectiva, debe sumarse la mirada atenta a los propios trabajadores que, a través de su organización y su periódico, constituyeron demandas y nociones en torno al accionar estatal en el campo del trabajo, y a entender los problemas del trabajo en función de la ley y el derecho. Al preguntarse por los motivos o causas de la atención estatal, a primera vista surgen varias respuestas posibles. El lugar central de estos trabajadores y su actividad en la estructura agroexportadora, y la potencialidad de sus acciones en la interrupción del tráfico fluvial y el movimiento portuario resultan insoslayables. Si, en cambio, se piensa en cómo miraron, entendieron y argumentaron los trabajadores embarcados su relación con el Estado y la política laboral a través de su prensa, surgen varios y nuevos elementos.

Dando cuenta de la particular relación de la FOM con el DNT, la prensa fomista publicó en diversas entregas notas del Boletín de dicho

---

441 Sobre la historia de este departamento ver Suriano y Lobato 2014.

departamento, apropiándose de esa voz estatal nada menos que para contar su propia historia en su periódico. *LUM* eligió reproducir las notas del DNT que recopilaban desde su origen, las luchas, demandas y organización de los trabajadores marítimos, y que había publicado el organismo estatal. En la primera de las entregas, el redactor gremial sostenía que, por deseo y necesidad de los propios obreros embarcados, y para provecho del conjunto de los trabajadores citadinos, se copiaban allí valiosos documentos sobre la historia sindical marítima. Así, entre fines de 1919 e inicios de 1921, tal vez una de las coyunturas más conflictivas en el puerto, y de mayor reclamo hacia el Estado, la prensa marítima elevó su voz para contar su propia historia con las palabras de la dependencia estatal, surgida de la particular pluma del funcionario José Elias Niklison.[442]

Esta imbricación entre las voces del sindicato marítimo y la oficina laboral es en sí misma reveladora de un vínculo basal. De hecho, los contactos entre el DNT y los trabajadores marítimos fueron profundos y permanentes, visiblemente intensos en momentos de huelga y movilización. Así lo muestra el hecho que, en la huelga general marítima de 1911, una asamblea de marineros y foguistas nombrara miembro honorario a un funcionario del DNT, el abogado Julio Villafañe, y lo autorizara a negociar con las empresas como su representante legal. De a misma forma, en la huelga de fines del año 1916, cuando en los primeros días el presidente del DNT, Julio Lezana, luego de visitar otros agentes del puerto, asistió a la asamblea obrera que se desarrollaba en la plaza Solís. Para caracterizar la estrecha vinculación entre los funcionarios del organismo estatal y los trabajadores de la FOM nada mejor que referir al desembarco forzoso sucedido en la mañana del 7 de diciembre, cuando los obreros que estaban por iniciar su asamblea, enterados de que tres vapores estaban listos para zarpar con personal no agremiado, enviaron una comisión de huelguistas, acompañados del inspector del DNT Rouco Oliva y el diputado socialista Zaccagnini. Al ver tales embarcaciones y comprobar que los tripulantes no sólo no estaban adheridos a la FOM, sino que ni siquiera tenían libreta de embarque o matrícula, intimaron

---

[442] LUM 57, noviembre 1919, parte 1; LUM 58, diciembre 1919 parte 2; LUM 59, enero 1920 parte 3; 60 febrero 1920; LUM 62, abril 1920; LUM 63 mayo 1920; 64 junio 1920; LUM 65 julio 1920,; LUM 66 agosto 1920; LUM 67 septiembre 1920; LUM 69, noviembre 1920; LUM 70, diciembre 1920; LUM 73, 1 marzo 1921.

estos tripulantes a bajar a tierra, amarrando los buques con los pasajeros a bordo.[443] El mismo Rouco Oliva, quien desde febrero de 1916 había sido nombrado inspector de la zona portuaria por el DNT[444], participó en diversas asambleas y reuniones, interviniendo de cuando en cuando como orador a favor de la mediación estatal, explicando en detalle cuales sus implicancias, su significado y las expectativas de su alcance. Al terminar su intervención, "el orador fue largamente aplaudido por la concurrencia".[445] Otro tanto hizo Alejandro Unsain, destacado funcionario, quien estuvo presente en las asambleas obreras del Teatro Verdi.[446] Aunque las presencia y gestiones de estos funcionarios no fueran el canal estatal elegido por el gobierno nacional para su intervención, su participación y actividad prolífica tuvo un rol crucial en la percepción fragmentaria y disímil del Estado por parte de la federación marítima. Sus iniciativas, propuestas y gestiones construyeron un vínculo con el sindicato, cuya interacción fue vehículo de legitimación tanto para los reclamos obreros como para la acción estatal. En su interacción, organismo y gremio colaboraban en la conformación de una visión de las relaciones laborales como campo público y de intervención estatal, y constituyeron conjuntamente discurso fuertemente legalista.

En contraste, la acción del Ministerio del Interior, Prefectura y Ministerio de Marina mostraron la existencia de diversas posiciones del Estado ante el conflicto marítimo, sustentando la multiplicidad de vínculos disimiles entre el sindicato y "los Estados". Lejos de ser homogéneo, como a veces suele pensárselo, el Estado fue pensado por los trabajadores marítimos desde una multiplicidad de espacios y políticas, plasmada en estos diversos organismos. Si, como fue mencionado, el DNT era percibido en total sintonía con sus aspiraciones e intereses, tal como lo expresan las páginas de *LUM*, la Prefectura y los Ministerios eran objeto

---

443 La Prensa, 7 de diciembre 1916.
444 El DNT implementó un servicio de inspección permanente del puerto a cargo de la División de Inspección, dirigida por Alejandro Unsain, y el inspector nombrado fue Antonio Rouco Oliva, quien debía vigilar las operaciones de carga y descarga, realizar sumarios sobre los frecuentes accidentes de trabajo, estableciendo la existencia y grado de responsabilidad patronal, y confeccionar estadísticas sobre las condiciones de trabajo, contratación y salario. Boletín DNT Nº 36, enero 1918.
445 La Vanguardia, 26 de diciembre 1916.
446 Boletín DNT Nº 37, marzo 1918.

de constantes críticas, acusaciones y campañas contra sus posiciones antiobreras; tal era la percepción fomista del Estado, fragmentaria, contrapuesta y heterogénea.

Conclusiones

Hacia el año 1921 el periódico sindical marítimo publicaba fragmentos de un libro de pronta aparición, cuyo autor, Bartolomé Bossio, era entonces un conocido *sindicalista*. Allí se sostenía. "Muy pobre seria la defensa de los trabajadores si acudieran, para amparar su vida y sus intereses de productores, a la constitución burguesa [...] Es alimentar ilusiones funestas esperanzarse en el advenimiento de gobierno democráticos y respetuosos de la legalidad. Sería la esperanza de un nuevo Mesías, en un dios social, que lo armonizaría todo y conciliaría a todos; y vigilar, con paternal cuidado, que la acción, el desarrollo, la actividad de un grupo social no vaya a herir los intereses de otro u otros."[447] La retórica gremial formalizada en esta y otras notas de *LUM* intentaba apuntalar una lectura del Estado y las leyes, que no coincidía plenamente ni anulaba las otras múltiples formas, experiencias y vinculaciones que el sindicato tenía con los diversos organismos estatales, y que tuvieron un espacio clave y propicio de desarrollo en aquellas páginas de la federación.

Así, desde la creación misma de la FOM, superando carencias materiales, mudanzas, incapacidades e insolvencias, durante las décadas de 1910 y 1920 *LUM* se constituyó en la voz de la federación, desplegando sus capacidades normativas y pedagógica, constitutivas de la configuración identitaria y las nociones fomistas sobre el Estado y el trabajo, la ley y los derechos. Tales nociones cobraron diversos sentidos de acuerdo a la coyuntura, fueron discutidas y debatidas al interior mismo del gremio y en su prensa, trasladándose de posiciones más doctrinarias antiestatistas y antiparlamentarias, a usos y debates profundos sobre la ley y su relación con los derechos por ellos concebidos. Este análisis de la prensa gremial marítima la muestra sin dudas como una herramienta de organización, factor vital en la configuración de una particular cosmovisión de lo social, ni estática ni única, aprehensible a partir de diversos temas y coyunturas. Si, como se mostró, los derechos obreros existían en ausencia – y muchas

---

447 LUM 75, 1 mayo 1921, pg.4.

veces en contra- de determinadas leyes, en *LUM* estos eran entendidos y vinculados no a la legalidad estatal sino a la lucha y organización sindical, continua y potente, en sintonía con las ideas *sindicalistas*. Sin embargo, esto no inhabilitó el avance de un consenso, desarrollado para los años de la primera posguerra, sobre la necesidad de las leyes, como mostró el caso de la ley de descanso dominical y sus consideraciones en el tiempo. Ni unánime ni definitivo, tal consenso sobre la necesidad de la ley se constituía en oposición a lo que entendían por costumbre, esto es, ausencia de normativas laborales, abusos y explotación arbitraria.

Los debates en torno a la personería jurídica para los sindicatos y la ley de jubilaciones también mostraron las maneras complejas con las que la prensa fomista se posicionó ante la ley y la presencia estatal. Si en el caso de la personería jurídica su propia historia mostraba la inutilidad del reconocimiento estatal, ya que su poder a bordo había sido construido de hecho y por la movilización del gremio, al debatir la ley de jubilaciones a mediados de los años 20 la prensa mostraba un interés contundente y profuso por conocer y discutir la ley, la cual en su forma actual era rechazada, pero contenía en si futuras garantías a la vejez si era factible de modificaciones. Las divergentes posiciones de los trabajadores fomistas en torno a esto fueron desplegadas en su prensa, dejando al descubierto el rico debate obrero sobre estas cuestiones. Al mismo tiempo, el caso de la oposición a la ley de jubilaciones muestra como la prensa también actuó como motor aglutinante y detonador de sentidos para la acción y la movilización obrera, en función de sus lecturas sobre la ley, la vulneración de sus derechos y la intervención estatal. Por último, el vínculo del gremio marítimo con el DNT, la interacción con sus funcionarios, sus publicaciones, la imbricación de sus voces, devino en la configuración de un lenguaje común de derechos, ce carácter legalista, en el cual la prensa fomista fue elemento constitutivo y difusor de tales nociones, en la valoración positiva de la ley, sin por esto anular otros significados y valoraciones, en general cambiantes y ambiguos, con los que convivió durante la década.

El recorrido por las páginas de *LUM* y las principales coyunturas en las que se puso en debate el lugar del Estado muestra el camino sinuoso y conflictivo en torno a la ley en cuanto idea protección, a la vez que pone en primer plano la noción de derecho no sancionado por la legislación (pensada permanentemente como campo de disputas), sino como práctica, producto de la organización y la fuerza, y parte vital de la identidad gremial fomista. Como se ha visto en los debates sobre la personería jurídica y la ley de jubilaciones, por ejemplo, el lenguaje de derechos constituido por el gremio marítimo en su prensa y sus prácticas, no incluyó la lucha por la institucionalización de derechos y de la propia organización, al mismo tiempo que la federación entablaba un vínculo cercano y colaborativo con el DNT. El recorrido de estas concepciones y sus debates en la prensa permite matizar y mensurar la construcción no acumulativa de la noción de trabajador como sujeto de derechos y legalidad, y del sindicato como sujeto publico reconocido por el Estado. En el caso de la jubilación, concebida como un derecho, su estatuto de ley fue resistido y puesto en cuestión.

En última instancia, este estudio de la prensa marítima, inescindible de un mundo extenso de la prensa obrera y de las izquierdas, ilumina las potencialidades de tomar a la prensa periódica no como documento para el estudio de otros procesos, sino como objeto en sí misma, como elemento clave y constitutivo de la experiencia de un grupo laboral determinado, como la materialización de un determinado proyecto vinculado a las expectativas, acciones, debates y lecturas del mundo sostenidas por esos trabajadores.

La revista *Informaciones Sociales*: la OIT y Argentina en la latinoamericanización de la cuestión social en los años veinte

Juan Martín-Sánchez[448]

Presentación

En noviembre de 1923, la Organización Internacional del Trabajo lanza la revista *Informaciones Sociales* como proyecto de difusión de su labor y comunicación con los diversos actores (gobiernos, sindicatos y patronales, así como académicos, intelectuales, asociaciones civiles e interesados en general) que estaban participando en la construcción e institucionalización de una agenda internacional sobre las relaciones laborales y la "cuestión social". Siguiendo el paso de otras revistas que la preceden en francés, inglés, alemán e italiano, la OIT busca una cobertura en español que la diera a conocer pero con una especial atención a los asuntos más destacados en los países latinoamericanos y España. Argentina participó en los contenidos y el desarrollo de la revista desde el primer número, contribuyendo de manera destacada a configurar la agenda básica de la cuestión social en América Latina. Con la sociohistoria de esta revista, buscamos mostrar el esfuerzo de implantación de la OIT en la región, su

---

448 Este ensayo se ha desarrollado dentro de los siguientes dos proyectos de investigación: "Dinámicas socioculturales en la construcción histórica de la cuestión social: espacios, actores, disputas y mediaciones. Argentina, 1870-1930" HAR2012-38549; y "Los reversos del indigenismo: socio-historia de las categorías étnico-raciales y sus usos en las sociedades latinoamericanas" (RE-INTERINDI) HAR2013-41596-P.

agenda de institucionalización y cooperación tripartita, y el papel que las delegaciones argentinas jugaron en este proceso.

En el trabajo de Robert Castel *La metamorfosis de la cuestión social*, se solapan dos miradas sobre la historia de la cuestión social que es bueno diferenciar. Por una parte, aquella que ve y muestra los recorridos del "trabajo" en sus diversas formas históricas. Por otra parte, estaría la mirada de los debates y proyectos de solución institucional a los conflictos sociales modernos correlacionados con la industrialización, la urbanización y el desarrollo de los estados nacionales. Es esta segunda mirada la que nos muestra el trabajo-empleo como "una norma social" institucionalizada en las sociedades industriales de buena parte del siglo XX y la cuestión social como un asunto centrado en la "exclusión" y la cohesión social, como elementos vertebradores de la estructura general de la sociedad;[449] es decir, de sus problemas y posibilidades como nación. En este ensayo nos mantendremos dentro de esta segunda mirada, atendiendo a sus temas y agentes privilegiados, pero sin asumir el alto grado de funcionalismo, incluso organicismo, que la misma conlleva. Nos colocamos en esta mirada porque mantenemos la hipótesis de que es equivalente a la que tuvieron los principales actores e instituciones aquí investigados en las primeras décadas del siglo XX. En la parcial historia que aquí presentamos, vemos ese objetivo de construir instituciones, leyes, conocimientos, redes, prácticas de negociación y confrontación, que procuraran arreglos nacionales e internacionales a los grandes conflictos sociales, políticos y militares vividos en aquel inicio de siglo. Obviamente, la historia no es completa y queda fuera toda esa otra mirada a las trayectorias y actuaciones de los protagonistas históricos y a sus propios horizontes epistemológicos.

Comenzamos con una presentación del proyecto de la OIT, pero no lo hacemos desde la historia oficial de la propia organización, tampoco desde un intento de historia académica. Nos interesa mostrar la reivindicación que del proyecto de la OIT hicieron dos de sus primeros valedores y portavoces en español, el argentino Alejandro Unsain y el español Antonio Fabra Ribas. Continuamos con un apartado en el que presentamos la revista *Informaciones Sociales* en sus rasgos y objetivos editoriales, nada menos que los de "informar", en el sentido de ordenar y normalizar,

---

449 Castel, 1997, pp. 327-342.

los debates y desarrollos jurídicos internacionales sobre la cuestión social con un sesgo latinoamericano. Analizamos en este segundo apartado, las apariciones que Argentina (como tema y como actor) tuvo en dicha revista. En el tercer aparatado se presenta y discute, a partir de lo publicado por la propia revista, el debate sobre si América Latina tenía rasgos comunes propios en el desarrollo de la cuestión social y en su legislación social. En este debate se encuentran los elementos básicos con que se enmarco la cuestión social en América Latina más allá de las muchas diferencias nacionales, lo que podemos llamar una latinoamericanización de la cuestión social.

El proyecto de la OIT: según Alejandro Unsain y Antonio Fabra Ribas

En 2013 apareció la, hasta el momento, mejor compilación de trabajos de investigación sobre las primeras décadas de la historia de la OIT en América Latina. El volumen, coordinado por Fabián Herrara León y Patricio Herrera González,[450] trata de resolver el fuerte sesgo que la historiografía y las ciencias sociales han tenido hacia el protagonismo de los países industrializados del Norte, sus organizaciones e instituciones. Sin duda que el papel de ningún país latinoamericano es comparable al jugado por Gran Bretaña, Francia o Italia en el desarrollo temprano de la OIT, pero tampoco cabe duda de que la integración de los países latinoamericanos en la organización fue la prueba de fuego del "universalismo" internacionalista postulado como razón de ser de la OIT. En la presentación que la propia OIT hace de su historia en su página web en Internet son muy pocas las referencias a América Latina --la Primera Conferencia Internacional de Países Americanos Miembros de la OIT, celebrada en Santiago de Chile en 1936, y a la puesta en marcha del Programa Indigenista Andino en 1951— aunque en el libro titulado *Organización*

---

450 La proximidad del centenario de su fundación, en 2019, ha promovido en el propio seno de la organización una ingente labor de recuperación de archivos y su digitalización, así como la promoción de la investigación. El capítulo de "Introducción" que firma Magaly Rodríguez García en el volumen coordinado por Herrera León y Herrera González es una documentada presentación de esta renovación historiográfica. León y González, 2013.

Internacional del Trabajo y la lucha por la justicia social, 1919-2009[451] sí se hacen numerosas referencias al papel del América Latina en la historia de la OIT. Aquí sólo queremos traer las voces de dos personalidades y dos instituciones que abogaron por la expansión y el éxito de la OIT. La extensión y la intensidad que dedicaron a esta labor de promoción nos dan otra mirada sobre el papel de los actores latinoamericanos y españoles en los primeros años de la OIT, labor en que se inserta la revista *Informaciones Sociales*.

Los números 45 y 47 de 1920 del *Boletín del Departamento Nacional del Trabajo de Argentina* (en adelante *BDNT*), estuvieron dedicados de manera monográfica a la presentación de las dos primeras Conferencias Internacionales del Trabajo (Washington en 1919 y Génova en 1920) promovidas por la OIT en el seno de la Sociedad de Naciones. El encargado de redactar ambos monográficos fue Alejandro Unsain, jefe de inspección del Departamento Nacional del Trabajo en aquellos momentos, asesor técnico de las delegaciones argentinas en las dos conferencias señaladas y, posteriormente, delegado gubernamental argentino en varias sesiones del Consejo de Administración de la OIT.[452] Ambos números del *BDNT* unen los dos propósitos básicos de este tipo de publicaciones: la información detallada de la vida de las instituciones de que son órganos de difusión, así como de instituciones afines con la que mantienen relación, y su labor de proselitismo a favor del reformismo social. En ambos, aunque sobre todo en el segundo que sí firma como autor, también se ve el esfuerzo publicista del propio Unsain y los vínculos de éste con sus homólogos españoles en este esfuerzo. El primer párrafo de la exposición del número 45 del *BDNT* dice así:

---

451 Rodgers, 2009.
452 Sobre Alejandro Unsain hay informaciones dispersas y muchas referencias a su obra y persona, pero pocos trabajos académicos que den cuenta de su trayectoria personal y la relevancia de su contribución en la legislación e institucionalización de las relaciones laborales en Argentina y en sus relaciones internacionales, tanto en su papel de representante de Argentina en el Consejo de Administración de la OIT en los años iniciales de éste, como en sus múltiples vínculos personales e intelectuales con miembros de instituciones sociales de América y Europa. Una breve biografía profesional puede encontrarse en Caterina 2010. Sobre la etapa histórica de Argentina y el desarrollo de las instituciones en que trabajó Unsain, pueden consultarse los trabajos de Caruso 2014, Lobato 2002 y 2007, Suriano 2013 y 2013a, entre otros.

La Conferencia Internacional del Trabajo que se reunió en Washington, iniciando sus sesiones el 19 de Octubre de 1919 y terminándolas el 29 de Noviembre del mismo año, constituye el esfuerzo más serio que haya sido hecho hasta el presente en el sentido de dotar de una legislación inspirada en los mismos principios a todos los trabajadores del mundo. No parece aventurado afirmar que la protección de los obreros ha comenzado en la esfera de lo municipal o comunal para extenderse luego a la provincia y terminar en el orden nacional. Pero semejante límite no satisface las exigencias actuales. Se desea, en efecto, colocar en lo posible a todos los obreros de los países igualmente desarrollados industrialmente, en un mismo plan de protección legal. La idea no es nueva ni ha nacido en la Conferencia de Versalles. Tiene, por el contrario, honrosos antecedentes que conviene recordar aquí, citando la parte pertinente del Memorial presentado a los delegados de la Conferencia de Washington por la delegación española.[453]

Quedaba enmarcado el principal objetivo que debiera orientar a la OIT, el de propiciar una adecuada armonización legislativa y social que limite la competencia internacional entre las potencias industriales obligadas a respetar unos mínimos niveles de justicia y protección de los trabajadores. Este objetivo, argumentaba el propio Tratado de Versalles, haría viable el mantenimiento de la paz entre las naciones al apoyarse en unos mismos principios de justicia social, al tiempo que se establecía que "el trabajo no debe considerarse como una mercancía o un artículo de comercio"[454]. En esta perspectiva, la Conferencia de Washington habría culminado intentos previos de acuerdos internacionales sobre límites de horas y edad de trabajo, horarios nocturnos, maternidad y desempleo. Como Unsain subrayaba, eran asuntos que, por su propia naturaleza dentro del desarrollo de la economía mundial, necesitaban de una integración progresiva desde lo local a lo internacional. A renglón seguido de la anterior presentación, Unsain usará de manera extensa e intensa el material preparado por

---

[453] *BDNT* 45, 1920, p. 3. Aunque no aparece firma de autor del monográfico, que en buena parte es transcripción de textos ajenos, sí podemos deducir que fue Alejandro Unsain su redactor ya que en varias ocasiones se hacen referencias a las obras de éste en primera persona.

[454] Primer principio fundamental de la primera constitución de la OIT, artículo 427 de la Parte XIII del Tratado de Versalles.

la delegación española para la Conferencia[455] en el que se muestran los antecedentes del nuevo marco internacional que establece la OIT. En la historia, por demás breve, de esos antecedentes, los países latinoamericanos y Argentina habían jugado un papel muy discreto, aunque en los ámbitos nacionales sí que habían logrado importantes avances y desde finales del siglo XIX sus intelectuales, funcionarios y activistas sí participaban en lo que Juan Suriano ha llamado "el mundo como taller de observación"[456]. La importante participación latinoamericana[457] en la Conferencia de Washington atestiguaba un declarado interés en tomar la iniciativa y Unsain así lo mostraba en su recuento de la participación Argentina en los dos monográficos que publica en el *BDNT*. A las dos primeras Conferencias Internacionales del Trabajo, se enviaron delegaciones completas con dos delegados gubernamentales, uno patronal y uno sindical, más el asesoramiento técnico de Unsain. Este daba cuenta de la participación de los delegados argentinos en la actividad de las comisiones de las Conferencias y del hecho de que Argentina fuera elegida para cubrir un puesto en el Consejo de Administración de la OIT en la reunión de Washington. En general, el tono es muy favorable y de cierta autosatisfacción con el papel realizado, pese a su posición secundaria. Claramente se trataba de una apuesta política por ocupar mejores posiciones en el nuevo escenario internacional.

Por su parte, España afrontó su participación en la puesta en marcha de la OIT con el claro objetivo de ganar una posición relevante, gracias a importantes apoyos europeos y, sobre todo, a cierto liderazgo de los países hispanohablantes. Para ello acudió a la Conferencia de Washington con una delegación completa de once miembros (dos gubernamentales, uno por los empresarios, uno por los sindicatos y el resto secretarios y secretarias de las tres partes), entre las que destacaban personalidades de gran prestigio entre los reformadores sociales de América Latina, como

---

455 Instituto de Reformas Sociales, 1919. El mismo material aparecería otras publicaciones del mismo Instituto, tanto en su *Boletín* como en informes posteriores sobre la labores de las Conferencias Internacionales del Trabajo.
456 Suriano, 2013.
457 De los 38 países que enviaron una delegación, ya fuera completa o no, quince eran de América Latina. OIT, 1930, p. 45.

Adolfo Posadas[458], director del Instituto de Reformas Sociales, o los miembros de la delegación sindical, con Francisco Largo Caballero al frente y Fernando de los Ríos y Luis Araquistain como asesores. También llevaron consigo diversas publicaciones y tres informes preparados para la ocasión, el ya mencionado sobre los antecedentes de la propia OIT que Alejandro Unsain usara en la presentación de ésta, el correspondiente documento con las respuestas de España al cuestionario enviado por el comité organizador de la Conferencia y un documento titulado *El Instituto de Reformas Sociales. Antecedentes. Disposiciones Orgánicas. Publicaciones.* La apuesta era clara, España presentaba las mejores credenciales para tener un papel protagonista en la OIT aunque su peso industrial, económico y político no fuera comparable al de otras naciones desarrolladas. El espíritu y la organización tripartita –gobierno, patronos y sindicatos-- del Instituto de Reformas Sociales era el más claro precedente de la propia constitución orgánica de la OIT[459]. Así mismo se presentó como principal valedora de la posición de los países de lengua española en la polémica sobre la restricción de los idiomas oficiales de la OIT al francés y el inglés, así como en la necesidad de que las naciones latinoamericanas tuvieran representación en el consejo de administración. Pero lo importante en este ensayo, no es tanto la habilidad y el éxito del trabajo de la delegación española en la Conferencia de Washington como su presentación y reivindicación del nuevo escenario internacional que abría la OIT. El Instituto de Reformas Sociales no sólo preparó la documentación para asistir a las Conferencia, sino que también le dio publicidad y a las actividades del Consejo de Administración de la OIT desde su origen en el *Boletín del Instituto de Reformas Sociales,* tanto en sus coberturas semanales de la información exterior como en ediciones

---

458 En 1910 y 1921, Posadas realizó dos viajes por Argentina, Chile, Paraguay y Uruguay, estableciendo con sus principales instituciones académicas acuerdos de colaboración e intercambio, en especial con las argentinas. Soria Moya, 2004.

459 Este antecedente organizacional en el caso español respecto de la propia OIT era conocido por los funcionarios de esta última, incluso por Albert Thomas que tenía por amigo y colaborador, antes de su arribo a la OIT, al socialista español Antonio Fabra Ribas. El propio Adolfo Posada reivindicaba contemporáneamente dicho antecedente, de lo que dio constancia en un artículo de 1930 publicado en la versión en español de la *Revista Internacional del Trabajo,* aúnque no fue publicado en las versiones oficiales de la revista en francés e inglés. Posada, 1930.

especiales, como la que agrupaba los números 187 a 189 del mismo Boletín de junio de 1920.[460]

Antonio Fabra Ribas no aparece explícitamente en la documentación sobre estos primeros momentos de la OIT en América Latina pero es probable que ya estuviera trabajando en la elaboración de los materiales y las publicaciones que se señalan más arriba, tras incorporarse como funcionario del Instituto de Reformas Sociales en 1918 o principios de 1919.[461] Militante destacado del Partido Socialista Obrero Español y de la Unión General de Trabajadores de España, colaborador próximo de su secretario general, Francisco Largo Caballero, Fabra Ribas tenía una sólida formación en idiomas y estudios laborales y sociales. Los textos publicados por el Instituto de Reformas Sociales serían la base fundamental de las presentaciones sobre los orígenes, fundamentos, organización y labor de la OIT que Fabra Ribas publicaría en los primeros números de la revista *Informaciones Sociales*, de la que era director, y de su libro de 1925, *La Organización Internacional del Trabajo*, con prólogo de Albert Thomas. Su amistad con este último, además de sus capacidades como publicista y sus numerosas relaciones en Europa y América, lo convertirían en el epicentro de lo que Yañez Andrade ha llamado la "conexión madrileña" que la OIT implementaría en los años veinte para su relación con América Latina.[462]

Ya en el primer número de *Informaciones Sociales*, de noviembre de 1923, Fabra Ribas abordaba la presentación de la OIT.[463] Como para Alejandro Unsain, la OIT era una oportunidad de construir institucio-

---

460 Las publicaciones del Instituto de Reformas Sociales de España, tanto los números del Boletín como los informes y memorias, se pueden encontrar en línea en el Repositorio Documental del Ministerio de Empleo y Seguridad Social (https://expinterweb.empleo.gob.es/jspui/).

461 No se encuentran trabajos académicos de valor sobre la muy interesante vida de Antonio Fabra Ribas, sí algunas notas biográficas en la página web de la Fundación Pablo Iglesias (http://www.fpabloiglesias.es/archivo-y-biblioteca/diccionario-biografico/biografias/5353_fabra-ribas-antonio, 18 de mayo de 2015, 13:50). Dos textos más académicos en: Martínez de Sas, 2008; Pérez Baró, 1970.

462 Yañez Andrade, 2013.

463 El primer número de la *International Labour Review*, de 1921, comienza con una presentación a la que sigue un texto de Albert Thomas sobre los orígenes y fundamentos de la OIT . Culmina con un texto sobre las realizaciones de la OIT hasta ese momento y con un relato de las actividades acometidas, la incorporaciones

nes y legislaciones internacionales sobre unos aspectos del desarrollo económico, social y político de la época –el trabajo y la cuestión social-- que por naturaleza superaban los ámbitos locales y nacionales, incluso los propiamente mercantiles. Se insistía, junto a los principios de paz, justicia social y trabajo humano, en esta dimensión internacional como el fundamento radical de la OIT, como establecía el preámbulo de la parte XIII del Tratado de Versalles[464]. Como veremos, toda la revista era un instrumento de presentación, divulgación y actuación de la OIT en lengua española. Fabra Ribas era consciente de esta tarea y ésta fue la razón y la estructura de su libro de 1925 justo en el momento en que se estaba preparando la visita de Albert Thomas a varios países del Cono Sur. Este libro --con 198 páginas, un prólogo de Thomas y once apartados, sin las limitaciones y obligaciones de la revista-- le permitió a Fabra Ribas una discusión más intensa del proyecto de la OIT, señalando algunas dificultades en su desarrollo, pero concluyendo que la OIT habría cumplido con su doble propósito de promover el trabajo "realmente humano" y de convertirse "en un excelente *clearing house* de informaciones sobre el movimiento obrero". [465]

Su objetivo de dirigirse de la manera más explícita y directa a los actores iberoamericanos era constante. En su libro de 1925, como en todos los números de *Informaciones Sociales,* se dedicaba atención expresa a las actividades de dichos actores. Y más vehemente fue en la conferencia que impartió durante *La Semana Social Iberoamericana de Sevilla,* de 1929 en la que convocó a los países ibéricos e iberoamericanos a romper con sus aislamientos nacionales y regional y asumir "que tienen una alta misión que cumplir y que no han encontrado todavía el medio de articular internacionalmente su actividad"[466]

Era claro, para Antonio Fabra Ribas, como para Alejandro Unsain, que el proyecto de la OIT ofrecía un nuevo espacio internacional para el estudio de la cuestión social en cada país y de sus dimensiones mundiales, lo que ayudaba a la promoción mejor fundada de normas y políticas protectoras del trabajo. A esta aproximación, que podríamos

---

de países y la celebración de las dos primeras Conferencias Internacionales del Trabajo.
464 *Informaciones Sociales*, vol. 1, 1, 1923, p. 6.
465 Fabra Ribas, 1925, p. 196.
466 Fabra Ribas, 1930, p. 463.

calificar de más "técnica", se unía otro aspecto en el que ambos pusieron gran énfasis y confianza política, la representación tripartita en las Conferencias Internacionales del Trabajo de cada año y en el Consejo de Administración de la misma OIT, algo que señalarían como un verdadero "parlamento social". Es importante tener en cuenta que, para los años veinte, el debate sobre los modos de representación política, basados en la concepción liberal individualista de la ciudadanía o basados en "cuerpos sociales", no estaba tan claramente definido a favor de la primera opción como después de la Segunda Guerra Mundial. Al mismo tiempo, esta constitución tripartita y la regularidad y continuidad de las Conferencias Internacionales, hicieron posible que la OIT se convirtiera en un laboratorio de comunicación y colaboración internacional entre diferentes países. Esto tuvo una gran relevancia en el desarrollo del sindicalismo latinoamericano más proclive a la colaboración con los gobiernos y a las políticas reformistas sobre la cuestión social, muchas veces combatidas con intensidad por el movimiento sindical más revolucionario.[467]

Veamos a continuación, cómo el proyecto de la OIT, su difusión e instalación durante los años veinte y su estructura organizacional son parte de la historia de la revista *Informaciones Sociales*.

Una revista para informar, integrar y normalizar en español: la presencia de Argentina en los contenidos de *Informaciones Sociales*

La publicación de una revista periódica, como órgano de difusión e intercambio de una organización social, durante la primera mitad del siglo XX era una acción política de primer orden. Obviamente, se trataba de un medio de comunicación y de organización para la propia entidad que la editaba y para los distintos actores sociales con los que se buscaba tener relaciones. Pero era fundamentalmente una acción política en el sentido de implementar, al mismo tiempo, un instrumento y una estrategia de intervención en el orden de las relaciones sociales. Esto era claro en la política editorial de la OIT desde su fundación. El primer número de enero de 1921 de la *International Labour Review* (en adelante *ILR*),

---

[467] Herrera González, 2013.

señalaba que con tal publicación se daba cumplimiento al artículo 393, párrafo cuarto, del Tratado de Paz que establecía que: "The International Labour Office will edit and publish in French and English, and in such other languages as the Governing Body may think desirable, a periodical paper dealing with problems of industry and employment of international interest."[468] Líneas más abajo en ese mismo editorial, se presentaban los objetivos, los contenidos y los destinatarios de la publicación. Bajo la presentación técnica, se puede deducir el propósito político de tener voz oficial propia, para lo cual no bastaba con las traducciones, el *Boletín* de la actividad interna de la organización, la inserción de noticias en la prensa de los países o las muchas publicaciones especializadas no periódicas. En palabras de la propia editorial de la *ILR*:

There still remained, however, a gap in the publications of the International Labour Office. There was needed a periodical which would bring together the statistical and other briefer scientific information regarding labour and industry from all nations. The new INTERNATIONAL LABOUR REVIEW will perform internationally much the same functions as are now being performed for certain countries by their official national publications.[469]

El propio Albert Thomas dejaba claro el carácter de instrumento político que se le daba a la revista en un artículo que publicó en ese mismo número de la *ILR*, subrayando que "International action if only possible it has the support of public opinion".[470] Por tanto, tratándose de una acción basada en un mandato del Tratado de Paz, el propio Consejo de Administración de la OIT fue el encargado de establecer el índice de contenidos, el formato, la orientación, la financiación, la dirección y la distribución de las ediciones oficiales de la revista.[471] Lo importante a retener es que la nueva revista de la OIT no aparecía en el vacío. En realidad había un gran número de publicaciones periódicas, con más o menos continuidad y cobertura, editadas por las nuevas entidades

---

468 *International Labour Review*, vol. I, 1, January 1921, p. 3.
469 Ídem.
470 Ibídem, p. 15
471 Algunos detalles más de este proceso se encuentran en Bollé 2012. También se puede encontrar el primer informe sobre la macha de las publicaciones de la OIT, que incluye el inicio de la *ILR* en el *Report of Director at Third Session of International Labour Conference*, Geneva, 1921, pp. 241-248.

gubernamentales en cuestiones sociales que estaban apareciendo desde finales del siglo XIX, así como por los propios sindicatos y organizaciones patronales, a las que habría que sumar la infinidad de instituciones académicas y civiles que intervenían en el intenso debate sobre la "cuestión social". Más que cubrir un vacío se trataba de normalizar el campo de discusión y situar a la OIT como gran protagonista internacional.

Informaciones Sociales tenía las mismas bases y los mismos objetivos que la revista oficial, en francés e inglés, de la OIT, aunque cambiando parcialmente el formato y, más importante, estableciendo el español como idioma y atributo identificador de su audiencia: la América hispano-hablante. El asunto del idioma oficial ya fue un tema importante en los debates de la primera Conferencia Internacional del Trabajo en Washington, en la que en aras del consenso se retiró la propuesta de declarar el español como idioma oficial, pero se instó al Consejo de Administración a que promoviera su uso en publicaciones de la OIT. El mismo Albert Thomas recordaba este señalamiento de la Conferencia de Washington en el breve prefacio que publicaba en el primer número de *Informaciones Sociales*, así como la importancia estratégica que los países de habla española tenían para el desarrollo de la OIT más allá de su menor desarrollo.[472] En el prefacio del número primero del segundo volumen, Thomas subraya el "inmenso interés que las grandes colectividades de habla española sienten hacia el movimiento social y hacia las iniciativas de los países industriales"[473], hasta el punto de convertir a la publicación en un gran éxito.[474]

Umberto Eco hablaba de que la estructura textual y argumental eran los marcos básicos para la adecuación creativa que hacía posible el entendimiento entre autores y lectores.[475] Aplicando esta idea a nuestra revista, en su índice de contenidos encontramos, por una parte, la propia estructura organizacional y política de la OIT y, por otra, la tipología básica de sus destinatarios y lectores. De *Informaciones Sociales* se publicarían 11 volúmenes entre noviembre de 1923 y diciembre de 1929.

---

472 *Informaciones Sociales*, vol. I, 1, 1923, pp. 3-4.
473 *Informaciones Sociales*, vol. II, 1, 1924, p. 4.
474 En 1927, el delegado gubernamental de España en el Consejo de Administración de la OIT, indicaba que los ingresos por la venta de la revista eran mayores a los de su impresión y expedición. *Informaciones Sociales*, vol. VII, 6, 1927, p. 54.
475 Eco, 1997.

Excepto el primer volumen y el quinto, que tuvieron 12 y 8 números respectivamente, todos los demás se publicaron con 6 números. El paso de 30 a 100 páginas por número desde el segundo volumen aumentó el espacio para dar más noticias y contenidos. Este aumento no fue de más del triple, como sugiere el incremento de páginas, sino de menos del doble, al reducirse los números por volumen de 12 a 6, aunque los años 1927, 1928 y 1929 se publicarían dos volúmenes, ampliando considerablemente la cobertura de los asuntos tratados. Desde 1930, cambiaría de nombre para llamarse *Revista Internacional del Trabajo (Informaciones Sociales) Edición hispánica de doctrina y legislación internacional del trabajo*. Con este cambio de nombre y, en parte, de la estructura, se aproximaba más a la edición francesa y la inglesa de la revista oficial de la OIT, aunque mantenía algunos rasgos distintivos y cierta autonomía hasta su identificación completa en 1951[476].

Durante los siete años de nuestro análisis, en todos los números se mantuvo un índice de contenidos muy similar, con algunas variaciones en el orden y en la aparición, la desaparición o el cambio de título de algún apartado, pero con la misma estructura y línea editorial. En el cuadro de más abajo se incluye el índice completo. En algunas ocasiones se iniciaba con algún texto editorial o prefacio, pero lo regular era comenzar con varios artículos temáticos que eran firmados por sus autores. La mayoría de ellos procedían de la traducción completa o sintética de artículos publicados en las ediciones oficiales de la revista, y en ellos se trataban asuntos de actualidad o que tuvieran que ver con los convenios aprobados por la Conferencias Internacionales del Trabajo. Era el espacio para el debate y la información consolidada. La revista trató de ir incluyendo artículos sobre la situación social general o de algún sector de los países a los que estaba dirigida, además de ir construyendo una lista de contenidos propios para los países latinoamericanos. Con este último objetivo se publicaron varios artículos firmados por Moisés Poblete Troncoso sobre legislación social en América Latina. A esta sección de artículos le seguían tres apartados sobre los componentes organizacionales de la OIT: su propia actividad, liderada por la acción de los órganos de gobierno, comisiones y los gobiernos estatales, y la actividad de los sindicatos internacionales y nacionales así como por las organizaciones de empresarios.

---

[476] Bollé, 2012.

Estos apartados eran tanto informativo como performativos, pues suponían actuaciones que daban reconocimiento a los actores y les interpelaba como miembros de la comunidad nacional e internacional bajo la mirada de la OIT.

A las secciones anteriores, le seguían, con similar pero no idéntico orden en cada número, un conjunto de temas sobre los que se daba información de manera regular, ya fuera para los contextos internacionales, regionales o nacionales. Iban desde estadísticas de precios hasta casos especiales de trabajadores como marinos, intelectuales o, en los últimos volúmenes, indígenas. La sección sobre "condiciones de trabajo" tuvo en todos los números un espacio apreciable y con ella cualquier lector se podía hacer una imagen comparada de cómo era el trabajo en un importante número de países, algunos de ellos en las antípodas. Y no faltaron las secciones sobre "legislación social", en la que se incluía un apartado para los países latinoamericanos, y sobre publicaciones, en las que aparecían las últimas revistas, libros o documentos de los que la OIT tenía noticias.

En conjunto, la mayor parte de los artículos, las noticias y las discusiones trataban sobre casos exteriores --aunque no ajenos-- a América Latina, destacando los contenidos sobre países industrializados como Francia, Gran Bretaña, Estados Unidos y Alemania, pero también sobre Italia, la Unión Soviética, Sudáfrica, India o Japón. Casi todos los países latinoamericanos tuvieron algún tratamiento en la revista desde las iniciales referencias a Haití y Cuba hasta las muchas referencias a Brasil o Chile y las más ocasionales a Perú o los países centroamericanos. Y, como veremos en el apartado siguiente, se discutió sobre si se podía hablar de una "cuestión social" latinoamericana.

Tomaremos la información directa sobre Argentina que apareció en *Informaciones Sociales* como muestra de cómo se daba esa adecuación creativa entre la estructura de la revista y sus destinatarios. Más abajo se encuentra un cuadro en el que se enlistan los contenidos de la revista según sus índices, y se identifica el número de referencias explícitas que se hace a Argentina en cada apartado de los índices de cada volumen y el total para cada uno de estos así como para el conjunto. Con esta información logramos una imagen sintética de la participación de Argentina en la revista que, salvando las distancias, podría valer como indicador de su participación en la OIT. También se dan los totales de las referencias que se hace a España para cada sección de los índices. Teniendo en cuenta el papel que España estaba jugando en esos primeros años de la OIT y que la revista se publicaba desde Madrid, constituye un buen contraste respecto del peso que tuvo Argentina en la revista.

Como se puede ver en el cuadro, las referencias directas a Argentina en los índices de la revista se concentran en las secciones "Condiciones de trabajo", "Movimientos migratorios" y "La cooperación", con 97 de las 142 referencias. A su vez, fue el volumen quinto de 1926, con 23 referencias, el que más acumuló, aunque la distribución entre los volúmenes no fue tan desigual como entre las secciones. Sorprende que en la sección de artículos doctrinales, sólo se encuentre una referencia directa a Argentina en un artículo sobre "Las condiciones del trabajo en algunas explotaciones forestales de la Argentina, del Brasil y de las Indias holandesas".[477] Durante el periodo estudiado, Argentina mantuvo un puesto electivo en el Consejo de Administración de la OIT, envió delegaciones completas a muchas de la Conferencias Internacionales del Trabajo, recibió a Albert Thomas durante su visita a América Latina de 1925 y tuvo, al menos desde 1927, un corresponsal directo de la OIT en Buenos Aires. Comparada con la aparición de España en nueve artículos de esa primera sección de la revista, muchos de ellos firmados por funcionarios españoles, el peso de Argentina en la parte doctrinal de la revista es nulo. Sin embargo, esta observación más cuantitativa oculta las reproducciones de los delegados argentinos en las Conferencias Internacionales del Trabajo que fueron muy significativas, como algunos debates sobre la representación tripartita en la organización o la calidad de sociedad industrial que pudiera tener Argentina y otros países latinoamericanos. Estas transcripciones se encuentran dispersas por diversos números de *Informaciones Sociales*.[478] Otro ejemplo de este tipo de noticias que sin mencionar a Argentina en el título sí están orientadas de manera destacada a este país, es la interesante reseña que se hace de "El primer Congreso Internacional de Economía Social" que organizó el Museo Social Argentino en Buenos Aries en octubre de 1924. La reseña, de cinco páginas, daba información

---

477 *Informaciones Sociales*, vol. IX, 6, 1928, pp. 3-9.
478 Un buen ejemplo lo encontramos en la respuesta del Sr. Dell'Oro Maini, delegado patronal de la Argentina, al informe del Director ante la VIII Conferencia Internacional del Trabajo de 1926: *Informaciones Sociales*, vol. V, 2, 1926, pp. 29-31.

sobre la fundación y los objetivos del Museo, así como del programa del congreso, los asistentes y los principales debates, poniendo el énfasis en las referencias a la OIT y el papel que Argentina estaba jugando en ésta.[479] Un momento culminante en este, hasta cierto punto, protagonismo de Argentina en esta primera década de vida de la OIT, se encuentra en la elección de Saavedra Lamas, delegado gubernamental de Argentina en la XI Conferencia Internacional del Trabajo celebrada en Ginebra en mayo-junio de 1928, para presidir dicha Conferencia. *Informaciones Sociales* relataba la propuesta que el Conde de Altea, delegado gubernamental de España en el Consejo de Administración, hizo de la candidatura argentina y reproducía parte del discurso de éste último.[480]

Entre las noticias que contienen la palabra Argentina en el título podemos encontrar desde las que presentan y analizan un "Proyecto de Carta orgánica para una nueva Central Obrera",[481] a las muchas noticias sobre condiciones de trabajo o movimientos migratorios, las nuevas propuestas legislativas en temas sociales o las alusiones a la OIT publicadas en la prensa argentina. Incluso hay varias noticias sobre uno de los temas que mayor protagonismo ganará en las décadas posteriores y en el que a la Argentina se le ha dado un escaso protagonismo, como eran las discusiones sobre el trabajo indígena.[482] También se dan noticias de las actividades del Departamento Nacional del Trabajo en varios números y de la intervención del presidente Alvear ante el Parlamento de la República en 1926, del que se citaban los siguientes párrafos:

«Teniendo en cuenta los nobles fines de justicia social que persigue y que realiza, el Gobierno ha participado en los esfuerzos hechos por la Organización Internacional del Trabajo. A la VII reunión de la Conferencia del Trabajo ha enviado una Delegación completa, compuesta por dos representantes gubernamentales, un representante patronal y un representante obrero…En aquella reunión, los Delegados gubernamentales eligieron por unanimidad a la República Argentina para ocupar uno

---

479 *Informaciones Sociales*, vol. IX, 1, 1928, pp. 7-10.
480 *Informaciones Sociales*, vol. II, 3, 1925, pp. 76-80.
481 *Informaciones Sociales*, vol. V, 1, 1926, pp. 46-48.
482 Aparecen en los volúmenes VI y VII de *Informaciones Sociales*, ambos de 1927, momento en el que la discusión sobre el trabajo forzoso y la cuestión colonial había ganado gran relevancia en las discusiones de las Conferencias Internacionales del Trabajo.

de los cuatro puestos gubernamentales no permanentes en el Consejo de Administración de la Oficina Internacional del Trabajo. Esta distinción, altamente significativa, demuestra el prestigio internacional de que disfruta la Argentina." [483]

Quedaba claro en esta cita del mensaje del presidente Alvear el doble interés de la participación de Argentina en la OIT: por una parte, el de la colaboración internacional en el desarrollo de los nuevos instrumentos de actuación respecto de la cuestión social; por otra parte, el objetivo diplomático y político en el que se defendía el prestigio del país en la esfera internacional, así como la vía pactada para la reforma social frente a las opciones más revolucionarias o la liberal-conservadora. La revista era un reflejo y un medio en que se desarrollaban estos dos intereses. Aunque apenas llegara a las bibliotecas universitarias y a los despachos de algunas administraciones públicas, de organizaciones sindicales y patronales y de varios intelectuales y profesionales, *Informaciones Sociales* era parte de una década, la de los años veinte, que aunó crecimiento económico y expansión comercial con la agudización de los conflictos sociales y laborales.[484]

Índice de contenidos y volúmenes de *Informaciones Sociales*: entradas en que se refiere directamente a Argentina por apartado en los índices y volúmenes; referencias directa a España, totales por apartado para los once volúmenes.

Contenidos	Volúmenes	1	2	3	4	5	6	7	8	9	10	11	ARG	ESP
Editoriales y Artículos Firmados										1			1	9
Organización Internacional Trabajo					2	4				3			9	10
Vida sindical obrera / Organizaciones obreras				1	2	1	1	1	1				7	16
Vida sindical patronal / Organizaciones patronales					2								2	10
Los precios y coste de vida													0	0
Paro forzoso y mano de obra						1					1		2	3

---

483 *Informaciones Sociales*, vol. V, 5, 1926, pp. 27-28.
484 Suriano, 2013; Lobato, 2002

Contenidos	Volúmenes	1	2	3	4	5	6	7	8	9	10	11	ARG	ESP
Los movimientos migratorios		5	2	6	2		2		3		2		22	15
Las condiciones del trabajo		4	3		3	10	8	7	8	7	6	4	60	36
La cooperación						4	3	1	5	2			15	2
Legislación internacional trabajo		2											2	0
Las condiciones de vida							2						2	2
Los seguros sociales		1				1							2	6
El mercado de trabajo													0	0
Los accidentes de trabajo													0	0
La vida económica						1							1	2
Salarios y precios al por menor													0	0
La agricultura			1		2					1		2	6	5
El trabajo de mujeres y niños			1	2	1		1				1		6	3
La formación profesional													0	5
La higiene y la seguridad			1	1									2	1
La marina mercante													0	2
Los funcionarios / Los empleados							1					1	2	0
Los trabajadores intelectuales													0	1
Organización Científica Trabajo													0	0
El paro y la colocación de obreros													0	0
El mutualismo / La previsión									1				1	0
Trabajo indígena y colonial													0	0
Calendarios de los próximos Congresos													0	0
Bibliografía / Legislación													0	0
Advertencias													0	0
VOLUMEN Y TOTALES		12	7	10	12	23	18	10	18	15	8	9	142	128

¿Una cuestión social latinoamericana?

Compartir un idioma, el español, y un pasado colonial no son asuntos suficientes para definir una misma cuestión social para todo el subcontinente.[485] *Informaciones Sociales* se propuso desde sus inicios superar esa limitación. Era cierto que el propio objetivo de informar en español tenía gran valor pero esto se habría conseguido con una mera traducción de las revistas y otras publicaciones que ya tenía la OIT en marcha. *Informaciones Sociales* era parte de un propósito más ambicioso en el que coincidían la dirección de la OIT, con Albert Thomas al frente, y sus contrapartes en América Latina y España. Se trataba de constituir al subcontinente en una región con identidad propia en la estrategia de expansión y consolidación de la OIT. Este objetivo enfrentaba algunos retos: la distancia geográfica y política entre las repúblicas latinoamericanas y las oficinas de Ginebra, distancias que apenas se redujo con la red de corresponsales y la instalación de una oficina permanente en Rio de Janeiro en 1925; la competencia del "panamericanismo" que procuraba una orientación hemisférica en torno a los Estados Unidos de América; los recelos entre los países latinoamericanos y las opciones divergentes entre los de mayor peso económico y político como Argentina, Brasil y Méjico; las fuertes diferencias regionales dentro del subcontinente y la propia heterogeneidad de las sociedades y los estados nacionales.

La publicación de *Informaciones Sociales* desde 1923 y el temprano viaje de Albert Thomas al Cono Sur en 1925 fueron dos instrumentos básicos para plantear la pregunta sobre la cuestión social latinoamericana y para enmarcarla en el primer desarrollo de la OIT. Visto desde casi un siglo de historia acumulada, podemos caer fácilmente en una visión teleológica simple y funcional. En realidad, la década de los años veinte fue muy incierta y tentativa, en muchos aspectos se trataba más del momento álgido del crecimiento iniciado en América Latinas en los años ochenta del siglo XIX que la reconfiguración que

---

485 Tanto la cuestión del idioma como la del pasado colonial son cuestiones muy polémicas. La colonización del Brasil por Portugal y las posesiones de Francia, Reino Unido y Holanda en el área complican ese mapa histórico, así como la influencia determinante de Estados Unidos desde finales del siglo XIX. También habría que subrayar la presencia de otros idiomas de origen prehispánico y la llegada de otras lenguas externas con las comunidades inmigrantes.

dejó la crisis de 1929 en adelante. Las respuestas más estructuradas sobre la cuestión social latinoamericana llegarían con las demandas de estas "nuevas" sociedades nacionales a partir del ciclo de Conferencias del Trabajo de Estados Americanos Integrantes de la OIT iniciado en Santiago de Chile en 1936, que culminaría con la apertura de una oficina para América Latina y el Caribe en Lima en 1968.

En los años veinte, el debate sobre la cuestión social estaba dominado por la toma de posiciones y el establecimiento de una agenda institucional. Un buen ejemplo de esto es una intervención de Alejandro Unsain en la X Conferencia Internacional del Trabajo en Ginebra en mayo de 1927 que reproduce *Informaciones Sociales*. En ésta, se aborda, como él dice, la importante y sugerente cuestión, planteada por el propio Albert Thomas pero sin darle respuesta, de «si existe un Derecho internacional de trabajo americano, que sería distinto del Derecho internacional europeo y del Derecho internacional en general».[486] Unsain aprovecha la ocasión para ofrecer algunas líneas básicas con las que dibujar esa cuestión social latinoamericana que necesariamente es distinta de la europea por las siguientes razones. Lo primero que subraya es que no sería una cuestión puramente jurídica o doctrinal, sino que se trataría de una diferencia entre la distinta composición social e histórica de los países en ambos lados del Atlántico: de inmigración los americanos y de emigración los europeos. Según Unsain, en los países latinoamericanos los ideales modernos de justicia y progreso social habrían llegado recientemente, pero habrían evolucionado a mayor velocidad que en Europa. Para ilustrarlo pone el caso de la legislación social argentina. Añade que fue una iniciativa estadounidense de 1914 la primera en proyectar la propia OIT, a la que habría que sumar el Congreso Americano de Ciencias Sociales de 1916, celebrado en Tucumán, y el Congreso Internacional de Economía Social que, por iniciativa del Museo Social Argentino, se reunió en Buenos Aires en 1924. Para cerrar el argumento, Unsain hace una expresa reivindicación de las Leyes de Indias como "una tradición tan honrosa como injustamente olvidada por la mayoría de los tratadistas y publicistas. [...] y que España puede presentar con explicable orgullo a la consideración de los historiadores del progreso social. "[487]

---

486 *Informaciones Sociales*, vol. VII, 1, p. 26.
487 Íbidem, p. 27.

En su intervención, Unsain no hace referencia al distinto grado de desarrollo industrial, al mayor peso del sector primario --agricultura y minería-- en la economía, a la dependencia de los mercados internacionales para sus exportaciones de productos y para la financiación del desarrollo económico, tampoco al reciente y débil control administrativo y jurídico sobre todo el territorio de cada país, ni a la presencia de poblaciones indígenas importantes en varias de las sociedades americanas. Todos esos asuntos serían los elementos básicos de la configuración de una cuestión social latinoamericana. Unsain se limita, con inteligencia táctica, a defender la legitimidad, social e histórica, de las naciones latinoamericanas para definir e intervenir en las dimensiones internacionales de la cuestión social. Por ello concluye con el siguiente párrafo:

Sin carácter expreso de petición y con alcances de simple sugestión, hemos deseado traer al seno de la Conferencia la idea, basada en las consideraciones que quedan expuestas, de la conveniencia que, para la Organización Internacional del Trabajo, positivamente tiene el crear una Oficina en alguno o algunos países de nuestro Continente. Sorprende un tanto que, a un paso de Ginebra, existan diversas corresponsalías y que se carezca de ellas en países tan alejados como los de Suramérica y en los que se producen hechos económicos y sociales que deben interesar a nuestra Organización, justamente creada para registrar todas las palpitaciones de la vida social, que suelen ser más vivas e intensas en las naciones jóvenes.[488]

Este planteamiento de Unsain era coherente con las noticias que se trasladaban a *Informaciones Sociales*. Hay temas en los que se quería poner mayor énfasis que en otros, como en la regulación de los flujos migratorios o en el desarrollo de una legislación protectoras sobre las condiciones de trabajo, así como en la presencia activa de Argentina en la OIT, junto a la de otros países latinoamericanos, incluso liderándolos. Pero no se trataba solo de un posicionamiento diplomático y político, pues también permanecía la pregunta sobre la definición de la cuestión social en América Latina como hilo conductor de las relaciones de la OIT con estos países y como guion básico de la revista *Informaciones Sociales*. Como se puede ver en el índice de contenidos de la revista mostrado más arriba, se trataba de un permanente cuestionario, que

---

488 Ídem.

constantemente debía ser actualizado, sobre la cuestión social en cada país, en la región y en su internacionalización. Además de las noticias particulares que aparecían en la revista sobre esos diversos temas del índice y de la indicación de las innovaciones legislativas, en varios volúmenes se dedicaba espacio a una o varias presentaciones breves de la legislación social y la cuestión social en determinados países, como sobre Perú, Chile, Portugal, España, Cuba o Rusia, Italia, India, etc.

Moisés Poblete Troncoso, alto funcionario chileno que se consolidaría como uno de los más destacados colaboradores de la OIT en América Latina,[489] asumió el encargo de sistematizar las informaciones sociales que se iban acumulando en torno a legislación social de cada país y de la región en su conjunto. Aún como director dcl Departamento dcl trabajo y profesor de economía social de la Universidad de Santiago de Chile, Poblete Troncoso firmaba un breve artículo en el segundo volumen de *Informaciones Sociales* que sirve como primer esquema para el debate y la compilación de información. En los primeros párrafos se presenta dicho esquema:

El problema económicosocial en los países de América latina ha nacido y adquirido pleno desarrollo mucho después que en Europa…A pesar de esto, la legislación social ha adquirido un gran desarrollo, especialmente en la postguerra, debido a la difusión e influencia innegables de los principios de la solidaridad humana proclamados por la Parte XIII del Tratado de Versalles y sintetizados en convenios y recomendaciones en las seis Conferencias Internacionales del Trabajo, celebradas bajo los auspicios de la Sociedad de las Naciones. Cinco países se destacan en la América por su avanzada legislación social: Argentina, Brasil, Uruguay, Chile y Méjico.[490]

Los fundamentos de legitimidad sobre el papel de los países latinoamericanos eran equivalentes a lo que mantendrá Unsain unos años después, pero el propósito de Poblete Troncoso era más técnico y limitado, estaba dando inicio a una investigación de comparación jurídica y socio-laboral. Para ello seleccionó a los países que mejor conocía y que habían desarrollado una legislación social más estructurada e innovadora en el momento del análisis, países que competían entre sí

---

489 Yáñez, 2013.
490 *Informaciones Sociales*, vol. II, 5, 1925, p. 3. (sic.)

por liderar la modernización, más o menos europeizante, en América Latina. También seleccionó cinco temas de análisis: contratos de trabajo, condiciones de trabajo de mujeres y niños, salario mínimo, condiciones mínimas de higiene y seguridad en el trabajo, y seguros de enfermedad. Apenas se realizaba un señalamiento de la legislación vigente y su ámbito territorial y subjetivo, aspectos que en estados federales tiene gran complejidad. Esos cinco temas eran habituales en los requerimientos de información que la OIT hacía a todos sus miembros, así como constantes en los índices de contenidos de la revista. Los párrafos iniciales, que antes hemos citado, también tenían algo de canónico, de obligado, especialmente en el señalamiento del carácter diferenciador de América Latina respecto de los países desarrollado. Sin embargo era una diferencia nada excepcional, pues eran muy pocos los lugares en el mudo que se hubieran desarrollado industrialmente como la cuenca del Ruhr en Alemania, el norte de Inglaterra, Turín o el eje Paris-Ámsterdam, y pocas, rarísimas, las ciudades como Nueva York, Londres o Tokio. Por tanto, la especificidad de la cuestión social latinoamericana no era su falta de desarrollo socioeconómico, sino su tipo de participación en el desarrollo ya existente. En 1928 y 1929 la OIT publicó en español dos recopilaciones de leyes del trabajo con el título *Legislación social de América Latina I-II*, y 366 y 645 páginas respectivamente.[491] Esta publicación fue muy bien acogida y pronto se convirtió en referencia obligada para cualquier estudio o discusión sobre el mismo tema, incluso en manual de trabajo para abogados, sindicalistas y administraciones públicas y privadas. En ambos volúmenes se podían encontrar las referencias y transcripciones de las principales nuevas normas que afectaban al mundo del trabajo. Pero esta compilación no tenía un sentido en sí misma más allá del puramente instrumental. Más allá de ese carácter, ¿qué sentido tenía poner juntas las leyes chilenas y las cubanas, o las venezolanas y las bolivianas?, ¿era tan importante el intercambio laboral y comercial entre esos países?, ¿se tomaban los estados latinoamericanos como modelos recíprocos para su desarrollo legislativo e institucional? Aunque estas preguntas requieren otras indagaciones, cabe también plantearse

---

491 Se puede acceder a estos libros en versión digital a través del catálogo on-line de la biblioteca de la OIT.

que se trataba del mismo doble esfuerzo de la OIT, ya señalado en apartados anteriores, de armonización legislativa y de construcción de un área política y diplomática de influencia. Los propios destinatarios directos de estas compilaciones así lo entendieron.[492] Para dotar de sentido intelectual y político a las compilaciones, la OIT incluyo una introducción al primer volumen que hacía explícitos sus propósitos y rechazaba los reproches de no prestar suficiente atención a los países latinoamericanos, introducción que es parcialmente reproducida en las revistas *International Labour Review* y en *Informaciones Sociales*. Además, el responsable de las compilaciones, Moisés Poblete Troncoso redactó un prólogo para cada volumen de la recopilación de leyes que iba más allá de la presentación de los objetivos, la metodología y las fuentes usadas. Se trataba de un auténtico desarrollo doctrinal de la cuestión social en América Latina como asunto que no sólo permitía la comparación entre países, sino que, también, vislumbraba un marco de referencia social e intelectual común. Es decir, la misma tesis que, con menos desarrollo y ambición, había defendido Alejandro Unsain frente al director de la OIT y el propio Poblete Troncoso indicaba en su artículo de 1925. En esta ocasión, el desarrollo doctrinal fue más ambicioso y se le dio la mayor cobertura.[493] Juntando los dos prólogos en uno, obtenemos un marco doctrinal para la latinoamericanización de la cuestión social, que la OIT hizo suyo aunque era un producto fundamentalmente latinoamericano, incluso propio del Cono Sur con

---

[492] Son muy ilustrativas las intervenciones que se refirieron a la publicación de las compilaciones citas durante la decimocuarta sesión de la XII Conferencia Internacional del Trabajo celebraba en Ginebra en mayo-junio de 1929, en especial la del Sr. De Castro, delegado gubernamental por Uruguay, que manifestaba, tras celebrar la publicación, que el esfuerzo que ésta suponía era insuficiente sin una mayor presencia de la OIT en América Latina, con oficinas y actuaciones, y de los latinoamericanos en la OIT, como funcionarios y representantes activos. *Informaciones Sociales*, vol. XI, 1, pp. 65-66.

[493] Los dos prólogos de Poblete Troncoso se publicaron en inglés en los números 1 y 2 del volumen 17, 1928, de *International Labour Review* y en *Informaciones Sociales*, vol. VIII, 1, de 1928, y vol. XI, 2 de 1929. Usamos estas ediciones en español por ser parte de la revista que analizamos.

referencias importantes al proceso revolucionario, jurídico y sindical mexicano.[494]

En la tabla de más abajo se muestra el índice de contenidos de los dos prólogos de Poblete Troncoso. Como es fácil ver, en conjunto son muy similares al índice de contenidos de la revista *Informaciones Sociales* que se mostró y comentó en el apartado anterior. Se constata la idea de que Poblete Troncoso se propuso realizar una síntesis y un ordenamiento doctrinal sobre legislación social y sobre la cuestión social en América Latina en comparación permanente con Europa y subrayar las diferencias latinoamericanas como elementos de avanzada y progreso.

Índices de contenidos de los prólogos de Moisés Poblete Troncoso para los dos volúmenes de *La legislación social de América Latina*, OIT, 1928-1929.

Prólogo Volumen 1º: La legislación social en la América latina
I. La evolución de las condiciones del trabajo en América latina.
1. El derecho obrero en la colonización española
2. Período intermedio.
II. Modalidades de la legislación social americana.
1. La inmigración.
2. Lo reciente de la legislación social americana. Influencia europea.
3. Falta de sectarismo.
4. La legislación agrícola.
5. El Derecho social americano.
6. Tendencia a la codificación del Derecho obrero americano.
7. El Derecho obrero americano y la situación de los extranjeros.
8. Cooperación de los países americanos en la política social internacional.
III. La legislación social americana.
1. Las Constituciones americanas y la política social.
2. Contrato individual de trabajo. Convenios colectivos.
3. Jornada de trabajo.

---

494 Aunque con otro asunto, el texto de Herrera González, 2013, es muy interesante en la reconstrucción histórica de este proceso de latinoamericanización de la cuestión social previo a la Segunda Guerra Mundial.

4. Descanso dominical.

5. Trabajo nocturno en las panaderías.

6. Legislación sindical.

7. La conciliación y el arbitraje.

8. Accidentes del trabajo y enfermedades profesionales.

9. Higiene industrial.

10. De los salarios.

11. Trabajo de mujeres y niños.

12. Contrato de trabajo de los empleados particulares.

13. La defensa del trabajador nacional.

14. Seguro de enfermedad.

15. Organismos técnicos de política social.

16. Habitaciones obreras.

17. Cooperativas.

18. Paro forzoso.

19. Conclusiones.

Prólogo Volumen 2º: la orientación de la Legislación social en la América Latina

1. Influencia de la legislación del trabajo en las ramas tradicionales del Derecho.

2. Nuevas tendencias a la codificación.

3. Jurisdicciones del trabajo.

4. La libertad sindical

5. La situación de los indígenas en la América Latina

6. Obreros agrícolas.

7. La inspección del trabajo y la estadística de los fenómenos sociales.

El primer prólogo comienza con los antecedentes de la legislación social, en el que dedica seis páginas a la colonia española y una al periodo republicanoo que va de la independencia a las primeras leyes obreras de finales del siglo XIX. La forma y el contenido de estos antecedentes constituyen un relato histórico modélico que podemos encontrar en el presente siglo XXI en muchas presentaciones generales sobre cualquier cuestión de América Latina. Eso sí, en plena década del veinte del pasado siglo, aún tenía peso la reivindicación del pasado hispánico como elemento de prestigio frente Europa y América del Norte. En ese relato, Poblete usaba la más actual historiografía jurídica producida en la universidad de la Plata en Argentina, en especial los trabajos de Carmelo Viñas Mey y Alejandro Unsain, del que cita, refiriéndose a la legislación colonial española, que "sorprende el contenido de alguna de ellas, la sabiduría y el humanismo de sus conceptos y la existencia que revela del problema que muchos creen nacido en nuestros días".[495] En los epígrafes posteriores se entiende la comparación ventajosa con la que sitúa a los países latinoamericanos respecto de los europeos: aunque los primeros son países de inmigración de personas, ideas e instituciones, con un desarrollo industrial y económico más reciente y limitado, son, en cualquier caso, países con mayor raigambres jurídica en el campo social y mayor voluntad por realizar en breve plazo los ideales de justicia social que representaba el proyecto de la OIT. Los elementos diferenciadores, como la inmigración, se convertían en ventajas comparativas, pues en América Latina sería el único espacio en el que los trabajadores extranjeros habrían sido equiparados a los nacionales desde su arribo, Así mismo, el relativo retraso legislativos habría propiciado que la codificación de las cuestiones sociales en las leyes y los textos constitucionales jugara con la ventaja de las experiencias europeas, lo que habría ayudado a que en América Latina se hubiera desarrolla todo un derecho social y laboral diferenciado del civil o el comercial. Pero además, en la presentación de Poblete Troncoso se mostraba como las innovaciones legislativas habrían sido sensibles a la evolución reciente del conflicto social, ya fuera en temas tan específicos como el trabajo nocturno en las panaderías o en otros más genéricos como los seguros sociales y los accidentes de trabajo. Añadía en sus prólogos, con mayor claridad en el segundo, "algunos problemas particulares de América latina, o que presentan una importancia peculiar, como son la situación del indígena y el trabajo agrícola."[496]

Si se contrasta el relato que nos ofrecen estos dos prólogos con el que podemos obtener de cualquier estudio histórico de las sociedades latinoamericanas de las primeras décadas del Siglo XX, resulta muy llamativo el nivel de disonancia entre el argumento y la realidad social,

---

495 *Informaciones Sociales*, vol. VIII, 1, p. 12.
496 *Informaciones Sociales*, vol. XI, 2, p. 4.

pero éste es un contraste que no nos ayuda a entender el trabajo realizado por la revista *Informaciones Sociales* y por los prólogos y demás referencias analizadas aquí. No es que Poblete Troncoso --o Alejandro Unsain o Antonio Fabra Ribas-- no conociera y no hiciera referencia a la realidad social de conflictos, explotación y falta de aplicación de la ley promulgada, al escaso desarrollo de las administraciones públicas y su débil capacidad para imponerse en amplias áreas geográficas y políticas de los países latinoamericanos. No es que no fuera consciente del papel ideológico, en el sentido marxista, que jugaban estas reformas legislativas e institucionales. Más bien parece todo lo contrario, quería jugar un papel publicista, ideológico si se quiere, en defensa de una vía reformista y progresiva de modernización e integración de las sociedades latinoamericanas, frente a otras opciones más revolucionarias o conservadoras. Obviamente era un proyecto criticable ideológica e intelectualmente, como efectivamente fueron criticados todos estos proyectos de reforma social durante décadas, incluso desde dentro de las instituciones, como la OIT, que los desarrollaron. Lo interesante para este ensayo es mostrar el modelo de latinoamericanización de la cuestión social planteado en los años veinte del siglo pasado y que sería ampliamente removido, criticado y transformado entre los años treinta a setenta. Nos queda el esfuerzo por hacer de América Latina una región con identidad propia y protagonismo internacional en diálogo con las élites políticas, económicas e intelectuales de los países más industrializados.

Prensa socialista y cuestión social en la Argentina radical: El caso de Acción socialista

Carlos M. Herrera

En el transcurrir de las primeras décadas de su existencia, la fuerte desconfianza social que el socialismo argentino despertaba en sectores de la burguesía local se fue difuminando, sobre todo a partir de 1904, año en que se produjo la elección de un primer diputado socialista al Parlamento y, más claramente, tras la salida de la corriente sindicalista revolucionaria, dos años más tarde. La propia evaluación ambigua que dicho partido hizo del proyecto de Código del Trabajo propuesta por el Poder Ejecutivo en esos momentos expresaba bien ese movimiento. Para esas fechas, los socialistas no sólo compartían un espacio común con los especialistas universitarios de la cuestión social sino que entraban en un diálogo constructivo con las reparticiones estatales encargadas de tratar los problemas sociales.[497] Por otra parte determinados miembros del partido mantenía a título personal estrechas relaciones con algunas de las corrientes que por entonces asumían el problema –el catolicismo social, en el caso de Alfredo L. Palacios, el liberalismo progresista en el de Enrique del Valle Iberlucea–. Esto los conducía a formas de colaboración puntual, poco usuales en un Partido que promovía una cierta intransigencia, al menos cultural, con la política criolla y la burguesía. Sin embargo, dichas relaciones no dejaban de estar atravesadas por fuertes tensiones. Estaba claro, sin embargo, como escribía Fernando de Andreis en *Humanidad Nueva*, que "es menester, pues, conducir al Estado hacia una regulación metódica

---
[497] Posada 1912, Zimmermann 1994.

de las cuestiones sociales".[498] Una repartición como el Departamento Nacional del Trabajo, creado en 1907, podía cumplir con esa misión, más por sus tareas técnicas, tal como se expresaba en estadísticas y estudios, que por la eficacia de sus funciones de inspección. Se trataba de una vieja reivindicación de las plataformas electorales del Partido Socialista (en adelante PS).[499]

La democratización y ampliación del sistema político argentino tras la sanción de la ley Sáenz Peña también iba a producir mutaciones en este campo. Por lo pronto, la llegada al poder, en octubre de 1916, del radicalismo, que proclamaba en su programa la redención de las clases populares, podía generar nuevos interrogantes. Estos pronto se conviertieron en realidades cuando su gobierno comenzó a desplegar una política social que encontraba eco favorable en ciertos sectores del movimiento obrero.[500] Para el PS, en cambio, el intervencionismo en los conflictos laborales de que hacía gala en los primeros años de su administración Hipólito Yrigoyen podía ser traducido en clave de paternalismo, donde el "obrerismo" reivindicado escondía incluso elementos mesiánicos propios del culto al líder. A su vez, los diputados socialistas acentuaban su actuación en materia social, y los proyectos legislativos se multiplicaban, acompañados de una intensa acción militante y propagandística en su favor. Se diseñaba pues un escenario inédito de oposición entre dos visiones activistas de la política social, sobre todo a partir de 1919 cuando el radicalismo comenzó a impulsar también una legislación laboral.

¿En qué medida este intervencionismo creciente interpelaba la visión socialista de la política social? Para considerar este interrogante nos detendremos en el análisis que ofrece uno de los principales órganos teóricos socialistas que se suceden en las primeras décadas del siglo XX, *Acción socialista (en adelante AS)*. Lo que supone, previamente, ubicar las características de este tipo de publicación en la tradición socialista argentina, identificando a su vez a los expertos en materia social del PS que en ella colaboraban.

---

[498] F. de Andreis, "Legislación societaria y educación social", *Humanidad Nueva*, n° 1, 1908.

[499] El DNT fue una repartición que contó siempre con militantes socialistas entre sus funcionarios, como José Rouco Oliva o Faustino Jorge.

[500] Falcón-Monserrat 2000, Horowitz 2015.

Revistas teóricas y expertos sociales

Contrariamente a las corrientes socialistas europeas, el PS argentino no contó con un órgano teórico establecido. Varias hipótesis pueden explicar este fenómeno: cierta desconfianza hacia los intelectuales, aún en un partido dirigido por profesionales universitarios, y el hecho de que el principal líder partidario fuera también su principal pensador (algo que no ocurría en España o Alemania, ni tampoco en sentido estricto en Francia).

Podemos, empero, identificar algunos títulos que constituyeron tentativas importantes en ese sentido en las primeras tres décadas del siglo XX; de algún modo, en cada una de ellas, descolló una publicación que buscaba constituirse en ese órgano teórico. *Humanidad nueva* (que comenzó apareciendo con el título de *Revista socialista internacional*) constituye sin duda uno de los primeros intentos consecuentes, que coincidió con la consolidación del PS en el sistema de partidos políticos argentinos. Fundada por Enrique del Valle Iberlucea, que fue su director hasta su elección al Senado, la revista se publicó entre diciembre 1908 y 1917. Su objetivo fue el de promover "el dominio teórico de la concepción marxista", antes de reivindicar "un amplio concepto doctrinario" y un "idealismo humanitario".[501]

Hubo que esperar más de un lustro hasta que, acicateada por la situación interna del Partido y la estructuración de una poderosa ala moderada en torno a Antonio de Tomaso, para que un grupo de figuras partidarias lanzara *Acción socialista*, cuya aparición se dio entre noviembre de 1923 y enero de 1929. Finalmente ya en la década siguiente, encontramos la publicación que más tiempo cumplió la función de órgano teórico, la *Revista socialista*, dirigida por uno de los militantes fogueados en aquella experiencia previa, Rómulo Bogliolo. Entre ambas revistas se produjo sin embargo un corte importante, no

---

[501] La revista se presentó como el órgano del llamado Ateneo popular, que se definía como una "Sociedad de extensión universitaria". Aunque la institución, que operaba por medio de cursos y conferencias, amén de la publicación de la revista, no se presentaba como "socialista", sí lo eran en general sus principales miembros – los Moreau, padre e hija, Mouchet, De Andreis, Zibecchi, etc –, con alguna excepción, como el caso de Agustín Álvarez, colega y amigo de Del Valle en la Universidad de La Plata.

sólo respecto a la calidad de las colaboraciones –*Acción socialista* se daba antes que nada una labor explicativa, propagandista, mientras que la dimensión de elaboración fue más nítida en su heredera–, sino también en referencia a las ideas socialistas. Si la revista de Bogliolo, publicada en junio de 1930, se mostraba muy interesada por las nuevas ideas de planificación que florecían en el socialismo europeo,[502] *Acción socialista*, en cambio, parecía inscribirse en la prédica más tradicional de la II Internacional, y no fue casual que en sus columnas se publicaran las críticas que Karl Kautsky dirigía a Henryk de Man y su libro *Au-delà le marxisme*.

Dado el corte cronológico de este libro, privilegiaremos el estudio de *Acción socialista*, que asomaba, como lo subrayaba Nicolás Repetto al cumplir el primer lustro de vida, como uno de las empresas más estables entre la "mayor parte de las publicaciones del género aparecidas entre nosotros".[503] Al mismo tiempo, su frecuencia quincenal –tras un breve inicio semanal–, permite un seguimiento particularmente dinámico de la realidad de su tiempo tal como era vista por el prisma socialista. Sobre todo, la revista se desarrolló en un contexto en que el Partido Radical estaba llevando a cabo una política social innovadora con respecto a las experiencias gubernamentales anteriores, pero que el socialismo consideraba que estaba simplemente animada por el "deseo de adular y conquistar el voto de la masa".[504] En su editorial inaugural, justamente, su director, Esteban Jiménez, asentaba antes que nada el rechazo a la "duplicidad del pseudo radicalismo criollo, verbalista y huero".[505] Este rechazo se extendía a la dimensión local, dada la importante representación socialista –que había vencido en las primeras elecciones municipales de 1918– en el Concejo deliberante de la Ciudad de Buenos Aires,

---

502 Tortti 1999.
503 La dirección (N. Repetto), "Un año más", *AS*, V, n° 1, 9/7/1927. Su vida total será sin embargo más corta que la de su predecesora *Humanidad Nueva*, e incluso que la de su sucesora, la *Revista socialista*. Por entonces, su director aprovechaba para reafirmar el propósito de hacer de la revista "una de las tribunas más autorizadas del pensamiento socialista argentino, y la fuente de información más completa y exacta del movimiento socialista internacional".
504 "Sobre seguro obrero. Conferencia del doctor Nicolás Repetto", *Acción Socialista*, I, n° 21, 8/4/1924.
505 "Idea y acción", *Acción Socialista*, n° 1, 20/11/23.

donde las críticas al intendente capitalino Martín Noel no eran menos abundantes.[506]

Justamente, el nuevo papel del Socialismo en los órganos legislativos del país había hecho surgir en el Partido especialistas en política social, como saber específico. En verdad estos se dividían en dos grupos profesionales, los abogados y los médicos, que reflejaban un grado creciente de especialización. En efecto, los juristas había sido los primeros actores legislativos, y lo esencial de su labor consistía en la propuesta de leyes de protección de los trabajadores, siempre apoyada en fundamentos muy elaborados. El principal representante de esta modalidad era por supuesto Alfredo Palacios, aunque también podríamos citar entre los mismos a Enrique Del Valle Iberlucea, cuya primera proposición en la Cámara de Senadores fue un proyecto de reducción de la jornada legal de trabajo a 8 horas, y a Adolfo Dickmann, de actuación más tardía.

El otro grupo, el de los médicos higienistas, buscaba no sólo actuar en el plano legislativo, sino también, de algún modo, en el científico. Quién emergió como el principal experto en política social en esos años fue Augusto Bunge (1877-1943), diputado electo en 1916. Se trataba sin duda de un personaje complejo dentro del Socialismo: militante de vieja data –había integrado el Centro socialista universitario a finales del siglo XIX– mostró, a inicios de los años '20, cierta simpatía por el grupo Tercerista aunque sin alejarse de la organización, que terminó abandonando, empero, con la nueva disensión que, esta vez por derechas, produjo la fractura del PS en 1927. Como legislador, fue el autor del proyecto de ley de Seguro nacional, presentado a la Cámara en septiembre de 1917, y entre sus iniciativas legislativas, se contaron también la reforma de la Ley de accidentes de trabajo y de la Caja nacional de jubilaciones. Tras la salida de Palacios, que había abandonado la banca parlamentaria y el PS en 1915, Bunge se convirtió en su representante más autorizado. De hecho, cuando en las páginas de *Acción socialista* Repetto sintetizó la posición socialista en la materia, retomaba las ideas del proyecto de Bunge, empezando por la distinción entre asistencia social y seguro social,

---

[506] En un artículo muy interesante, Isidoro Ayala puntualizaba la especificidad de la labor social del Concejo deliberante "Por la salud del pueblo", *AS*, II, 1924. Esta focalización se hará más importante tras la derrota electoral de 1928, que reduce drásticamente la representación parlamentaria socialista.

administrado este último por los trabajadores organizados en sindicatos y mutualidades.

Un viejo condiscípulo de Bunge apareció como la otra figura descollante, aunque en un plano que tocaba más de cerca la educación. Ángel M. Giménez (1878-1941), temprano autor de una tesis sobre "Higiene obrera" (1901), había fundado, dos años antes, la Sociedad Luz, una universidad popular que se dirigía al medio obrero a través de conferencias "ilustradas con proyecciones luminosas", folletos, carteles y postales, para desarrollar una cultura de progreso social. Giménez había descollado en el primer bloque de concejales socialistas de la Ciudad de Buenos Aires[507], y, antes y después de su experiencia como edil, como diputado nacional, electo en 1914 y luego a partir de 1932, cuando presentó un proyecto de ley para la creación de un Departamento Nacional de Asistencia Social. En efecto, a diferencia de Bunge, parecía más ocupado por esta cuestión y fundaba el derecho a la asistencia en la solidaridad social, más que en la del seguro social, quizás porque era un campo de enfrentamiento directo con la Iglesia Católica y sus organismos de caridad, que Giménez ponía en el centro de su acción.

El papel determinante de Bunge se perdió con los conflictos y tensiones que vivió el socialismo en esos años '20, y culminó con su ingreso al Partido Socialista Independiente fundado por de Tomaso en 1927. Justamente, era contra este sector que *Acción socialista* había comenzado a aparecer[508]. Esta circunstancia ha tenido consecuencias en la historiografía socialista, ya que la revista ha sido a menudo analizada únicamente como arma de guerra dirigida contra el ala derecha del partido que acaudillaba el diputado capitalino. En realidad, la trascendencia de *Acción socialista* es mayor, en parte porque durante la década del '20 fue prácticamente la única publicación teórica que apareció en la galaxia socialista: ella misma se definía como "revista de ideas", "que a la vez registra hechos", aunque su estructura no siempre alentaba la reflexión de fon-

---

507 Nuñez Castellano (2007).
508 Repetto acababa de renunciar, en octubre de 1923, a su banca de diputado nacional y a todos los cargos partidarios. Denunciaba la transformación del Partido en una simple organización electoral, alentada por el bloque de diputados que comandaba de Tomaso. Esa "camarilla", que se estaba adueñando de los puestos de dirección del Partido, era atacada incluso en términos morales.

do.⁵⁰⁹ Pese a su inscripción en la lucha partidaria, la revista defendió su "amplio criterio doctrinario y práctico" a través de llamadas a colaboraciones de horizonte diverso, que fueron evaluadas "imparcialmente" por el Comité de redacción.

Su primer director no era un intelectual. Se trató de Esteban Jiménez, un obrero tipógrafo de origen español que, siguiendo un *parcours* muy habitual entre esa élite obrera que eran los gráficos, terminó convirtiéndose en periodista. Tenía por entonces estatura de prócer porque había sido uno de los fundadores de la Agrupación Socialista de 1892, y ya había dirigido otras revistas de igual ambición teórica, y entre las últimas, *Nuevos Tiempos*, de corta vida. De avanzada edad, Jiménez renunció al puesto en junio de 1924 por razones personales. Pasó a dirigirla, tras un breve interregno de José Luis Pena, Nicolás Repetto, aunque el equipo permaneció estable. Aparte de los tres nombrados, integraban el comité de redacción Agustín S. Muzio y José D. Castellanos, que fueron electos, junto a Pena, diputados nacionales por la Capital Federal en la gran victoria socialista de marzo de 1924.⁵¹⁰ Ante la hostilidad hacia la revista expresada por la mayoría del CE, a la sazón en manos de los detomasistas, se le había agregado una Comisión de fomento que ensanchaba su núcleo, que pasó a constituirse en una cantera para futuras colaboraciones.⁵¹¹ A fines de octubre de 1927 –tras la culminación del conflicto con el ala derecha y la constitución de un nuevo partido, el Socialista Independiente, en agosto de ese año– el nuevo director pasó a ser Pena, secundado por un Comité de redacción que incluía a muchas de las más promisorias figuras del

---

509 El paso, tras seis meses de experiencia semanal, a la frecuencia quincenal fue presentado a los lectores como un modo de mejorar la selección de artículos, desarrollar más ampliamente los temas, y acentuar su carácter de revista "de información, estudio y crítica del socialismo".

510 La victoria socialista llegó tras sendos fracasos electorales en las cuatro elecciones que se sucedieron entre 1916 y 1922 (el socialismo había ganado las dos elecciones capitalinas tras la Ley Sáenz Peña, en 1913 y 1914). Pero una nueva derrota se produjo en 1926, ya en plena crisis interna, y se agravó en las dos elecciones ulteriores de 1928 y 1930. No fue casual que un prometedor dirigente sindical llamado Ángel G. Borlenghi reclamaba desde las páginas de *Acción socialista* al grupo parlamentario que realizara una labor más izquierdista.

511 La llamada Comisión de fomento estaba integrada por E. Mouchet, J. J. Raggi, J. Serebrinsky, R. Bogliolo, F. Pérez Leirós, A. Ghioldi, M. Pescuma, V. Russomanno (h), J. O. Sandberg y G. Rolandi.

Partido (Rómulo Bogliolo, Américo Ghioldi, Manuel Palacín, Alejandro Castiñeiras), experimentados dirigentes de origen gremial como Joaquín Coca y Jacinto Oddone, aparte de Ángel M. Giménez. De algún modo, encontramos un giro en el proyecto, al tornarse *Acción socialista* en un órgano intelectual de características más nítidas. Finalmente, Américo Ghioldi, por entonces activo concejal socialista, asumió la dirección en julio de 1928, hasta el cierre de la revista, a fines de enero de 1929.

La revista podía hacer surgir otros especialistas de política social, sin alcanzar, por cierto, el estatuto de Bunge o Giménez, aunque más no fuera porque no eran profesionales de la salud. Miguel Navas, miembro de la agrupación socialista de Empleados de comercio, apareció como el más dinámico de esos expertos de *Acción socialista*, al acentuar en sus análisis una perspectiva de corte jurídico, pese a precisar que no era abogado ni legista. De prosa algo farragosa, su pluma podía hacerse moralista cuando denunciaba la impudicia de las casas que ofrecían servicio de depilación y masajes, o aún los bailes o la moda...[512] No por nada, Navas fue a finales de la década candidato a diputado nacional, lo que muestra la trascendencia alcanzada por su perfil.

Ni demagogia ni paternalismo

Acción socialista alternó en sus números la crítica de las políticas radicales con la promoción de un modelo alternativo de política social, de base científica. En ese sentido, la prédica del periódico se engarzaba con ideas que se afianzaban la prédica que el socialismo mantenía desde hacía dos décadas, y no sólo en materia de protección del trabajo; de manera general consideraba que la legislación debía intervenir siempre que "la avidez de ganancias" estuviera por encima de la salud pública.

La protección de la niñez había estado siempre en un lugar central, y apareció muy claramente cuando se aprobó, en septiembre de 1924, la Ley 11.317 de trabajo de las mujeres y los niños. No por nada se encomiaba la organización de colonias "camperas y marítimas de vacaciones"

---

512 De hecho, los socialistas afirmaban, al presentar el proyecto de seguro de maternidad, que había que introducir dentro del seguro social a los distintos grupos humanos por etapas, y el seguro para madres obreras debía ser uno de los primeros.

para permitir a los niños de los barrios populares, como La Boca o Barrancas disfrutar de vacaciones estivales.

Cuestiones como "el problema de la vivienda popular" fueron otras de las preocupaciones sociales que concentraron la atención de *Acción socialista* desde el primer número,". La cuestión, se leía, no podía ser resuelta por la existencia de leyes de emergencia, sino por una política de construcción en la materia. En ese sentido, se denunciaba que la prosperidad que dejó la guerra y los primeros años de postguerra no había sido correctamente utilizada. A título de comparación, se recordaban las políticas llevadas a cabo en países como Alemania, Francia e Inglaterra, cuyos edificios servían para ilustrar la nota. Poco después, fue Suecia, y en particular la política de la comuna de Estocolmo, la que sirvió de modelo, porque favorecía la construcción de pequeñas casas, de propiedad individual, cooperativa o municipal, a fin de evitar la promiscuidad de los alojamientos comunes y por que promovía la instalación de los habitantes de la ciudad en el campo. Luego fue la Viena roja la que fue elevada a la categoría de paradigma de política habitacional en sus columnas. Así fue descripta en un artículo aparecido en 1927, que denunciaba que en Buenos Aires la ley de alquileres había buscado disimular el problema, cuya raíz era la escasez de la vivienda y por ende el precio excesivamente alto de los alquileres, que consumía, según los cálculos de la publicación, entre 25 y 30 % de los ingresos del trabajador.[513]

Cuando se presentó ante el Concejo deliberante porteño un proyecto de vivienda por intermedio de M. Palacín, la revista publicó sus fundamentos e insistió una vez más en la necesidad de edificar casas de tamaño pequeño (2 o 3 habitaciones) o departamentos. *Acción socialista* ofreció también a sus lectores el proyecto de A. Ghioldi para la construcción de viviendas económicas para trabajadores por sociedades cooperativas, financiadas por bonos municipales que afirmaban "el postulado de una vivienda mínima".

Otro tanto ocurrió con una vieja preocupación socialista, el alcoholismo, ese gran "peligro social" sobre el que *Acción socialista* reprodujo un trabajo presentado por Ángel Giménez a un reciente congreso de la Cruz Roja, donde se recordaban algunas de las medidas que habían promovido

---

513 "La Municipalidad socialista de Viena. La solución al problema de la vivienda", *Acción Socialista*, 1927.

los legisladores del partido (prohibición del ajenjo, impuestos elevados a las bebidas alcohólicas y aumento del precio de patentes y licencias para los despachos de bebidas y cabarets) para permitir la emergencia de una "política sana". Giménez no dudaba en elogiar la "solución práctica y salvadora" que los Estados Unidos habían dado al flagelo: "la prohibición de introducir, fabricar, transportar o vender bebidas alcohólicas". Un artículo posterior señalaba, con cierta imprecisión, que Argentina se encontraba entre los cinco países de mayor consumo. La nota señala entre las calamidades producidas por el alcohol la delincuencia, la locura y la tuberculosis.[514]

Entre los "modernos tóxicos sociales" denunciados por las páginas de *Acción socialista* se contaron también los juegos de apuesta (lotería quinielas, carreras). El PS proponía en sus plataformas electorales la abolición de los juegos de azar, que eran vistos además como una fuente de financiamiento de la política criolla. No por nada, en una de las vicisitudes políticas nacionales con mayor repercusión interna en esos años, el retiro del proyecto de intervención de la Provincia de Buenos Aires presentado por Juan B. Justo -que favorecía al yrigoyenismo en su contienda con los antipersonalistas, y que marcaba la ruptura definitiva con el bloque de diputados hegemonizados por de Tomaso en 1927- había surgido tras la creación, por la legislatura bonaerense, de una patente que apoyaba la instalación de casinos en el territorio de la Provincia.

Por cierto, la revista denunció en forma permanente y en todas sus variantes, el trabajo insano, como el que se realizaba en las hulleras (n° 8). Asimismo, la revista defendió la idea de otorgar vacaciones pagas a obreros y empleados, para lo cual se apoyaba en datos de la Oficina Internacional del Trabajo de Ginebra, una de sus fuentes habituales en materia de política social. En ese sentido, se tradujo del francés un trabajo de M. Milhaud que defendía las vacaciones anuales de los trabajadores como un derecho que tenía inclusive razones morales.

Pero si hay un modelo positivo que los articulistas de *Acción socialista* oponían siempre a la demagogia radical era el del Seguro social, sobre el cual el PS, por intermedio de Bunge, había presentado un proyecto en 1917. Su autor definía el seguro nacional –llamado así porque la Nación era su marco– como "la mancomunidad de la población laboriosa", "sin

---

514 R. Ferrara, "El alcoholismo en nuestro país", *Acción Socialista*, 1928.

recursos para una previsión individual suficiente", "instituida por el Estado a los fines de la previsión colectiva de los riesgos".[515] Estos eran principalmente la enfermedad, la invalidez, la vejez y la maternidad. Se procuraba en estos casos una prestación económica en reemplazo del salario perdido. Bunge argumentaba que el seguro social se fundamentaba en un derecho, pero en última instancia se justificaba además por un fin de utilidad social, al prevenir un despilfarro de energías. Se trataba de, nada menos, pasar de la caridad a la previsión social obligatoria. La asistencia social había sido una estación intermedia, pero ya no se trataba de socorros, que quedaban encerrados en un "régimen tutorial", porque "los beneficios del seguro son un derecho legal individualmente adquirido, y resultan de la solidaridad en su forma más elevada y dignificadora".[516]

El sistema que proponía Bunge cubría, en una ley básica, cuatro riesgos principales (maternidad, enfermedad, invalidez y ancianidad) en el régimen general, de carácter obligatorio, y preveía sistemas complementarios, de afiliación voluntaria, en particular para la desocupación, accidentes y seguro de vida, o viudez. La organización era de base nacional y autónoma, es decir llevada por los mismos asegurados "con el concurso pecuniario de los empleadores y el Estado". Como lo explicitaba en los fundamentos de su proyecto, privilegiaba lo que se podía conseguir realmente en la Argentina, sin plantear imposibles. En esa clave, Bunge se apoyaba en la experiencia de países como Alemania e Inglaterra, a la par que en métodos matemáticos, bajo la forma de estadísticas. A su vez, consideraba que la propuesta realizaba, como "un ensayo de solución", uno de los puntos centrales del programa mínimo del Partido Socialista, que terminaba plasmando "poco a poco una verdadera revolución en las costumbres y en el ambiente".[517] No por nada el seguro social estuvo en el centro de las plataformas electorales de 1922 y 1924.

Sobre la base del proyecto, la Cámara de diputados aprobó, en noviembre de 1923, la creación por ley (n° 11.286) de una comisión parlamentaria que tendría a cargo el estudio y la redacción de una ley orgánica de seguro nacional. Pero pese al entusiasmo de los socialistas, la norma no se materializará. La revista, en todo caso, continuó activando siempre en favor de la idea, echando mano a la literatura extranjera.

---

515 Bunge, 1917, p. 18.
516 Bunge, 1917, p. 45.
517 Bunge, 1917, p. 20.

Etienne Antonelli, diputado socialista francés, presentó el proyecto de seguro social que había propuesto en su país. Al mismo tiempo, se compilaron las resoluciones de congresos obreros recientes en materia de seguro social de trabajo, donde surgía como un concepto integral. Sobresalió la difusión de las reuniones que tuvieron lugar en Francia, pero también en Bélgica, Finlandia, Suiza, Austria, y Checoslovaquia. Las páginas de *Acción socialista* encararon la cuestión también con una perspectiva histórica: un sesudo artículo del especialista español Carlos González Posada retrató los inicios del seguro social con amplio apoyo bibliográfico. Fundamentó su estudio, orientado por el solidarismo francés, en el deber social de solidaridad, que se imponía en el Estado moderno. Y lo distinguía, une vez más, de la asistencia social, en la medida que el seguro social suponía la existencia de un derecho, mientras que aquella se basaba en la caridad. Y aunque el seguro social tenía su origen en el seguro libre o individual terminó convirtiéndose en un servicio público.[518]

Si, como vimos, el proyecto de Bunge no lo había incluido en el régimen general, las páginas de *Acción socialista* siguieron con interés las primeras experiencias extranjeras del seguro de desocupación, que fueron señaladas como un ejemplo de legislación previsora, a través de la experiencia en Bulgaria. En efecto, la obligación estatal de proporcionar trabajo o una indemnización en caso de paro forzoso permitía prevenir la voracidad y la inicua explotación capitalista, que se materializaba aún bajo la forma de agencias de colocaciones. Tras recorrer las normas de este "derecho nuevo", un artículo señaló la necesidad de impulsarlo y perfeccionarlo.[519]

La oposición a la ley de jubilaciones

Pocos temas ocuparon tantas páginas de *Acción socialista* como la ley de jubilaciones y pensiones civiles, que los radicales habían hecho votar en noviembre de 1923. Esta fue denunciada de forma permanente como un modelo de "corrupción administrativa y parasitismo social". Entre

---

518 C. González Posada, "Que se entiende por seguro social", *Acción Socialista*, IV, n° 2, julio 1926. En un artículo posterior, el ensayista distingue los tipos de seguro voluntario y obligatorio.

519 J. Costanza, "La colocación de obreros y el seguro en caso de desocupación", *Acción S,ocialista*, 1928.

sus efectos perniciosos, la revista detallaba como la ley fomentaba en los trabajadores el deseo de jubilarse muy jovenes, con sueldo íntegro, para dedicarse a otra profesión, olvidándose que el sistema sólo se mantenía con el trabajo. El principio de la jubilación debía limitarse a subsidiar cuando había una real imposibilidad de trabajo por edad, enfermedad o invalidez.

El rechazo de la ley 11.289 representa un ejemplo paradigmático de la oposición socialista a la política social del radicalismo. La norma era considerada por los socialistas como una prueba de la política demagógica del gobierno, expresada a través de su precipitación y de las vagas promesas que encerraba. *Acción socialista* reprodujo las críticas que le asestaba Repetto. Para él la ley de jubilaciones radical imponía un descuento al salario, pero sin indicar la edad, años de trabajo y ni siquiera el monto de la jubilación, a la par que dejaba fuera a los trabajadores del campo, a los obreros a domicilio, puntos que debían ser precisados por una futura ley orgánica. Más tarde, en un reportaje publicado en la misma revista, subrayó el monto excesivo de los descuentos que se hacían en profesiones como la de los marineros. Para Repetto se trataba en definitiva " de una ley de corte demagógico, sancionada a tambor batiente unos meses antes de las elecciones, sin más objeto que conquistar el voto de los trabajadores". Al mismo tiempo, sostenía que "hay que dejarse de boicots, sabotajes, repudios y otras fanfarronadas por el estilo, son esos consejos de atolondrados incorregibles o agentes patronales enemigos de las jubilaciones". Ilustraba así la posición intermedia de los socialistas. En ese sentido, Repetto solo exigía la suspensión de la parte relativa a los descuentos de obreros y empleados. Para dejar el mecanismo parcialmente en funciones, llamaba a las organizaciones obreras a hacer llegar a los poderes públicos los principios básicos de la futura ley orgánica.

Otro miembro de la revista, el diputado Muzio, también fue entrevistado. Tras denostar una vez más el "bajo móvil electoral" de dicha ley, se quejaba de que el gobierno no había impulsado la sanción de normas en favor de la abolición de los impuestos al consumo, el pago de salarios en moneda legal, la extensión del salario mínimo, o la limitación de la jornada legal de trabajo. También atacó a los "demagogos de abajo", que habían generado confusión con sus medidas, y lamentaba la ausencia de una organización obrera fuerte y unida. Pero sobre todo, Muzio, líder de los obreros curtidores, que había sido excluido de la Unión Sindical

Argentina tras su elección, dejaba entrever una visión de la política social bastante alejada del ideario socialista: "tanto para los trabajadores como para el interés social bien entendido, la mejor legislación es la tendiente a preservar por largo tiempo la capacidad productiva de sus componentes".

Acción socialista reprodujo, además, autorizado discurso de Juan B. Justo, que recordó en una conferencia, que la palabra "jubilación" era sinónimo del privilegio de los empleados públicos. Los trabajadores debían, según él, procurar mantener el salario intacto, y no dejarse descontar en lo posible los aportes a la caja.

Pese a que el presidente Alvear había decidido suspender la promulgación de la ley hasta las elecciones de marzo de 1924, la agitación se mantuvo. Cierta forma de equidistancia que parecía alentarse en materia de política social llevó al periódico a publicar, sin comentarios, el punto de vista de la Unión Industrial Argentina sobre la aplicación de la norma. En una nota dirigida a la Cámara de diputados insistía sobre el repudio de sus propios beneficiarios, que hacían temer sus reacciones ante el descuento previsto del 5% de sus salarios a título de cotización a la caja.[520] Pero cuando las organizaciones patronales llamaron, en mayo de 1924, al *lockout* en consonancia con la declaración de huelga general de la USA, el periódico, por intermedio de E. Jiménez, se vió en la obligación de precisar que los trabajadores tenían derecho a la jubilación, aunque se reclamase la suspensión del aporte obrero. Pese a sus limitaciones la ley debía ser apoyada, sobre todo en la perspectiva, ya subrayada por A. Bunge, de hacer de las jubilaciones gremiales uno de los medios para llegar al Seguro Nacional.[521]

Las páginas de *Acción socialista* se abrieron para que Nicanor Miranda constatase el fracaso de la norma, que achacaba a la precipitación y a la demagogia del radicalismo. Criticó sobre todo el hecho de que la financiación de la ley no tuviera bases sólidas y que ignoraba la especificidad del trabajo de la mujer obrera. Además, para su elaboración no se había buscado el consentimiento de los sindicatos de oficio, que habían alcanzado ya una alta cultura social. En ese sentido, se aspiraba a una amplia

---

520 "A propósito de la ley 11.289. Lo que desean los patrones. Piden que se aplique la ley básica del seguro social", *Acción Socialista*, 1924. Los empresarios aseguraban su apoyo a futuras leyes de previsión social.
521 *Acción Socialista*, n° 25, 6/5/1924.

revisión parlamentaria, previa consulta de los trabajadores. De hecho, las columnas de la revista advirtieron, tras la suspensión de la ley, que

> la clase obrera argentina debe organizar bien su movimiento de resistencia, puesto que el plazo de suspensión pronto terminará, y así como se declara por todos los sindicatos su deseo de obtener para los trabajadores un apoyo para la vejez u otra de las muchas vicisitudes a que lo expone su vida de trabajo, hay que estudiar y preparar las bases que llenen el anhelo de obreros y empleados, reuniendo a su alrededor a toda la organización obrera y evitando toda acción dispersa, siempre contraproducente.[522]

En ese sentido, José Luis Pena subrayaba también que era "mucho más importante y normal elevar las condiciones actuales de trabajo y remuneración que aspirar a jubilarse". Sin contar que todo sistema de previsión social debía tener como base una moneda sana. En un artículo donde relataba sus conferencias ante los ferroviarios, el gremio que había apoyado más fuertemente la ley radical, constató una "sana reacción" en su contra.[523] Cuando la ley fue suspendida definitivamente en 1926, *Acción socialista*, por intermedio de M. Navas, propuso retomar la senda del problema por la reivindicación, una vez más, del Seguro nacional, ya que la oposición a la ley 11.289 entre los trabajadores se había basado sobre todo en el descuento del salario.[524]

Dos años después, en un elaborado artículo de fondo, acompañado de cuadros estadísticos, que eran su sello de seriedad, R. Bogliolo volvió sobre el tema, para subrayar los déficits y el desquicio administrativo que experimentaban las cajas existentes, producto a su juicio de los errores de las leyes aprobadas por el radicalismo. Avanzaba ya algunos de los modos de razonar que desarrollaría más adelante bajo el peronismo[525] al puntualizar que si los trabajadores no sabían comprender sus derechos y agruparse en forma inteligente para defenderse, pagarían con sus miserables salarios las jubilaciones de los altos burócratas y malos políticos. En ese sentido, reafirmaba la necesidad del seguro organizado en forma

---

522 "El seguro social", *Acción Socialista*, 1924.
523 J. L. Pena, "Las jubilaciones ferroviarias", *Acción Socialista*, II, 1924.
524 M. Navas, "Las jubilaciones gremiales,", *Acción Socialista*, IV, 1926.
525 Herrera 2016.

orgánica, lo que daría "bases sólidas y matemáticas" a sus principios de justicia y equidad.[526]

Llegado el momento, los socialistas podían también mostrar sus resquemores ante los proyectos gubernamentales de modificar la legislación existente. Es el caso de la ley 9688 de Accidentes de trabajo. Para el columnista de *Acción socialista* no se necesitaban grandes retoques, sino sobre todo, hacerla cumplir. En ese sentido, se detallaron en la revista, con un criterio muy concreto, las modificaciones que debían aportarse a dicha norma (que se relacionaban con los art. 8, 56 y 58), para que las cuestiones litigiosas no se solucionasen, como ocurría en la práctica, en beneficio de la parte más fuerte. También se señalaban los límites de la actividad legislativa, porque "reglamentar y administrar" aquella producción "no es obligación para nadie".[527] Más tarde, otro artículo insistió en que la ley se inspiraba en la solidaridad humana, razón para denunciar con mayor vigor las "tramitaciones engañosas y extorsivas" a las que se prestaban las compañías de seguros, con la colaboración de los médicos.[528]

Más virulenta fue la oposición al proyecto de ley sobre conciliación y arbitraje presentado en 1928, considerado inaceptable y perjudicial para los trabajadores. Desde *Acción socialista*, se criticó en particular que no tuviera carácter preventivo, ya que la Junta de conciliación intervendría sólo después de declaradas las huelgas, con lo que colocaba a los trabajadores en conflicto en inferioridad de condiciones. Dicha junta estaría integrada por el presidente del DNT y un representante obrero y otro patronal, nombrados por el Poder Ejecutivo. La no aceptación del laudo arbitral, obligatorio una vez fracasada la conciliación, significaba para las organizaciones obreras la pérdida de los derechos reconocidos por la Ley

---

526 R. Bogliolo, "Algunos conceptos sobre jubilaciones. A propósito de las malas leyes existentes", *Acción Socialista*, VI, n° 7, 1928.

527 M. Campo, "Sobre accidentes del trabajo", *Acción Socialist*, III, n° 1, 27/6/1925. En una serie de artículos posteriores, de tono técnico, y donde analizaba en detalle las consecuencias de la pérdida de la mano para un trabajador, compelía al DNT a dar una publicidad masiva de la ley entre los trabajadores, y, de manera general a hacer cumplir la normativa, porque muchos casos resultaban difíciles de solucionar sin "maltratar los intereses de algunos de los interesados".

528 M. Campo, "Responsabilidad por accidentes del trabajo. Las maniobras de las compañías de seguro", *Acción Socialista*, V, 1927.

de asociaciones. La imposición del arbitraje obligatorio fue rechazada en nombre de la solidez de las organizaciones sindicales.[529]

Pero el Ejecutivo, o sus representantes en el parlamento no fueron el único blanco de la crítica socialista. Otro poder público, el Judicial, fue también objeto de comentarios en su contra. En este plano fueron denunciadas las sentencias de la jurisdicción civil de primera instancia que interpretaban el art. 5 de la Ley 11.317, como contrario a la Constitución, y en particular a la libertad de trabajo y autorizaban a menores de edad a realizar tareas durante 8 horas diarias. La revista llamó la atención sobre la sentencia definitiva de la Corte Suprema de Justicia que restituyó el derecho y rechazaba ver en ella " una violación de la carta magna del país, donde sólo se fijan preceptos humanos y se encuentra una solución a un problema social". El juicio que Navas ensayó sobre dicha norma resume bien la visión de los socialistas, incluida sus propias limitaciones y ambigüedades. La ley, en efecto, contribuía a:

> perfeccionar condiciones de trabajo, introduciendo reformas a costumbres que no son inamovibles; proporcionando mejoras morales y materiales a la juventud que colabora con el engrandecimiento del comercio y la industria; y reafirmando el criterio abonado por largos años de lucha, de que la preocupación proletaria de darse asimismo su legislación social, irá reduciendo hasta anularlos los procedimientos de su clase antagónica, la burguesía.

En ese sentido llamó a establecer un "nuevo espíritu legislador donde el orden individual no dificulte la congruencia de ideas y pensamientos que fundamenten el orden colectivo".

Por otro lado, *Acción socialista* hizo hincapié en la defensa del principio del salario mínimo, tras haber bregado por el pago del salario en moneda nacional –cuya ley, aprobada en octubre de 1923 a iniciativa socialista fue vetada por el presidente Alvear–. Si, con más suerte, los legisladores socialistas habían conseguido imponer, en septiembre de 1921, la Ley del salario mínimo para los empleados públicos, su cumplimiento, según el articulista, había encontrado resistencia en los sucesivos gobiernos radicales, dejándolo sin efecto en las reparticiones públicas del Estado. En 1928, un nuevo proyecto socialista que extendía el salario

---

[529] M. Buyan, "Arbitraje obligatorio. Un proyecto de ley inaceptable", *Acción Socialista*, VI, 1928.

mínimo a todos los trabajadores del país se materializó por intermedio de Enrique Dickmann,. Se trataba de un momento particular para el PS, en el que, tras la derrota electoral de abril de ese año, se presentaron también proyectos sobre la limitación de la jornada laboral (44 horas semanales y 8 diarias), el cierre de los comercios a las 20 horas y un proyecto sobre asociaciones gremiales de trabajadores. Las columnas de la revista denunciaron que ninguno fue tratado durante las sesiones ordinarias. Pero antes se había reafirmado que luchar por la jornada de ocho horas o un salario mínimo era una afirmación de la lucha de clases.[530]

Discursos de neutralidad

Al mismo tiempo, la prédica de *Acción socialista* en materia de política social no se limitó al rechazo de la actividad y proyectos del Gobierno, ni tampoco a la agitación política. Sus páginas trataron cada vez con más frecuencia los problemas sociales con un discurso con pretensiones de objetividad y, a la vez, científico –antes que todo, médico: no por nada Bunge afirmaba que la salud era la base del bienestar social–. Este parecía ser una consecuencia de la afirmación de la universalidad de la política social, aunque su contracara política era la traducción en términos morales más que de clase.[531]

La neutralidad parecía asegurada por la colaboración en las páginas de la revista de profesionales médicos, como Gregorio Aráoz Alfaro, que se ocupó en ellas de la fiebre tifoidea, o la publicación de las conclusiones de congresos científicos. Quizás para garantizar mejor esta dimensión, una buena parte de esa literatura especializada venía del extranjero, sobre todo de Francia. O, en el mejor caso de la OIT, y sus saberes estadísticos. Aunque fueron menos numerosas, tampoco faltaron las referencias a los estudios del DNT.

Este discurso adoptaba a menudo un tono que lo acercaba más a los consejos y sugerencias, que lo llevó incluso en algunas oacasiones a alejarse del higienismo como saber técnico-político. Por ejemplo, el análisis

---

[530] J. Vidal Baigorri, "Mínimo de salario. Reforma de carácter económico y de afirmación de lucha de clases", *Acción Socialista*, IV, 1927.

[531] En esa perspectiva, las páginas de la revista podían rendir homenajes a grandes especialistas, como el higienista Emilio R. Coni.

de la viruela que proponía la revista se articulaba en torno a la importancia de la vacunación. El autor del artículo, el Dr. Enrique Bouquet, confesaba que sus convicciones anti-obligatorias, que privilegiaban siempre la educación, vacilaban ante tal flagelo, que afectaba ante todo a los niños. Otro tanto ocurrió en el mencionado artículo de Aráoz Alfaro, donde las medidas a adoptar, a título de precauciones individuales más que de orden público, ocupaban buena parte del artículo, antes de hacer el elogio, una vez más, de la vacunación, al menos ante la epidemia. Si con respecto a la tuberculosis en la escuela, un texto firmado por el Dr. Millas insistía sobre la importancia de la profilaxis y de la selección, cuando *Acción socialista* se ocupó del paludismo, la cuestión se orientó casi exclusivamente a la prevención de la enfermedad. En sus páginas se describieron con detalles las características del mosquito como agente transmisor y se dieron recomendaciones para evitar que penetrase en las casas o picara los cuerpos.

Los textos médicos se ocuparon esporádicamente de temas relacionados de manera más específica con trabajo (la fatiga y la sobrefatiga), pero sin variar mayormente su inflexión. No por casualidad subrayaba la revista que los problemas de higiene y de patología del trabajo ocupaban cada vez más a los técnicos. Reseñaron al respecto una serie de congresos internacionales que no eran obreros o socialistas sino científicos. Incluso la cuestión de los accidentes de trabajo era analizada desde esa perspectiva y se insistió mucho en los factores fisiológicos e higienicos, pero también en los problemas de iluminación, ya que con la instalación de un sistema racional de luz artificial, se aseguraba, disminuirían los accidentes.

Con todo, podía leerse en 1928 un artículo que proponía la socialización del servicio médico. Llevaba la firma de Aurelio Oriolo y se inspiraba en el el sistema ruso. Aunque la construcción de hospitales y la instalación de la asistencia pública habían logrado una extensión de la atención médica, de inguna manera solucionaban los problemas de fondo. Proponía como alternativa un sistema que implicaba la socialización del servicio médico, en el cual el Estado fijaba el sueldo mensual de los médicos y, con el objetivo de garantizar la gratuidad del sistema. les fijaba un radio de acción jurisdiccional en función de la densidad de la población.

Sin dejar su afán de neutralidad, pero orientada su óptica al plano institucioal, Acción socialista propuso la creación de un auténtico

Ministerio del Trabajo, similar a los ya existentes en países como Estonia, Lituania, Luxemburgo, España, Polonia, y Chile, que para esa época se convirtió en la primera república sudamericana en dotarse de una repartición de ese tipo. En un artículo específico de contenido técnico y descriptivo se promovió también desde la revista el modelo suizo de la *Office fédéral du travail*.[532]

El tropismo jurídico alentaba esa perspectiva. Un indicio importante se encuentra en las constantes reseñas que se hicieron no sólo de la legislación, sino también con respecto a ciertas decisiones de la justicia (por ejemplo con respecto a los tribunales de trabajo o a la eficacia de la aplicación de las normas por la justicia correccional). La revista publicó, además, referencias a las constituciones extranjeras más avanzadas en materia social (como la Constitución mexicana de 1917, de la que se reprodujo el art. 123 que dio amplio reconocimiento a los derechos de los trabajadores), así como a la legislación promovida por la OIT. También se realizaron menciones a los tratados internacionales, como el de Versalles, cuyo capítulo XIII, según el articulista de *Acción socialista*, "encierra las bases de las mayores conquistas pacíficas del trabajo" para los asalariados, por lo que no dudó en calificarlo de "carta magna del proletariado universal"[533]. No faltó hasta el comentario a un fallo del Tribunal permanente de Justicia Internacional de la Haya, que reconocía competencia a la OIT para elaborar y preparar una reglamentación para asegurar la protección de los asalariados, lo que permitía señalar el estado poco avanzado de la legislación social en Argentina. El artículo, del omnipresente Navas, llamaba a los jueces a ser más firmes en el cumplimiento de las normas existentes, ya que "la moral social es la moral humana".[534]

En efecto, el análisis jurídico promovido por la revista terminó ofreciendo un ángulo crítico, al estudiar la aplicación de las normas de legislación laboral por las jurisdicciones. Por ejemplo y de manera un tanto general, un artículo publicado en *Acción socialista* juzgaba con respecto a la prohibición del trabajo dominical, que "los asuntos de infracción de las leyes obreras son relegados a segundo término", lo que conducía a la prescripción de las causas en beneficio de la clase empleadora. En

---

532 E. Feinmann, "Organización y funcionamiento de los ministerios del trabajo en Europa", *Acción Socialista*, V, n° 20, 1928.
533 "Organización y funcionamiento de los ministerios del trabajo en Europa", cit.
534 M. Navas, "Alrededor de un fallo internacional", *Acción Socialista*, IV, 1926.

el mencionado artículo se destacaron de hecho los proyectos socialistas que proponían reformar la Ley 1661 y facilitar el establecimiento de la prueba de la violación de la interdicción. Consideraba sin embargo que el mejor remedio era sin duda la sanción del proyecto de ley presentado por los socialistas que instauraba un Tribunal del Trabajo, con jurados obreros y patrones, calificado como el "paso más avanzado de la moderna legislación".[535]

En efecto, los socialistas no renunciaban a promover instancias jurídicas específicas en materia social y laboral, en particular en lo referente a los tribunales encargados de zanjar las cuestiones de las leyes de protección del trabajo y de previsión social. Ante el proyecto de creación de un tribunal del trabajo en la Capital Federal, que enviaba el PE al Senado, en 1925, un artículo de *Acción socialista* proponía que la nueva norma tomase en cuenta la experiencia y la estructura sociales que informaban un nuevo concepto jurídico. Para su redactor el juzgado no sólo debería tener carácter nacional y gratuito, sino estar integrado, aparte del juez, por dos jurados obreros y dos patronales, designados por sorteo de una lista propuesta por las organizaciones respectivas. Si el juez no obtuviese la conciliación de las partes, el jurado debería dar su veredicto, tras el cual el juez dictaría sentencia. Una organización de este tipo estaría marcada por la celeridad necesaria, lo que a su vez ayudaba a democratizar la justicia. Era fuerte la sospecha de que el proyecto gubernamental "tiende a la creación de una nueva entidad burocrática"[536]. Ello condujo al diputado socialista Joaquín Coca a presentar su propio proyecto sobre la materia en septiembre de 1925.

En 1927, *Acción socialista* retomó la cuestión desde una perspectiva más amplia, aunque sin dejar de calificar el proyecto del Ejecutivo de "malo e incompleto". Los tribunales del trabajo eran juzgados indispensables para implementar de manera concreta realizar el pregonado nuevo derecho,[537] ya que se trataba de "una institución jurídica especial, rápida, económica, seria y fundamentalmente conocedora de la materia privativa del mundo del trabajo"[538]. Lo que Navas llamó tiempo después "la solución del problema legal proletario", y que tenía que ver al menos con

---

535 M. Navas, "Legislación del trabajo. La ley 1661", *Acción Socialista*, III, n° 4, 1925.
536 M. Navas, Tribunales del Trabajo, *Acción Socialista*, III, 1925.
537 Herrera 2001 pp. 303-310.
538 M. Navas, "Tribunales del trabajo", *Acción Socialista*, IV, 1927.

el cumplimiento de la legislación social aprobada, no podía solventarse sin la creación previa de esos tribunales. El procedimiento a deguir por dichos organismos correspondía de alguna manera al derecho especial y evitaba las dilaciones con las que se beneficiaba en la jurisdicción civil o comercial a la burguesía. Su insistencia lo llevó a denunciar también ciertas vacilaciones en el proyecto socialista presentado por Coca, en particular la posibilidad de dejar fuera de su jurisdicción las reclamaciones en materia salarial y de indemnizaciones.

Conclusión

El recorrido por las páginas de *Acción socialista* nos muestra que la política social del gobierno recibía otra significación en los años '20. Para Justo, en efecto, ley Sáenz Peña había convertido en necesario "corromper a la masa obrera para conquistar su voto y de ahí esa política demagógica que tiende más a engañar que a beneficiar a la clase trabajadora". Este juicio que el líder del Partido pronunció en plena lucha contra la Ley de jubilaciones, resume bien la visión que tenían los socialistas de la obra social del radicalismo. Se trató de una mirada crítica que no reconoció matices en su condena: al gobierno "obrerista" y demagógico de Yrigoyen le había seguido el "paternal y aristocrático" del presidente Alvear. Pero era también el producto de una situación nueva para el PS, que debió afrontar una línea social alternativa en el seno mismo de su lugar estratégico, el Parlamento.

Esta situación no sólo tuvo consecuencias en materia social, incluso la crisis política interna que experimentó el PS en esos años estuvo fuertemente condicionada por esa nueva situación. De hecho, tocó a muchos de los actores de su política social: en agosto de 1927 furon expulsados los diputados Pedro Revol, presidente de Asociación obrera de socorros mutuos, Agustín Muzio y sobre todo Augusto Bunge. En las elecciones presidenciales de abril de 1928, los socialistas incluyeron en su plataforma algunos de los puntos que hemos analizado y que habían aparecido previamente en las páginas de *Acción socialista*: la jurisdicción nacional para las leyes de trabajo, ley de jornada máxima de 8 horas, fijación de salario mínimo, seguro nacional de vida, accidentes del trabajo, enfermedad, invalidez y ancianidad, entre otros.

Con todo, los artículos de la revista reflejaron una concepción que se inscribía en una tradición de más de dos décadas. La educación apareció en ella como el arma privilegiada en materia de política social, en parte porque favorecía la autonomía de los trabajadores en la resolución de los problemas sociales, sin esperarlo del paternalismo estatal. En ese sentido, la acción de la mutualidad demostraba "cuanto puede esperarse de la acción integral de la clase proletaria, es decir de su esfuerzo inteligente y solidario en el campo gremial, económico y político". En esa óptica, los socialistas se mostraron siempre atentos a las realizaciones que nacían del asociacionismo. Así, cuando se celebraron los 26 años de la Asociación obrera de socorros mutuos, *Acción socialista* la presentó a sus lectores como un modelo de mutualidad, en la "que deben estar todas las familias previsoras". Un Hogar Obrero en constante expansión mostraba, como escribía en la revista R. Bogliolo, que "la defensa del alimento, del vestido y la habitación del pueblo debe radicarse en la acción constante e inteligente del pueblo". A veces se trataba de obras muy alejadas del accionar socialista, como la Casa del niño, administrada por la Asociación cristiana de jóvenes, que era objeto de encomio en un artículo de Ángel Giménez, en el que precisaba que era una organización "imbuida del espíritu del protestantismo norteamericano", que buscaba realizar obra social concreta sin martirizar consciencias.

En dicha tradición, los legisladores eran vistos siempre como "propulsores eficaces de una política social". Más aún: permanecía muy acendrada la doctrina de que "toda legislación que tienda a mejorar la situación social y económica del pueblo será digna de aplauso, venga ella de amigos o de adversarios". A estos últimos, quienes eran de hecho los que contaban con la mayoría numérica para aprobar normas, se les recordaba los "sentimientos sanos de progreso y de justicia", más generales que cualquier ideal socialista. Empero, la apropiación de un programa de reformas por una modalidad paternalista, por una fuerza política que disputaba electoralmente su espacio, exigía una operación específica que distinguiese la apariencia de la realidad. *Acción socialista* apareció como la primera expresión de esa nueva orientación analítica. Por cierto, no podía ignorarse del todo el "nuevo rumbo" que tomaba la legislación argentina en materia social, aunque la revista subrayaba que se debía a la "tenacidad" de sus legisladores.

Por otro parte, fue el accionar legislativo el que permitió identificar para *Acción socialista* la especificidad del PS con respecto al anarquismo, el sindicalismo y el incipiente comunismo. El "odio a los legisladores socialistas" escondía una confusión entre la utilización de los métodos legales con el "legaritarismo". Y ese odio del parlamento, que aunaba al campo rojo con el campo nacionalista de los Lugones y Carlés, no se daba "por lo que es en sí sino por la influencia que dentro de él hagan sentir los legisladores socialistas".[539]

Pero a menudo la justificación de esa legislación social, al menos cuando tocaba a sectores como mujeres y niños, recibía en las columnas de la revista otras fundamentaciones, como las "razones humanitarias", la construcción de una "patria grande y honrosa", o aún la "conservación de la raza". A fines de 1928 se insistió, en el editorial del nuevo director, A. Ghioldi, que "trabajar para una legislación obrera amplia y justa es al propio tiempo afianzar la 'defensa nacional'". Como si costase al Partido darle a la cuestión social una entidad política propia –dentro del socialismo–, más allá de la promoción de la legislación, porque primaba para ellos el carácter universal de su impulso y beneficios. El carácter moral de la política social se tornó inevitable: las columnas de *Acción socialista* consideraban que la inteligencia y la honestidad debían conducir a ella, dejando de lado las relaciones de fuerza que ella implicaba. El discurso de la especialización vehiculado por *Acción socialista*, que podía desacoplarse incluso de la prédica en favor de un derecho social, indujo a una pérdida de especificidad de la doctrina socialista, lo que hizo que sus reivindicaciones se tornasen más generales.

---

539 S. N. Tavella Nave, "Política social y política negrera", *Acción Socialista*, II, 1925.

Bibliografía

Abad de Santillán, Diego (1927), "La Protesta: su historia, sus diversas fases y su significación en el movimiento anarquista de América del Sur", en *Certamen Internacional de "La Protesta"*. Buenos Aires, La Protesta

Adelman, Jeremy (1993) "State and labour in Argentina. The port workers of Buenos Aires", Journal of Latin America Studies, Cambridge University Press, vol. 25

Albornoz, Martín (2015) *Figuraciones del anarquismo. El anarquismo y sus representaciones culturales en Buenos Aires (1890-1905)*, Tesis de Doctorado, Facultad de Filosofía y Letras, Universidad de Buenos Aires.

-----, (en prensa), "Policías, cónsules y anarquistas: la dimensión transatlántica de la lucha contra el anarquismo en Buenos Aires (1889-1913)", *Iberoamericana. América Latina – España – Portugal.*

Albornoz, Martín y Galeano, Diego, (en prensa). "Anarquistas y policías en el atlántico sudamericano: una historia transnacional, 1890-1910", *Boletín del Instituto de Historia Argentina y Americana Dr. Emilio Ravignani.*

Alonso, Paula (2000a), Entre la revolución y las urnas. Los orígenes de la Unión Cívica Radical y la política argentina en los años'90, Sudamericana, Buenos Aires.

-----, (2000 b), "La Unión Cívica Radical: fundación, oposición y triunfo" (1890-1916)", en Lobato, Mirta Zaida (Dir.), El progreso, la modernización y sus límites (1880-1916), Buenos Aires, Sudamericana.

Altamirano, Carlos y Sarlo, Beatriz (1983), "La Argentina del Centenario: campo intelectual, vida literaria y temas ideológicos", en *Ensayos Argentinos. De Sarmiento a la vanguardia*. Buenos Aires, CEAL.

Álvarez, Adriana (2010), *Entre muerte y mosquitos. El regreso de las plagas en Argentina*, Buenos Aires, Biblos.

Anapios, Luciana (2012), "El movimiento anarquista en Buenos Aires durante el período de entreguerras", Tesis de Doctorado, Facultad de Filosofía y Letras, Universidad de Buenos Aires.

Anapios, Luciana (2013) "La ley de jubilaciones de 1924 y la posición del anarquismo en la Argentina," *Revista Historia del Derecho* N° 46, Buenos Aires.

Ansolabere, Pablo (2011), *Literatura y anarquismo en Argentina (1878.1919)*, Rosario, Beatriz Viterbo Editora.

Aquino, Cristian (2007) "Izquierda y movimiento obrero: estrategias y discursos del sindicalismo revolucionario a propósito de la ley de jubilaciones de 1924", ponencia XI Jornadas Interescuelas de Historia, San Miguel de Tucumán.

Araoz Alfaro, Gregorio, (1944) «La higiene y la sanidad en nuestro país. Esbozo histórico», *La Semana Médica*, Tomo Cincuentenario/ primer fascículo: 519-530.

Armus, Diego, (2000) "El descubrimiento de la enfermedad como problema social", Mirta Lobato *Nueva Historia Argentina*. Tomo V: El progreso, la modernización y sus límites (1880-1916), Buenos Aires, Sudamericana, 507-561.

Auza, Néstor Tomás (2008), *Revista Argentina de Ciencias Políticas. Estudio e índice general, 1910-1928,* Academia Nacional de Ciencias Morales y Políticas, 2008.

Azoulay, Ariella, 2008, *The Civil Contract of Photography*, New York, Zone Books.

Badaloni, Laura Irene (2010) "Saberes Técnicos, libros y protestas. La Escuela de foguistas, maquinistas y personal de Locomotoras de la sección Rosario del Ferrocarril Central Argentino", *Revista Galileo*, Instituto de Educación Superior n° 29 "Galileo Galilei", Rosario, vol. 1 p. 109 – 109.

Bajtín, Mijail (1985), "El problema del texto en la lingüística, la filosofía y otras ciencias humanas. Ensayo de análisis filosófico" (1976), en *Estética de la creación verbal*, México, Siglo XXI, pp. 294-323.

Barguero, Jorge (2002) "Condiciones institucionales y culturales de la enseñanza de la medicina en Buenos Aires: reformas académicas y movimientos estudiantiles en 1874 y 1906", *Entrepasados,* XI, 22: 91-112.

Barrancos, Dora (1990), *Anarquismo educación y costumbres en la Argentina de principios de siglo*, Buenos Aires, Contrapunto

Bayly, Christopher Alan (2004), *The birth of the modern world, 1780-1914: global connections and comparisons*, Oxford, Blackwell.

Becerra Solá, Malena (2009), "Economía social y proyección exterior. La sección del Museo Social Argentino en la Exposición Universal e Industrial de Gante (1913)", en María Silvia Di Lisia y Andrea Lluch (eds.), *Argentina en exposición. Ferias y exhibiciones durante los siglos XIX y XX,* Sevilla, CSIC.

------ (2016), *El Museo Social Argentino (1910-1930). Cuestión social y redes internacionales de reforma*, Tesis de Doctorado, Universidad Autónoma de Madrid, inédita.

Becerra Solá, Malena y Becerra, Natalia (2009), "Intervención social en la Argentina de los años "30: la profesionalización de la Asistencia social", *Historia Caribe,* nºV (15), pp. 139-58.

Belmartino, Susana, (2005) *La atención médica argentina en el siglo XX. Instituciones y procesos*, Buenos Aires, Siglo XXI,.

Bertoni, Lidia A. (2001), *Patriotas, cosmopolitas y nacionalistas. La construcción de la nacionalidad en la Argentina a fines del siglo XIX,* Buenos Aires, Fondo de Cultura Económica..

Bilsky, Eduardo (1985). *La FORA y el movimiento obrero /2 (1900-1910)*, Buenos Aires, CEAL.

Bialet Massé, Juan, (1968, ed. Original 1904).*El estado de las clases obreras argentinas a comienzos de siglo*, Córdoba, Universidad de Córdoba.

Bollé, Patrick (2012), "La Revista Internacional del Trabajo y la OIT. Fragmentos de su historia", *Revista Internacional del Trabajo*, vol. 132, núm. extraordinario, pp. 1-15.

Botana, Natalio (1977, *El orden conservador*. Buenos Aires, Sudamericana.

Bourdieu, Pierre (1995), *Las reglas del arte. Génesis y estructura del campo literario*, Barcelona, Anagrama.

------ (1999), *Cosas Dichas,* Gedisa, Buenos Aires.

Buchbinder, Pablo (1997) *Historia de la Facultad de Filosofía y Letras*. Universidad de Buenos Aires, Buenos Aires, Eudeba

Buchbinder, Pablo (2006) "De la impugnación al profesionalismo a la crítica de la Reforma: perspectivas de la Universidad, Roldán, Darío, comp., *Crear la democracia, la Revista Argentina de Ciencias Políticas, y el debate en torno a la República Verdadera*. Buenos Aires, Fondo de Cultura Económica, p.237-268

Bunge, Augusto (1917), *El Seguro Nacional*, Buenos Aires, Rosso.

------, (1910) *Las conquistas de la Higiene social. Informe presentado al Exmo. Gobierno Nacional*, Buenos Aires, Talleres gráficos de la Penitenciaría Nacional.

Bynum, W.F, Lock, Stephen y Porter Roy (1992), *Medical Journals and Medical Knowledge. Historical Essays*, London, Routledge.

Cantón, Eliseo (1928). *Historia de la Medicina en el Río de la Plata*, (Madrid: Hernández y Galo Sáez, 1928), T. 3

Cárdenes, Agustín (2015*)*, "Rodolfo Rivarola y la Universidad: a cien años de la publicación de Universidad Social - Teoría de la Universidad moderna" en Ortiz, Tulio (coord.), *Facultad de Derecho y Ciencias Sociales. Enseñanza de su historia*, Buenos Aires, Facultad de Derecho. Universidad de Buenos Aires, pp. 215 – 240.

Carilla, Emilio (1967), *Una etapa decisiva de Darío. (Rubén Darío en la Argentina)*, Madrid, Gredos.

Caruso, Laura, (2016), *Embarcados: los trabajadores marítimos y la vida a bordo: sindicatos, empresas y Estado en el puerto de Buenos Aires, 1889-1921*, Buenos Aires, Imago Mundi.

------, (2014), "La política laboral argentina en la inmediata posguerra: una perspectiva internacional, 1907-1925", *Relaciones (Zamora)*, nº 35 (138), pp. 11-43.

----- (2015) "El sindicato marítimo en el éter: audiciones radiales de un gremio en la Argentina de los años 30", *Revista Avances del CESOR* N* 12, 2015, Centro de Estudios Sociales Regionales, Unidad Ejecutora en Red ISHIR (Investigaciones Socio-históricas Regionales) CONCIET-UNR.

----- (2014) "El Estado y las huelgas marítimas entre 1890 y 1920", en Suriano Juan y Lobato, Mirta (comps) *La sociedad del trabajo. Las instituciones laborales en Argentina, 1907-1955*, Buenos Aires, Edhasa.

Castel, Robert (1997), *La metamorfosis de la cuestión social. Una crónica del salariado*, Buenos Aires, Paidós.

Caterina, Luis María (2010), Alejandro Unsain. Un hombre clave en la construcción del Derecho del Trabajo, Revista Historia del Derecho, N° 40.

Chartier, Roger (1996), *El mundo como representación*, Barcelona, Gedisa

------ (1996), *El orden de los libros. Lectores, autores, bibliotecas en Europa entre los siglos XIV y XVIII*. Barcelona: Gedisa

Cignoli, Francisco (1942), "Contribuciones a la Historia de la Farmacia Argentina", *Revista del Centro de Estudiantes de Farmacia y Bioquímica*, Universidad de Buenos Aires, T. 32: 161-170.

------ (1953), *Historia de la Farmacia Argentina*, Rosario, Librería y Editorial Ruiz.

Coni, Emilio, (1896) *Apuntes científicos (1894-1895). Correspondencias dirigidas a La Prensa e informes enviados a la Comisión de Obras de salubridad de la Capital*, Buenos Aires, Imprenta de Pablo Coni e Hijos.

Coni, Emilio (1918 a), *Memorias de un médico higienista, Contribución a la historia de la Higiene pública y social argentina. (1869-1917)*, Buenos Aires, Asociación Médica Argentina.

Cordero, Héctor Adolfo (1962), *Alberto Ghiraldo. Precursor de nuevos tiempos*, Buenos Aires, Claridad.

Calhoum, Craig, Li Puma, Edward, y Postone, Moishe (1993), *Bourdieu. Critical Perspectives*, Chicago, University of Chicago press.

Cúneo, Dardo (1994), *El periodismo de la disidencia social (1858-1900)*, Buenos Aires, CEAL.

Dalla Corte Caballero, Gabriela (2103), "La misión franciscana de Laishí: el proyecto del ingeniero José Elías Niklison" (1910-1920), *Historia Unisinos*, Vol 17, N° 3, setembro-dezembro, pp 203-215.

Daniel, Claudia (2012), "Una escuela científica en el Estado. Los estadísticos oficiales en la Argentina de entreguerras", en Plotkin, Mariano Ben y Zimmermann, Eduardo (comps.), *Los saberes de Estado*, Buenos Aires, Edhasa.

Darnton, Robert, (2003). *El coloquio de los lectores: ensayo sobre autores, manuscritos, editores y lectores*. México: FCE

Di Liscia, María Silvia (2002), *Saberes, terapias y prácticas médicas en Argentina (1750-1910)*, Madrid, Biblioteca de Historia de América / CSIC, 2002.

Dimarco, Sabina, *"Los socialistas y el problema de la falta de ocupación en la crisis de 1890"*, en Revista de Estudios Sociales del Estado (2016, en prensa)

Di Stefano, Mariana (2015), *Anarquismo de la Argentina. Una comunidad discursiva*, Buenos Aires, Cabiria.

Díaz, Hernán (1991), *Alberto Ghiraldo: anarquismo y cultura*, Buenos Aires, CEAL

Eujanián, A. (1999), *Historia de las Revistas Argentinas 1900/1950*, Buenos Aires, Asociación Argentina de Editores de Revistas.

Djenderdjian, Julio (2014), "Aproximación a las políticas gubernamentales de desarrollo tecnológico, investigación y extensión rural en la Argentina de finales del siglo XIX e inicios del XX", *Revista de Historia Americana y Argentina*, n° 49 (2), pp. 77-110.

Donzelot, Jaques (2007), *La invención de lo social. Ensayos sobre la declinación de las pasiones políticas*, Buenos Aires, Manantial.

Eco, Umberto (1997), *Seis paseos por los bosques narrativos*, Barcelona, Lumen.

Eisenzweig, Uri (2004), *Ficciones del anarquismo*, México, Fondo de Cultura Económica.

Giordano, Alberto (1982), "Boedo y el tema social. Los antecedentes de Boedo". en *Historia de la literatura argentina, Los proyectos de la vanguardia*, T. 4. Buenos Aires, CEAL.

Eujanián, Alejandro. (1999), *Historia de las Revistas Argentinas 1900/1950*, Buenos Aires, Asociación Argentina de Editores de Revistas

Fabra Ribas, Antonio (1925), *La organización internacional del trabajo* (con prólogo de Albert Thomas), Madrid, Centro Editorial Minerva.

Fabra Ribas, Antonio (1930), "Origen y carácter de la Organización Internacional del Trabajo", *Revista Internacional del Trabajo*, núm. 2, pp. 454-464

Falcón, Ricardo (1996) *La relación Estado-Sindicatos en la política laboral del primer gobierno de Hipólito Yrigoyen,* Estudios Sociales, Revista Universitaria Semestral , Año VI, Numero 10, Santa Fe, Argentina, primer semestre de 1996, pp. 75-85.

Falcón, Ricardo, Monserrat, Alejandra (2000), "Estado, empresas, trabajadores, y sindicatos, Falcón R. ed., *Democracia, conflicto social y renovación de ideas (1916-1930)*, Nueva historia Argentina, t. VI, Buenos Aires, Sudamericana.

------, (2000) "Políticas laborales y relación Estado-sindicatos en el gobierno de Hipólito Yrigoyen (1916-1922)", en Suriano Juan (comp.) *La cuestión social en Argentina, 1870-1943*, Buenos Aires, La Colmena.

-----, (1984), *Los orígenes del movimiento obrero (1857-1899).* Buenos Aires, CEAL.

Fernández García, Ana María (1997) *Arte y emigración. La pintura española en Buenos Aires, 1880-1930,* Oviedo, Universidad de Oviedo.

Ferrari, Gustavo y Gallo, Ezequiel (eds.) (1980), Argentina del Ochenta al Centenario, Buenos Aires, Sudamericana,

Ferraz Petersen, Silvia Regina (2010) "A circulacao da imprensa operária brasilera no final do século XIX e primeiras décadas do XX" en Bubolz Queirós Cézar y Aravanis Evangelina (orgs.) *Cultura Operária: trabalho e resistencias,* Exlibris, Brasilia.

Ford, Aníbal, Rivera, Jorge B y Romano, Eduardo (1985), *Medios de comunicación y cultura popular.* Buenos Aires, Legasa.

Fraser, Howard (1987) Magazines & Masks: Caras y Caretas as a reflection of Buenos Aires (1899-1908). Arizona, Temple, Center of Latin American Studies, Arizona State University.

Fritzsche, Peter (2008) Berlin, 1900. Prensa, lectores y vida moderna, Siglo XXI, Buenos Aires.

Frizot, Michel (2009), *El imaginario fotográfico,* Oaxaca serieve.

Giménez, Ángel (1901), *Consideraciones de higiene sobre el obrero en Buenos Aires.* Tesis-Facultad de Medicina, Universidad de Buenos Aires.

Giordano, Mariana, (2011), "Someter por las armas, vigila por la cámara: Estado y visualidad en el Chaco indígena", *Sociedade e cultura,* Goiania, Vol 14, N° 2, julio-dezembro, pp 381-397.

Girbal de Blacha, Noemí (1989), "La granja, una propuesta alternativa para el agro pampeano, 1910-1930", *Canadian Journal of Latinamerican and Caribbean Studies,* n°14 (28), pp. 71-115.

Girbal de Blacha, Noemí and Ospital, María Silvia (1986), "Elite, cuestión social y apertura política en la Argentina (1910-1930): La propuesta del Museo Social Argentino", *Revista de Indias,* n° XLVI (178), pp. 609-25.

Girbal de Blacha, Noemí – Quatrochi Woisson, Diana (dir.). (1999). *Cuando opinar es actuar. Revistas argentinas del siglo XX*, Buenos Aires, Academia Argentina de Letras

Gomez, Silvana (2013), "Pa´ eso soy un ciudadano consciente": Caras y Caretas y la reforma electoral argentina de 1902", C&P, N° 4. Bucaramanga, enero-diciembre, pp. 172-200.

González Bernaldo de Quirós, Pilar (2001), «Beneficencia y gobierno en la ciudad de Buenos Aires (1821-1861)», Boletín del Instituto de Historia Argentina y Americana "Dr. Emilio Ravignani", 3ª serie/24 (2° semestre): 123-157.

González Bernaldo de Quirós, Pilar, *Civilidad y política en los orígenes de la Nación Argentina*, Buenos Aires, Fondo de Cultura Económica, 2007.

González Bollo, Hernán, (2004) "La cuestión obrera en números: la estadística socio-laboral y su impacto en la política y la sociedad, 1895-1943", en Otero, Hernán, Ed, *El mosaico argentino. Modelos y representaciones del espacio y de la población, siglos XIX-XX*, Buenos Aires, Siglo XXI.

González Leandri, Ricardo (2013) "Internacionalidad, Higiene y Cuestión Social en Buenos Aires (1850-1910). Tres momentos históricos", Ricardo González-Leandri y Pilar González Bernaldo de Quirós (coordinadores), número monográfico, "Circulación internacional de saberes y prácticas institucionales en la consolidación del Estado Social en Argentina, Siglos XIX y XX", *Revista de Indias*, LXXIII, 257 enero-abril, 23-54.

------ (2015), "Miasmes cosmopolites. Circulation internationale de savoirs et de pratiques d´hygiène. Buenos Aires 1850-1870", Liliana Pérez y Pilar González Bernaldo de Quirós (dir.) *Les savoirs-mondes. Mobilité et circulation des savoirs du Moyen Age an XXI siècle*. Rennes, PUR: 381-398.

González Leandri, Ricardo, González Bernaldo, Pilar y Suriano, Juan (2010) *La Temprana cuestión social. La ciudad de Buenos Aires durante la segunda mitad del siglo XIX*, Madrid, Colección América/CSIC.

González Leandri, Ricardo, González Bernaldo de Quirós, Pilar y Galera, Andrés (comps.) (2015) *Regulación social, regímenes de bienestar y Estado en América latina: del liberalismo al neo-liberalismo (siglos XIX-XXI): saberes, actores e instituciones*, Madrid, Ed. Polifemo.

González Leandri, Ricardo (1997), "Académicos, doctores y aspirantes. La profesión médica y la reforma universitaria: Buenos Aires 1871-1876" *Entrepasados*, VI, 12: 31-54.

González Leandri, Ricardo (1999), *Curar, persuadir, gobernar. La construcción histórica de la profesión médica en Buenos Aires 1852-1886*, Madrid, Biblioteca de Historia de América/CSIC, 1999.

González Leandri, Ricardo (2010), «Breve historia del Departamento Nacional de Higiene. Estado, gobernabilidad y autonomía médica en la segunda mitad del siglo XIX», Ernesto Bohoslavsky y Germán Soprano (eds.), *Un Estado con rostro humano. Funcionarios e instituciones estatales en Argentina (desde 1880 hasta la actualidad)*, Buenos Aires, Prometeo/ Universidad de General Sarmiento,: 59-85.

González-Leandri, Ricardo (2012), "Itinerarios de la profesión médica y sus saberes de Estado, Buenos Aires, 1850-1910, Mariano Plotkin y Eduardo Zimmerman (coord.) *Saberes del Estado*, Buenos Aires, EDHASA,: 125-158.

Gordillo, Mónica (1988) *El movimiento obrero ferroviario desde el interior del país (1916-1922)*, CEAL, Buenos Aires.

Gorelik, Adrián (1998), *La grilla y el parque. Espacio público y cultura urbana en Buenos Aires, 1887-1936*, Bernal, Universidad Nacional de Quilmes, 1998.

Graciano, Osvaldo Fabián (2003), "Estado, Universidad y economía agroexportadora en Argentina: el desarrollo de las Facultades de Agronomía y Veterinaria de Buenos Aires y La Plata, 1904-1930", *Revista Theomai*, nº 8.

Gutiérrez, Talía Violeta (2007), *Educación, agro y sociedad. Políticas educativas agrarias en la región pampeana, 1897-1955*, Bernal, Universidad Nacional de Quilmes.

------ (2015), "Del hogar agrícola a los maestros queseros: La escuela granja de Tandil (Argentina), 1915-1960", *Quinto sol*, nº19 (2), pp. 1-26.

Gutiérrez Girardot, Rafael (2004), *Modernismo. Supuestos históricos y culturales*, Bogotá, Fondo de Cultura Económica.

Harshaw, Benjamin (1997), "Ficcionalidad y campos de referencia", en: Garrido Domínguez, Antonio, (comp.), *Teorías de la ficción literaria*, Madrid, Arco/Libros, pp. 123-157.

Herrera, Carlos Miguel (2001), "Socialismo jurídico y reformismo político en Carlos Sánchez Viamonte", *Revista de Estudios Políticos*, Madrid.

Herrera, Carlos Miguel (2016), ¿Adios al proletariado? *El Partido Socialista bajo el peronismo (1945-1955*, Buenos Aires, Imago Mundi.

Herrera González, Patricio (2013), "La primera conferencia regional del trabajo en América: su influencia en el movimiento obrero, 1936", en Herrera León, Fabián, Herrera González, Patricio (coord.) (2013)…, pp. 199-242.

Herrera León, Fabián, Herrera González, Patricio (coord.) (2013), *América Latina y la Organización Internacional del Trabajo. Redes, cooperación técnica e institucionalidad social, 1919-1950*. Morelia, Instituto de Investigaciones Históricas de Universidad Michoacana de San Nicolás de Hidalgo, Centro de Estudios Históricos de la Universidad de Monterrey, Programa de Pós-Graduação de la Universidade Federal Fluminense.

Horowitz, Joel (2015), *El radicalismo y el movimiento popular (1916-1930)*, Buenos Aires, Edhasa.

------, (2001) "Cuando las elites y los trabajadores coincidieron: La resistencia al programa de bienestar patrocinado por el gobierno argentino, 1923- 24", Anuario IEHS Nº 16, Tandil.

------, (2014) *El radicalismo y el movimiento popular (1916-1930)*, Buenos Aires, Edhasa.

Knorr Cetina, Karin, (1999) *Epistemic cultures*, Cambridge Massachusetts, Harvard University Press.

Kohn Loncarica, Alfredo (1981), *Historia de la inmigración médica en la República Argentina*, Tesis de doctorado, Buenos Aires, Facultad de Medicina, Universidad de Buenos Aires.

Laera, Alejandra (2008), "Cronistas, novelistas: la prensa periódica como espacio de profesionalización en la Argentina (1880-1910)", en Altamirano, Carlos, dir., *Historia de los intelectuales en América Latina. T. I. La ciudad letrada, de la conquista al modernismo*, Jorge Meyers (editor del volumen), Buenos Aires, Katz Editores.

Lafleur, Héctor René, Provenzano, Sergio D. y Alonso, Fernando Pedro (2006). *Las revistas literarias argentinas (1893-1960)*. Buenos Aires, El 8vo loco

Larroca, Jorge (1971), "Un anarquista en Buenos Aires", en: *Todo Es Historia*, n°. 47.

Litvak, Lily (2001), *Musa libertaria. Arte, literatura y vida cultural en el anarquismo español (1880-1913)*, Madrid, Fundación de Estudios Libertarios Anselmo Lorenzo. }

Lobato, Mirta Zaida (2002), *El progreso, la modernización y sus límites (1880-1916)*, Buenos Aires, Editorial Sudamericana, 2002.

------, 2007, "Historia de las instituciones laborales en Argentina: una asignatura pendiente" en *Revista de Trabajo*, Buenos Aires, Año 3, N° 4.

------, (2009), *La prensa obrera,* Buenos Aires, Edhasa.

----- (2011), *Buenos Aires. Manifestaciones, fiestas y rituales en el siglo XX,* Buenos Aires Editorial Biblos.

------, (2013), "Las rutas de las ideas:«cuestión social», feminismos y trabajo femenino", *Revista de Indias,* n°73 (257), pp. 131-56.

Lobato, Mirta y Suriano, Juan (2014), *La sociedad del trabajo. Las instituciones laborales en Argentina durante la primera mitad del siglo XX*, Buenos Aires, Edhasa.

Louis, Anick (2014), *Las revistas literarias como objeto de estudio*, Universitat Ausburg, UNA Revistas Culturales 2.0.

Luqui Lagleyze, Julio Ángel (1988), "Apuntes para la historia del Círculo Médico Argentino y Centro de Estudiantes de Medicina", Ramón Melero García (coord.) *La salud en Buenos Aires, II Jornadas de Historia de la Ciudad de Buenos Aires*, Buenos Aires, Instituto de Estudios Históricos de la Ciudad de Buenos Aires: 35-38.

Malbrán, Carlos, (1931) *Apuntes sobre Salud Pública*, Buenos Aires, Facultad de Medicina de Buenos Aires.

Malosetti Costa, Laura (2005) "Los gallegos, el arte y el poder de la risa" en Aznar y Wechsler (coordinadores) La memoria compartida. España y la Argentina en la construcción de un imaginario cultural (1898-1950). Buenos Aires: Paidós, pp. 245- 270.

Malosetti Costa, Laura y Plante, Isabel (2009), "Imagen, cultura y anarquismo en Buenos Aires. Las primeras publicaciones ilustradas de Alberto Ghiraldo: de *El Sol* a *Martín Fierro*", en Malosetti Costa, Laura y Gené, Marcela, *Impresiones porteñas: imagen y palabra en la historia cultural de Buenos Aires*, Buenos Aires, Edhasa, pp. .197-244.

Marotta, Sebastián (1961) *El movimiento sindical argentino. Su génesis y desarrollo, tomo II, 1907-1920*, Buenos Aires, Editorial Lacio.

Martínez de Sas, María Teresa (2008), "Antonio Fabra Ribas, un socialista políticamente incorrecto", *Boletín de la Real Academia de la Historia*, Tomo 205, Cuaderno 3, 2008, págs. 345-392.

Más y Pi, Juan (1910), *Alberto Ghiraldo*, Buenos Aires, Establecimientos Tipográficos E. Malena.

Masini, Pier Carlo (1969), *Storia degli anarchici italiani, da Bakunin a Malatesta*. Milano, Rizzoli.

Mayochi, E. M. (2000), *El periodismo argentino del Centenario 1901-1916*. San Isidro, Academia de Ciencias y Artes.

Minguzzi, Armando Victorio (2007) "La revista Martín Fierro de Alberto Ghiraldo (1904-1905): pasiones y controversias de una publicación libertaria", en *Martín Fierro, Revista popular ilustrada de crítica y arte*, Buenos Aires, Academia Argentina de Letras-Cedinci,

Monserrat, Alejandra (2011), "La conflictividad obrera y el partido radical. Los trabajadores marítimos entre 1916 y 1930" en Cañete Victoria, Rispoli Florencia, Ruocco Laura y Yurkievich Gonzalo (comps.) *Los puertos y su gente, pasado presente y porvenir. La problemática portuaria desde las ciencias sociales*, Mar del Plata, Ediciones Gesmar-UNMdP-Conicet

Moraña, Ana (2008) "La propaganda, la moda y el consumo en la revista Caras y Caretas (Argentina, 1898-1910)" en Estudios 16:32, pp. 249-273.

Nari, Marcela María Alejandra (2004), *Políticas de maternidad y maternalismo político: Buenos Aires (1890-1949)*, Buenos Aires, Biblos.

Nowotny, Helga, ed. (2006), *Cultures of technology and the quest for innovation*, New York, Berghahn Books.

Novick, Alicia (1998), "Le Musée social et l'urbanisme en Argentine (1911-1923)", en Colette Chambelland (ed.), *Le Musée social en son temps*, Paris, Presses de l'École Normale Supérieure).

Nuñez Castellano (2007), "Ángel M. Giménez y la cruzada moral socialista en el Concejo Deliberante de la ciudad de Buenos Aires (1919-1930)", *Bicentenario. Revista de historia de Chile y América*, Vol. 6, no. 1 p. 71-91.

Ortiz, Tulio (coord.), *Facultad de Derecho y Ciencias Sociales. Enseñanza de su historia*, Buenos Aires, Departamento de Publicaciones. Facultad de Derecho. Universidad de Buenos Aires, pp. 215 – 240.

Oved, Iacov (2013), *El anarquismo y el movimiento obrero en Argentina*, México, Siglo XXI.

Palacio Morena, Juan Ignacio (2004), *La reforma social en España: en el centenario del Instituto de Reformas Sociales*, Madrid, Consejo Económico y Social.

Paiva Verónica (2000), "Teorías médicas y estrategias urbanas. Buenos Aires 1850-1920", *Estudios del Habitat*, II, 7: 5-19.

Penna, José y Madero, Horacio (1910) La administración sanitaria y la Asistencia Pública en la ciudad de Buenos Aires, Buenos Aires, G. Kraft. 2 vol.

Pereyra, Washington (1993), *La prensa literaria argentina 1890-1974. Los años dorados 1890-1919*. Buenos Aires, Librería Colonial.

Pérez Baró, Albert (1970), "Un gran cooperador: Antonio Fabra Ribas", *Estudios cooperativos*, pp. 49-64.

Pluet-Despatin, Jacqueline (1992). « Une contribution à l'histoire des intellectuels : les revues » en *Cahiers de l'institut d'histoire*, n °20

Posada, Adolfo (1912), *La República argentina*, Buenos Aires Hyspamérica, 1986.

------, (1930), "Recordando al Instituto de Reformas Sociales", *Revista Internacional del Trabajo*, núm. 2, pp. 115-126.

Prieto, Adolfo (2006) *El discurso criollista en la formación de la Argentina moderna*, Buenos -Aires, Siglo XXI.

Prochasson, Christophe (1992), "Histoire intellectuelle/histoire des intellectuels: le socialisme français au debut du XX siècle", en: *Revue d'Histoire Moderne et Contemporaine*, n.º 39, pp. 423-448.

Puiggari, Miguel (1863), *Lecciones de Química aplicada a la Higiene y a la Administración*, Buenos Aires, Imprenta de la Revista, 1863.

Ramacciotti, Karina (2015) *Diálogos transnacionales entre los saberes técnicos e institucionales en la legislación sobre accidentes de trabajo, primera mitad del siglo XX*. História, Ciências, Saúde – Manguinhos, Rio de Janeiro, v.22, n.1, p.201-219.

Rama, Ángel (2004), *La ciudad letrada*, Santiago de Chile, Tajamar.

Ramos, Julio (2003), *Desencuentros de la modernidad en América Latina. Literatura y política en el siglo XIX*, México, Fondo de Cultura Económica.

Ramos Mejía, José María, (1898) *Memoria del Departamento Nacional de Higiene, correspondiente a los años 1892, 1893, 1894, 1895, 1896 y 1897, presidencia del Dr. José María Ramos Mejía*, Buenos Aires, Imprenta y Encuadernación de "El Correo Español", 1898): 18-25, 448-458.

Ranciere, Jaques (2010), *La noche de los proletarios, Archivos del sueño obrero*, Buenos Auires, Tinta Limón.

Rapalo, María Ester (1997) "Los empresarios y la reacción conservadora en la Argentina: las publicaciones de la Asociación del Trabajo, 1919-1922", *Anuario IEHS* N° 12, Tandil.

Rey, Ana Lía (2015), Reportajes *fotográficos en los primeros años de Caras y Caretas, el conflicto en imágenes.* V Jornadas de Historia Política Área de Historia Política, Instituto de Historia Política, Facultad de Ciencias Sociales UDELAR, Montevideo 9 al 10 de Julio.

------, (2012), "Tempranos reclamos de una ley que tardó en llegar. A propósito del texto de Carolina Muzilli" El divorcio"", *Mora*, n°18, pp. 173-88.

Recalde, Héctor (1997), *La salud de los trabajadores en Buenos Aires (1870-1910). A través de las fuentes médicas*, Buenos Aires, Grupo Editor Universitario.

Reinoso, Roberto (1985). *La Vanguardia: selección de textos (1894-1955)*. Buenos Aires, CEAL

Rial Gabriela Rodríguez (2015) *La República como salvaguarda de los excesos de la democracia en el momento del Centenario. La* Revista Argentina de Ciencias Políticas *y el* Juicio del Siglo *de J.V. González,* PolHis, Año 8, N° 15

Rivera, Jorge B. (1985) *La forja del escritor profesional.* Buenos Aires, CEAL.

Rock, David (1992) El Radicalismo argentino (1890-1930), Buenos Aires, Amorrortu.

Rodjkind, Ines (2012) "El gobierno de la calle Diarios, movilizaciones y política en el Buenos Aires del novecientos", Secuencia, Revista de historia y ciencias sociales N° 84, México, pp. 99 – 123.

Rodriguez, Julia (2004), "South Atlantic Crossings: Fingerprints, Science, and the State in Turn-of-the-Century Argentina", *The American Historical Review,* n° 109 (2), pp. 387-416.

Rodgers, Daniel T. (1998), *Atlantic crossings: social politics in a progressive age,* Cambridge, Massachusetts, London, Belknap Press of Harvard University Press.

Rodríguez Ponte, José (2016), "Alejandro Unsain", Asociación Argentina de Derecho del Trabajo y de la Seguridad Social, http://www.asociacion.org.ar/constructores.php (14:00, 10/10/2016)

Rodgers, Gerry, Lee, Eddy, Swepston, Lee y Van Daele, Jasmien (2009) *La Organización Internacional del Trabajo y la lucha por la justicia social, 1919-2009,* Ginebra, OIT.

Rogers, Geraldine (2008). *Caras y Caretas*: cultura política y espectáculo en los inicios del siglo XX, La Plata, EDULP.

Roldán, Darío (2006), *Crear la democracia, la Revista Argentina de Ciencias Políticas, y el debate en torno a la República Verdadera.* Buenos Aires, Fondo de Cultura Económica.

Romano, Eduardo (2004), Revolución *en la lectura: el discurso periodístico-literario de las primeras revistas ilustradas rioplatenses,* Buenos Aires, Catálogos.

Rosa, Nicolás (1997), *La lengua del ausente,* Buenos Aires, Biblos.

------- (2004), "El folletín clínico", en Rosa, Nicolás y María Inés Laboranti, *Moral y enfermedad. Un sociograma de época (1890-1916),* Rosario, Laborde Editores.

Rosanvallon, Pierre, (1995), *La nueva cuestión social. Repensar el Estado Providencia,* Buenos Aires, Manantial.

Rubinzal, Mariela (2014), El Departamento Nacional del Trabajo y la influencia antiliberal en los años treinta, en Lobato, M. y Suriano J. (comp.), *Las instituciones laborales en la Argentina (1900-1955),* Buenos Aires, Edhasa, pp.223-240.

Rueschemeyer, Dietrich y Skocpol, Theda (eds.) (1996), *States, social knowledge, and the origins of modern social policies*, New York, Russel Sage Foundation.

Ruffinelli, Jorge (1968), *La revista Caras y Caretas*, Buenos Aires, Editorial Galerna.

Saitta, Sylvia (1998) *Regueros de tinta. El diario Crítica en la década de 1920*, Buenos Aires, Sudamericana.

Sánchez Marín, Ángel Luis (2014): "El instituto de Reformas Sociales: origen, evolución y funcionamiento", *Revista Crítica de Historia de las Relaciones Laborales y de la Política Social*, n° 8 (mayo 2014). http://www.eumed.net/rev/historia/08/reformas-sociales.html

Sánchez. Norma Isabel (2007), *La higiene y los higienistas en la Argentina (1880-1943)* Buenos Aires, Sociedad Científica Argentina.

Sánchez, Sandra Inés y Amuchástegui, Rodrigo (2015), "Biopolítica en el espacio doméstico de la ciudad de Buenos Aires en perspectiva histórica", *Revista INVI*, 30 (85).

Sarlo, Beatriz (1992). "Intelectuales y revistas: razones de una práctica", en *Le discours culturel dans les revues latino-américaines (1940-1970)*, París, América-Cahiers du CRICCAL, n. 9/10, pp. 9-16.

------ (1989), "Intelectuales y revistas razones de una práctica" en *América. Cahiers du CRICCAL*, Paris, Université de la Sosnowski , Saúl(ed.), 1999, *La cultura de un siglo: América Latina y sus revistas*, Buenos Aires, Alianza Sorbonne Nouvelle-París III.

------ (1985): El imperio de los sentimientos: narraciones de circulación periódica en la Argentina (1917–1927). Buenos Aires: Catálogos Editora.

Saunier, Yves-Pierre (2004), «Circulations, connexions et espaces transnationaux», *Genèses*, n°57, pp. 110-126.

Sikona, Marina (2005), "Tragicomedias y comedias de la obra dramática", en Osvaldo Pelletieri (Director), *Historia del teatro argentino en Buenos Aires*, Buenos Aires, Galerna.

Soprano, Germán, (2000, "El Departamento Nacional del Trabajo y su proyectos de regulación estatal de las relaciones capital-trabajo en Argentina. 1907-1943", en Panettieri, José, Ed, *Argentina: trabajadores entre dos guerras*, Buenos Aires, EUDEBA.

------, (2007) "Del Estado singular al Estado plural. Contribución para una historia social de las instituciones en Argentina", *Cuestiones de sociología*, Buenos Aires, Prometeo.

----, (2010) "Haciendo inspección". Un análisis del diseño y aplicación de la inspección laboral por los funcionarios del Departamento Nacional del Trabajo(1907-1914), en Bohoslavsky, Ernesto y Soprano, Germán (eds.), *Un estado con rostro humano. Funcionarios e instituciones estatales en Argentina (desde 1880 a la actualidad)*, Buenos Aires, Prometeo/Universidad Nacional de General Sarmiento.

Soria Moya, Mónica (2004), *Adolfo Posada: teoría y práctica política en la España del siglo xix*, Tesis Doctoral Universidad de Valencia.

Souza, Pablo (2007) "El Círculo Médico y su papel en la configuración del pensamiento médico clínico , Buenos Aires, 1875-1883" *Entrepasados* XVI, 31: 141-159.

Souza, Pablo (2012), *Una "República de las Ciencias Médicas" para el desierto argentino. El Círculo Médico Argentino y la inscripción de un programa experimental en las ciencias médicas de Buenos Aires, (1875-1914)*, Tesis de doctorado, Universidad de Buenos Aires, Facultad de Filosofía y Letras.

Suriano, Juan, (2013) "El mundo como un taller de observación. La creación del Departamento Nacional del trabajo y las influencias internacionales", en *Revista de Indias*, Vol. LXXIII, N° 257, pp. 107-130.

------, (2013a), "La construcción social de la ciudadanía social en Argentina. Una lectura de largo plazo", en Lobato, Mirta Zaida, Venturoli, Sofía (eds.), *Formas de ciudadanía en América Latina*, Madrid, Iberoamericana-Vervuert, pp. 81-101.

------, (2001). *Anarquistas. Cultura y política libertaria en Buenos Aires 1890-1910*. Buenos Aires, Manantial

------, (1989-90), "El estado argentino frente a los trabajadores urbanos: política social y represión. 1880-1916", *Anuario EHAR*, N° 14.

------, (1988). *Trabajadores, anarquismo y estado represor: de la ley de residencia a la ley de defensa social (1902-1910)*. Buenos Aires: CEAL.

----- (Comp.) (2000): La cuestión social en Argentina, 1870-1943. Buenos Aires, La Colmena.

------, (1991) "Estado y conflicto social: El caso de la huelga de maquinistas ferroviarios de 1912", en Boletín del Instituto de Historia Argentina y Americana "Dr. Emilio Ravignani", N° 4, 3° serie.

-----, (1983) La huelga de inquilinos, Buenos Aires, CEAL.

Szir, Sandra (2009a) "Entre el arte y la cultura masiva. Las ilustraciones de la ficción literaria en caras y Caretas (1898-1908) en Laura Malosetti Costa y Marcela Gené (comp); Impresiones porteñas. Imagen y palabra en la historia cultural de Buenos Aires, Buenos Aires, Edhasa.

-----, (2009b), "De la cultura impresa a la cultura de lo visible. Las publicaciones periódicas ilustradas en Buenos Aires en el siglo XIX. Colección Biblioteca Nacional", en *Prensa argentina siglo XIX. Imágenes, textos y contextos*, Biblioteca Nacional, Buenos Aires, Teseo.

-----, (2013) "Reporte documental, régimen visual y fotoperiodismo. La ilustración de noticias en la prensa periódica de Buenos Aires (1850-1910)". En caiana. Revista de Historia del Arte y Cultura Visual del Centro Argentino de Investigadores de Arte (CAIA). No 3 | URL: http://caiana.caia.org.ar/template/caiana.p hp?pag=articles/article_2.php&obj=121&vo 1=3.

------, (2009), "De la cultura impresa a la cultura de lo visible. Las publicaciones periódicas ilustradas en Buenos Aires en el siglo XIX", en Garbedia, Marcelo, Szir, Sandra y Miranda, Lidia, *Prensa argentina del siglo XIX. Imágenes, textos y contextos*, Buenos Aires, Ediciones de la Biblioteca Nacional-Teseo, pp..53-84.

Tarcus, Horacio, ed. (2007), *Diccionario biográfico de la izquierda argentina. De los anarquistas a la nueva izquierda*, Buenos Aires, Emecé.

Taub, Emmanuel (2008) Otredad, Orientalismo e identidad. Nociones sobre la construcción de un otro oriental en la revista Caras y Caretas 1898-1918, Buenos Aires: Editorial Teseo.

Tedesco, Juan Carlos (1982). *Educación y sociedad en la Argentina (1880-1900)*. Buenos Aires, CEAL.

Tell, Verónica (2009) ; "Reproducción fotográfica e impresión fotomecánica: materialidad y apropiación de imágenes a fines del siglo XIX" en Laura Malosetti Costa y Marcela Gené (comp); Impresiones porteñas. Imagen y palabra en la historia cultural de Buenos Aires, Buenos Aires, Edhasa.

Terán, Oscar (2000), *Vida intelectual en el Buenos Aires de fin de siglo*, Buenos Aires, Fondo de Cultura Económica.

Torem, Gabriel (2010), "La revista Ideas y Figuras en el Centenario: Algunas claves para leer la relación entre el anarquismo y las clases populares", en Vázquez Villanueva, Graciela, *Memorias del Bicentenario: discursos e ideologías*, Buenos Aires, Facultad de Filosofía y Letras-Universidad de Buenos Aires.

Topalov, Christian ed., (1999), *Laboratoires du nouveau siècle: La nébuleuse réformatrice et ses réseaux en France, 1880-1914*, Paris, École des Hautes Études en Sciences Sociales.

Tortti, María Cristina (1999), "El Partido Socialista ante la crisis de los años '30: La estrategia de la 'Revolución constructiva'", *Cuadernos del CISH*, 4 (5), pp. 217-227.

Traversa, Oscar (2014), "Por qué y cómo estudiar las tapas de las revistas: el papel de la noción de dispositivo", en *Inflexiones del discurso. Cambios y rupturas en las trayectorias del sentido*, Buenos Aires, Santiago Arcos.

Troncoso, Oscar (1983) Los fundadores del gremialismo, tomo 1, Buenos Aires, CEAL.

Unsain, Alejandro, (1952) *Ordenamiento de las leyes obreras argentinas*, Buenos Aires, El Ateneo.

Veronelli, Juan Carlos y Veronelli Correch, Magali (2004), *Los orígenes institucionales de la salud pública en Argentina*, Tomo 2, Buenos Aires, Organización Panamericana de la Salud.

Vezzetti, Hugo (1981), *La Locura en Argentina*, Buenos Aires, Folios.

Vidal, Daniel (2010), *Florencio Sánchez y el anarquismo*, Montevideo, Ediciones de la Banda Oriental-Biblioteca Nacional.

Wagner, Peter (1991), *Social sciences and modern states: National experiences and theoretical crossroads*, Cambridge University Press.

Valle Iberlucea, Enrique del (1918), "Derechos civiles de la mujer (conferencia)", *BMSA*, n° 75-80, pp. 418 y ss.

------ (2009), "Global intellectual elites", en Akira Iriye and Pierre-Yves Saunier (eds.), *The Palgrave dictionary of transnational history. From the mid-19th century to the present day* , Londres, Palgrave Macmillan.

Williams, Raymond (2001), *Cultura y Sociedad, 17801850. De Coleridge a Orwell*, Buenos Aires, Nueva Visión.

------ (1981), *Cultura. Sociología de la comunicación y del arte*, Barcelona, Paidos.

Yáñez Andrade, Juan Carlos (2013), "La OIT y la red sudamericana de corresponsales. El caso de Moisés Poblete, 1922-1946", en Herrera León, Fabián, Herrera González, Patricio (coord.) (2013), *América Latina y la Organización Internacional del Trabajo*, pp. 25-61.

Yuvnovsky, Inés (2004), una vista panorámica de huelgas, manifestaciones y mítines en Caras y Caretas: prensa y fotografía a principios del siglo xx en argentina américa latina en la historia económica número 22, julio-diciembre, pp 129-153. www.acuedi.org/ddata/835pdf

Zanetti, Susana, comp. (2004), *Ruben Darío en «La Nación» de Buenos Aires (1892-1916)*, Buenos Aires, Eudeba.

Zaragoza, Gonzalo (1996), *Anarquismo argentino (1876-1902)*, Madrid, Ediciones de la Torre.

Zimmermann, Eduardo, (1995) *Los liberales reformistas. La cuestión social en la Argentina, 1890-1916*, Buenos Aires, Ed. Sudamericana.

Zimmermann, Eduardo (2006) "José Nicolás Matienzo en la *Revista Argentina de Ciencias Políticas:* los límites del reformismo liberal de comienzos de siglo" en Roldán, Darío, comp., *Crear la democracia, la Revista Argentina de Ciencias Políticas, y el debate en torno a la República Verdadera*. Buenos Aires, Fondo de Cultura Económica.

Autores

Viviana Barry es docente e investigadora del IDAES-UNSAM y Magister en Historia por esa institución. También se desempeña como docente en la Universidad de Buenos Aires. Sus temas de investigación están orientados a la historia social y cultural de la policia de la ciudad de Buenos Aires entre finales del siglo XIX y primeras décadas del XX. Cuenta con numerosas publicaciones sobre esos temas y es miembro activo del grupo de investigación "Crimen y Sociedad" radicado en UdeSA (Universidad de San Andrés) y dirigido por Lila Caimari.

Malena Becerra Solá es doctora en Estudios Latinoamericanos por la Universidad Autónoma de Madrid. Ha sido investigadora de la Escuela de Estudios Hispanoamericanos del Consejo Superior de Investigaciones Científicas, participando en proyectos de investigación sobre la cuestión social en Argentina y la circulación internacional de saberes y prácticas institucionales en la consolidación del Estado social. Ha publicado artículos en revistas y libros colectivos vinculados a su especialidad en España y el exterior.

Laura Caruso es Investigadora del CONICET por el IDAES-UNSAM, se desempeña como docente en esa casa de estudios y en la Facultad de Filosofía y Letras de la UBA, donde obtuvo el titulo de Doctora en Historia. Autora del libro *Embarcados. Los trabajadores marítimos y la vida a bordo: sindicato, empresas y Estado en el puerto de Buenos Aires,* 1889-1921, también publicó diversos artículos en revistas académicas nacionales e internacionales.

Ricardo González Leandri, doctor en Ciencia Política y Sociología por la Universidad Complutense de Madrid, es Investigador Científico del Instituto de Historia del CSIC, adscripto al Departamento de Estudios Americanos. Entre otros libros y artículos ha publicado Curar, persuadir, gobernar. *La construcción histórica de la profesion médica en Buenos Aires, 1852-1886,* (1999); *La temprana Cuestión social. La ciudad de Buenos Aires durante la segunda mitad del siglo XIX,* en colaboración con Juan Suriano y Pilar González Bernaldo de Quirós, (2010); Su trabajo más reciente es "José María Ramos Mejía. "Multitudes and Inmigration in the socio-cultural Dynamics at the turn of the Century. Argentina 1899-1904", (2016).

Carlos Miguel Herrera es profesor catedrático de la Université de Cergy-Pontoise, miembro honorario del Institut universitaire de France y profesor invitado en universidades de Argentina, Colombia, España y Rusia. Ha publicado una veintena de libros como autor o editor, editados en Argentina Francia, Canadá, Colombia y Brasil, y un centenar de artículos y capítulos en revistas científicas y libros. Su última obra es ¿Adiós al proletariado? *El Partido Socialista bajo el peronismo* (Buenos Aires, 2016)

Mirta Zaida Lobato es doctora en Historia (UBA). Actualmente es profesora e investigadora del Instituto Interdisciplinario de Estudios de Género (IIEGE) en la Universidad de Buenos Aires. Ha sido profesora externa en la Universidad de Colonia (Alemania) y ha obtenido una serie de premios en Argentina y en el exterior. En 2005 obtuvo la beca Guggenheim. Es autora de numerosos artículos y libros, entre ellos La vida en las fábricas (2001); *Historia de las trabajadoras en la Argentina* (1869-1960) (2007), *La prensa obrera*, Buenos Aires (2009).

Juan Martín-Sánchez es profesor en el departamento de sociología de la Universidad de Sevilla. Doctor en sociología y ciencias políticas, UNED (2000), maestro en sociología política Instituto Mora-UNAM, México, (2000). Ha publicado dos libros monográficos y otros tres como coordinador-editor sobre procesos políticos y sociales en las sociedades contemporáneas de América Latina, con especial atención a Perú, así como diversos artículos en revistas científicas y libros colectivos en editoriales de España y América. Participa en los proyectos de I+D+i: "Los reversos del indigenismo: socio-historia de las categorías étnico-raciales y sus usos en las sociedades latinoamericanas", (RE-INTERINDI) HAR2013-41596-P, y en "Dinámicas socioculturales en la construcción histórica de la cuestión social", Argentina, 1870-1930", HAR2012-38549.

Armando V. Minguzzi, Doctor en Filosofía y Letras por la Universidad Autónoma de Madrid; es Profesor de "Literatura Española Moderna y Contemporanea" de la UBA y de la cátedra de "Narrativas Audiovisuales", Universidad Nacional de Moreno. Investigador y editor, de los volumenes *El surrealismo y sus derivas*, Eduardo Becerra (dir), *Martín Fierro* (1904-1905), Academia Argentina de Letras, y *La revista Ideas y figuras de Buenos Aires a Madrid* (1909-1918), UNLP y CEDINCI.

Juan Suriano es doctor en Historia (UBA). Ha publicado numerosos libros, artículos en revistas nacionales e internacionales. Ha dictado cursos en varias universidades argentinas y extranjeras. Ha dirigido la Nueva Historia Argentina (Editorial Sudamericana), la colección Temas de la Argentina (Edhasa) y la revista Entrepasados. También es editor responsable de la colección Biografías Argentinas (Edhasa). Actualmente es profesor de historia en la Universidad Nacional de General San Martín, donde dirige el Doctorado en Historia.

www.ingramcontent.com/pod-product-compliance
Lightning Source LLC
Chambersburg PA
CBHW031759220426
43662CB00007B/469